健康中国
与学校健康教育治理

杨启光　等　著

上海交通大学出版社
SHANGHAI JIAO TONG UNIVERSITY PRESS

内容提要

本书基于"全面推进健康中国建设"的国家战略背景,以我国学校健康教育发展现实为基础,应用文献法、比较法、调查问卷法等研究方法,围绕青少年身体、心理、道德与社会性的"全面的健康"内涵,构建健康中国建设进程中学校健康教育治理的"关系理论—国际经验—中国实际—治理路径"研究内容框架,围绕学校健康教育在健康中国建设发展中的治理主线问题开展系统分析。

本书适合教育健康决策机构、全国院校教育教学与研究机构、中小学校健康教育与促进相关人员等使用。

图书在版编目(CIP)数据

健康中国与学校健康教育治理/杨启光等著. 一上海:上海交通大学出版社,2024.3

ISBN 978-7-313-30303-5

Ⅰ.①健… Ⅱ.①杨… Ⅲ.①学校教育—健康教育—研究—中国 Ⅳ.①G479

中国国家版本馆 CIP 数据核字(2024)第 050758 号

健康中国与学校健康教育治理
JIANKANG ZHONGGUO YU XUEXIAO JIANKANG JIAOYU ZHILI

著　者:杨启光　等

出版发行:上海交通大学出版社　　　　　地　址:上海市番禺路 951 号

邮政编码:200030　　　　　　　　　　电　话:021-64071208

印　制:上海万卷印刷股份有限公司　　经　销:全国新华书店

开　本:710mm×1000mm　1/16　　　印　张:19.5

字　数:316 千字

版　次:2024 年 3 月第 1 版　　　　　印　次:2024 年 3 月第 1 次印刷

书　号:ISBN 978-7-313-30303-5

定　价:78.00 元

目 录

· 上 篇 ·

健康国家与学校健康教育治理的理论

》本篇内容概要

　　本篇是本书构建的健康中国建设进程中学校健康教育治理的"关系理论—国际经验—中国实际—治理路径"的研究框架的理论篇，围绕健康国家这一社会发展形态展开，重点分析教育与学校健康教育治理在健康中国建设中的基本理论问题。

　　首先，在文献研究的基础上，明晰学校健康教育治理问题在健康中国战略背景下的重要意义，简要概述全书研究的设计思路和主要内容。其次，分析与学校健康教育相关的概念，以及当前我国青少年健康教育研究的进展情况。最后，重点探讨教育与健康中国战略之间的关系。

》本篇讨论的重点问题

- 健康、健康教育与健康促进的概念
- 健康国家社会发展形态的演化
- 教育与健康中国战略之间的主要关系
- 学校教育在健康中国战略中的地位与角色

第一章

引论：面向国家未来投资的学校健康教育治理

　　健康，是人民幸福生活的一个重要的指标。新冠疫情的全球暴发，让人类社会重新认识了健康的重要性。近年来，我国政府更加关注人民的健康问题，将其作为民族昌盛和国家富强的重要标志。在《"健康中国 2030"规划纲要》《中共中央关于制定国民经济和社会发展第十四个五年规划和二〇三五年远景目标的建议》等一系列重要文件中，均对实施健康中国战略作出了顶层规划与制度设计，明确提出"全面推进健康中国建设"的重大任务。党的二十大报告进一步对新时代新征程上加快推进健康中国建设作出了新的战略部署。

　　教育，与健康之间存在紧密的关系。正式与非正式的健康教育，不仅有助于个体形成对健康生活方式的正确认知，养成健康生活的习惯，树立规范与信念，还有助于发挥社会凝聚力，形成推进健康中国建设的强大力量。加大我国学校健康教育的改革力度，将健康教育纳入国民教育体系，将其作为国家未来的投资，把健康教育作为所有教育阶段素质教育的重要内容，推进与完善以中小学为重点的学校健康教育的公共治理机制变革，是具体落实健康中国建设社会系统工程的重要组成内容与必然要求，肩负着为推进中国式现代化奠定健康根基的特殊而重要的时代使命。

第一节　学校健康教育的新的时代背景

一、新时代我国学校健康教育面临新的使命

　　党的十九大报告指出，中国特色社会主义进入新时代。随着生产力水平的总体提高，广大人民期盼有更美好的健康生活，这是民族昌盛和国家富强的重要标志。实施健康中国战略，就是要把"人的发展"作为目的，使人们对健康、幸

福生活的期待成为可能。从这个角度来说,健康国家思想负载了国家社会发展新的努力方向。国际上,许多国家的政府也陆续推出了健康国家战略,其核心目标指向研究影响健康的重要因素,以及改善健康状况所需要的政策及环境。①

健康是人民追求美好生活的基础,是生活质量的关键评价指标之一,是提升人民获得感、幸福感和安全感的前提,也是社会发展和人民幸福的有力保障。个体的健康获得,归根结底依靠行动者自身对健康生活方式的价值、标准、态度的认识,以及应对健康风险采取行动的能力。规范、系统与可持续的健康教育促进,有助于发挥教育对于健康生活知识、技能、方式及情感态度价值观的引领与建构作用。为达成健康生活的目的,学校健康教育与健康促进通过有系统、有计划和有组织的健康知识、技能的传授,学习与健康态度的研究,引领大众形成美好健康生活价值观,形成健康的生活方式与习惯。这一点很重要,它关系到个人的全面发展和家庭幸福。

与此同时,进入 21 世纪第二个十年,我国再次郑重提出"五育并举"全面发展素质教育,致力于培养德智体美劳全面发展的社会主义建设者与接班人,这是对担当民族复兴大任的时代新人的要求。贯彻党在新时代的教育方针与全面发展的教育思想,和中共中央、国务院 2016 年发布的《"健康中国 2030"规划纲要》中强调"健康是促进人的全面发展的必然要求"形成呼应。《中共中央关于制定国民经济和社会发展第十四个五年规划和二〇三五年远景目标的建议》也明确提出了"全面推进健康中国建设"的重大任务。在党的二十大报告中,进一步对加快推进健康中国建设作出了新的战略部署,这为指导今后以学校健康教育治理体系的创新推进人的全面发展的教育现代化,提供了新的行动指南与根本遵循。

二、我国学校健康教育面临的现实发展问题

美好健康的生活,是人类社会可持续发展的目标之一。健康发展是人类永恒的追求。儿童青少年时期的健康状况,为个体未来健康发展奠定坚实的基础,同时也是国家人力资本能力与社会经济发展程度的重要标志。通过学习,让儿童青少年获得健康的知识、技能、态度与行为等健康发展能力,养成健康的

---

① 王小万,代涛,朱坤."健康国家"战略发展的过程与国际经验[J].医学与哲学,2008,29(11):1-3.

生活方式，成为积极的社会公民，是学校教育现代化与学校健康促进工作的重要使命与目标。

中华人民共和国成立以来，尤其是改革开放四十多年来，我国政府一直高度重视全社会的健康促进工作，同时积极将学校纳入整个疾病预防、健康教育与健康发展的综合环境建设中，通过一系列体制和机制的不断优化，使得学校在保障儿童青少年健康权益与平等健康教育机会方面取得了很大的进步。新时代，我国正逐步实施把"人的发展"作为健康中国发展战略的目的。以学生健康为中心的教育及其研究，成为学校健康促进与国家健康战略的重要组成。2017 年 1 月 11 日，国家卫计委颁布了《"十三五"全国健康促进与教育工作规划》，进一步坚持"把健康融入所有政策"方针，特别强调要加大学校健康教育力度，把青少年学生群体作为重点人群，引导其合理膳食、控烟限酒，促进学校心理健康与安全教育。①

随着全球化的深入，中国社会开始步入新的转型发展的重要阶段，我国学校的健康教育与儿童青少年的需求变化之间逐步出现许多方面的脱离。与不利儿童青少年健康相关的一系列身体、心理、情感等现象与行为，易引发并导致疾病、饮食、心理与情感情绪障碍，造成广泛的健康和行为问题，从而带来学校教育辍学与失败的社会风险，儿童青少年成长的健康发展日益成为当代社会重点关注的话题与问题，尤其令国民直接关注的是儿童青少年健康体质堪忧的现状表现：2000 年以来多项涉及全国性的学生体质健康调研报告显示，青少年的身体素质、体能素质持续下降，而视力不良、肥胖、龋齿等健康问题不断上升，且不断呈现低龄化趋势。例如，根据国家卫健委的调查，2018 年全国儿童青少年总体近视率为 53.6%，其中 6 岁儿童为 14.5%，小学生为 36.0%，初中生为 71.6%，高中生为 81.0%。②

进入问题的深层次，儿童青少年的健康问题与学校教育教学存在较大程度的关联。很长一段时期以来，我国学校教育中存在"五育缺失"的倾向，表现为疏德、偏智、弱体、抑美、缺劳，③重视片面的成长和成功成为制约我国学校教育的重要痼疾。呼吁教育回归人的生命本源，辩证分析德智体美劳五育之间的关

① 国家卫生计生委."十三五"全国健康促进与教育工作规划[EB/OL].[2018-01-31].http://www.gov.cn/xinwen/2017-01/12/content_5159232.htm.

② 马和民，王德胜，邓娜.为什么急需一场健康觉醒的教育变革[N].中国青年报，2020-02-10(8).

③ 宁本涛."五育"融合：何谓、何来、咋办？[J].陕西教育，2021(4)：10-12.

系，科学评价人的发展，一直是教育研究领域关注和政策实践范畴改革的主要课题。步入新时代，倡导"五育并举"到"五育融合"的"体系化"，已成为当代中国教育变革与发展的基本趋势。我们要发挥学校在学生健康身心和谐发展中的独特而重要的教育地位，将学生的身体、心理与社会性的健康作为推进人的全面发展教育的重要内容与评价目标。通过学校整体变革，来重构学校的综合性的健康教育环境体系，将是新时代落实立德树人与建设高质量教育体系的根本任务与必然要求。

步入全球化时代，跨国、跨文化的全球流动，带来日常生活方式的多元化。其中，全球社会也将日益面对人口增长、生态恶化、恐怖主义与多种流行疾病的威胁与挑战，全球化时代带来的社会风险具有一些新特征，反映在人们的健康行为与生活方式、疾病预防、心理健康、社会交往、安全应急与紧急避险、道德健康等诸多方面。加之网络社交媒体大众传播影响力的逐步扩大，儿童青少年的健康问题正呈现多元化、复杂性与差异化等发展特征。

在全球化与本土化力量的相互碰撞与裹挟下，当前我国学校场域中有关学生的近视、肥胖、脊柱弯曲、营养饮食安全、校园欺凌、安全事故、心理健康以及性侵害等健康发展问题，日益引起社会广泛关注。而与此相关的学校健康教育的课程变革、师资培养培训与相关健康管理，却处于式微和边缘的发展状态。从我国城乡居民健康素养调查中发现，15 岁以下中小学生群体健康素养调查相关数据缺失。总的来看，我国学生健康发展现实问题比较突出，学校健康教育乏力，这些都与新时代健康中国战略推进的目标不相一致，亟待科学、有序及有效的学校健康教育治理与研究的深度介入。

三、推进学校健康教育治理的变革成为时代紧迫性课题

近年，突如其来的新冠疫情，给全世界人民的健康带来巨大的威胁，并给全球社会经济发展以沉重的打击，全球公共健康问题受到广泛关注与讨论。在中国，全社会紧急动员，各种与健康中国战略发展相联系的力量开始全面参与到卫生健康促进事业中来。

对健康中国建设的推进，我国政府提出坚持"以基层为重点，以改革创新为动力，预防为主，中西医并重，将健康融入所有政策，人民共建共享"的六大方针，其核心是强调健康治理体系与能力现代化，强调政策合力和多种力量的共同参与和协同。与疫情相关的健康知识、技能与健康生活方式的养成与培养，

在公众健康教育与健康促进中扮演着重要角色,被推到前所未有的重要位置,要求学校自身也需要把学生的健康状况的改善作为学校健康教育和课程规划的出发点和落脚点。

从国际层面来看,将健康融入所有政策,实行健康的综合治理,推进全面的、综合的学校健康教育和营养计划,是全球学校健康教育的基本共识。来自世界卫生组织网站的信息表明,有证据显示,全面的学校健康和营养计划将对学龄儿童产生重大影响[①]:

- 为存在蠕虫和贫血流行的低收入地区的女孩和男孩提供学校健康和营养干预措施,可将接受教育的时长再增加 2.5 年。
- 疟疾预防干预措施可使缺勤率降低 62%。
- 营养丰富的校餐使入学率平均提高 9%,出勤率提高 8%;它们还可以将青春期少女的贫血疾患减少多达 20%。
- 促进洗手使低收入国家因胃肠道和呼吸系统疾病而导致的缺勤率降低 21%~61%。
- 免费筛查和佩戴眼镜使学生通过阅读和数学标准化考试的概率提高了 5%。
- 全面的性教育鼓励采取更健康的行为,促进性和生殖健康及权利,并改善性和生殖健康成果,例如降低艾滋病毒感染率和青少年怀孕率。
- 改善学校的水和环境卫生服务和用品,以及有关月经卫生的知识,使女孩能够有尊严地保持身体卫生和健康,并可能减少月经期间失学的天数。

为此,如何进一步贯彻国家"将健康融入所有政策"的大健康理念推进健康中国建设,需要及时反思总结现有的学校健康教育的问题,将全面的学校健康教育治理改革放到日程中来。同时,面向未来,需要充分调动教育与体育等学科领域科学研究的专业力量,发挥学校教育在健康促进中的特殊作用,将学校健康教育与健康促进作为国家推进健康中国建设体系中的重要内容,通过专业的力量变革学校健康教育治理体系。

---

① 世界卫生组织.联合国教科文组织和世卫组织敦促各国使每所学校都成为健康促进学校[EB/OL].[2023-10-10]. https://www.who.int/zh/news/item/22-06-2021-unesco-and-who-urge-countries-to-make-every-school-a-health-promoting-school.

　　首先，在不同阶段、层次与类型的学校教育体系中，传播公共卫生知识、技能与生活方式，以此逐步形成全民积极、科学与合理的公共卫生健康环境，应该成为新时代学校教育的重要任务与改革目标。健康教育与健康促进，应该是基于学校，并与医疗卫生和政府机关等协同实施的重要而紧迫的任务。其次，需要思考从基础教育课程体系改革入手，建立与健全公共健康与卫生课程知识体系，并将其纳入学校基础课程考核与评价体系，并逐步融入常规教育教学实践活动。最后，要积极调整高等教育学科与专业设置，努力培养公共卫生健康专业人才，加大这类人才的培养力度，同时，提升他们的素养，让他们不仅仅具备丰富的医学健康知识，还具有仁爱的心灵及高尚的精神品质。总的来说，面向学生健康能力发展的学校健康教育治理，要以不同层级与类型的学校健康教育为对象，将之有序纳入整个国民教育体系，实行全国性的学校健康课程体系与标准，发挥政府在治理中的主导作用，同时与家庭、社区以及卫生等多元社会机构协同，在学校健康教育的人才培养、专业设置、研究与服务、财政资源支持等方面进行系统的综合化改革。

　　在全面推进健康中国建设的进程中，国家层面已经做好了顶层设计，吹响了实施健康中国战略的号角。接下来，就需要在学校、社区与社会层面形成健康中国建设的推进体系，提高健康教育与健康促进的现代化水平。其中，学校的变革尤为重要，需要积极推行具有可操作性的健康教育行动计划，包括生理和心理健康课程计划、营养卫生、体育运动、教师培训等综合性计划的变革治理。正如一些研究者呼吁的那样：教育全领域急需一场"促进健康觉醒、提高健康素养、助力健康中国"的教育变革。①

　　总之，面对全球有益的综合性学校健康改革计划经验，国际领域健康与教育关系丰富的研究成果，以及日益多元深刻变化的中国社会现代化的健康教育发展实际，是时候调整与完善我国学校健康教育的现状了。目前，通过学校教育来保障全社会尤其是儿童青少年的健康权益还处于研究的起步阶段，深入探讨健康中国发展语境下的学校健康教育一系列的理论、实践与公共政策和治理问题，深刻审视学校与健康教育及其治理之间的理论关系，是推进健康中国发展战略需要迫切解决的时代命题，也是促进人的全面发展的教育现代化的根本要求，因而具有研究的重要理论价值与现实意义。

----

① 马和民，王德胜，邓娜. 为什么急需一场健康觉醒的教育变革[N]. 中国青年报，2020－02－10(8).

第二节　学校健康教育治理国际发展状况

与健康发展相联系的许多国际组织,一直倡导人人健康的社会目标,并强调与影响健康发展的社会、经济机构及医学机构一道协同推进健康治理体系的变革。在世界范围内回溯学校与健康教育之间的改革实践,不难发现许多国家的政府会与一些代表性的国际组织联合开展行动,推动学生群体健康权益的满足。世界卫生组织(WHO)发布的《世界青少年健康:第二个十年中的第二次机会》报告将妇幼健康的改善延伸至青少年时期,认为青少年群体的健康代表了新的健康议题。[①] 联合国与世界卫生组织共同起草的《妇女、儿童和青少年健康全球战略(2016—2030)》提出,要通过正确的决策和规划,使青少年实现自己的潜能以及健康、教育和全面参与社会的权利,释放出"可持续发展目标一代"的巨大人力潜能,从而改变世界。[②]

其中,学校一直被视为健康规划的场所,抗击传染病的前线,为儿童及其家庭提供健康和社会服务的地方。学校在促进和保护健康方面所发挥的战略作用,逐步被国际社会广泛认可。近年来,将国际社会的健康治理理念与治理体系的建设,与学校健康教育本身的治理变革相结合,积极推进综合、全面的学校健康教育计划,已经成为全球学校健康教育治理体系建设的基本趋势与重要特点。

一、关于治理的概念与理论的分析

"治理"(governance)的概念,最初由世界银行在 1989 年提出,其使用"治理危机"提法之后[③],"治理"被广泛应用到政治学、行政学与文化学等不同领域,并逐步与米歇尔·福柯(Michel Foucault)的权力观、新公共管理、新公共服务、公共组织、市民社会和第三部门理论等相联系。

---

① 朱丽萍. 世界青少年健康:第二个十年的第二次机会(上):来自世界卫生组织的报告[J]. 性教育与生殖健康,2015(1):50-56.

② 世界卫生组织. 妇女、儿童和青少年健康全球战略(2016—2030)[EB/OL]. [2018-01-31]. http://www.ecphf.cn/women-children-health/2016-06/3649.htm.

③ 俞可平. 治理与善治[M]. 北京:社会科学文献出版社,2000:1.

　　1992 年世界银行对"治理"正式进行定义,认为一个国家对用于发展的经济与社会资源进行管理,这一过程中的权力实施方式即为治理。作为国家管理公共事务能力的体现,治理的理念及内涵不同于以往的管理或统治,它强调一系列共同目标所支持的活动中的管理机制的变革,其内涵既包括政府机制,也包括非正式的、非政府的机制。[①] 不难看出,"治理"的概念及其内涵成为一种崭新的理念,具有其独特性。表现如下。一是治理的主体,来源但不限于政府的社会公共机构与行为者,各种社会公共或私有机构在得到公众认可后也可以共同参与社会治理;二是治理的性质,主要以协商与自愿为主,强调不同组织之间通过上下互动的资源交换与谈判协商形成共识,以达成共同治理的目标;三是治理的权威的形成,不仅仅依靠政府制定政策与发布命令,还存在其他管理方法与技术。政府的义务在于引导与使用新方法与技术,更好地服务于公共事务。

　　目前,由于研究者关注的领域不同,对于治理理论的分析也林林总总。概括起来,基本上呈现两种路径:一是基于 20 世纪 90 年代西方公共领域的"政府失灵"与"市场失灵"现实,用以表述国家与市场之外存在的自组织治理形态;二是基于福柯的作为一种关系和机制的权力关系,强调调动所有利益相关者合作管理共同事务的一种制度和过程。

　　总的来看,健康,作为国家重要的公共事务与公共服务内容,更需要或者更能够通过新的治理概念与理念进行分析与推动改革,尤其是其涉及个体健康权益、国民整体健康水平与素质、学校健康教育环境相关的健康治理的不同领域、层面与方面,适宜以跨域(boundary-crossing)治理的思维和视角,朝着政府、社会、市场与学校协同的制度设计与治理环境营造,统筹推进我国学校健康教育的系统性、整体性与协同性改革,进而达成健康共同治理的美好境界。

二、国际社会倡导"将健康融入所有政策"治理理念

　　"将健康融入所有政策"(Health in All Policies,简称为 HiAP),是世界卫生组织倡导的以改善人群健康和健康公平为目标的一种公共政策治理理念。它的提出,最早可以追溯到 1978 年世界卫生组织在阿拉木图形成的会议宣言,

---

[①] Rosenau J N, Czempiel E. (1992). *Governance without Government: Order and Change in World Politics*. New York: Cambridge University Press, p.5.

这一会议宣言强调社会的健康促进有赖于社会、经济机构及医学机构等社会力量的协同。1986年全球健康促进大会召开，通过了《渥太华宪章》，提出建立健康的公共政策，要求与健康发展有关联的部门认识健康政策的影响，并承担健康责任。2013年《赫尔辛基宣言》正式提出了HiAP，将其视为实现联合国千年发展目标的组成部分，并要求各国政府在发展计划中重点考虑并加以实施。①

大量研究表明，健康的保持不仅受个体的条件与能力影响，更多地依赖于社会的健康支持。因此，为了保障作为人的全面发展的健康问题，国家需要高度重视对社会因素的管控，涉及医疗卫生、交通、教育、食品、环保、国土资源等社会部门。所以，"将健康融入所有政策"的治理理念，是健康优先战略与评估影响健康的重要理论依据。在推进健康国家治理现代化体系建设中，HiAP的具体治理策略，包括构建协同工作网络，确定卫生健康主体领导力地位的协调机制，建立相应的监督与评估机制，提高跨部门协同的治理能力现代化水平，加强以学校为主阵地的健康教育的实践等。HiAP的实施，关键是实现跨部门治理机制或跨域治理，开展健康规划前置、健康政策统筹、健康信息共享，努力通过制度化的策略纠正跨部门权力不均衡问题，协调推进健康促进与社会经济文化、教育之间的协调发展。

在我国，中共中央、国务院关于《"健康中国2030"规划纲要》中，已经把"将健康融入所有政策"写入，要求在全面推进健康中国建设进程中，将该理念作为制定健康有关的公共政策的基本理论依据与体制机制改革的重要内容，要求将健康议题融入所有相关政策的制定与评估之中，加强各部门与各行业之间协作，多领域专家协同参与，发挥个体、家庭、学校、企业、社团与政府的合力作用。

由此，"将健康融入所有政策"的治理理念，如何进一步融合在包括学校在内的跨部门中，作为优先遵循的政策理论与政策实践内容，发挥学校健康教育在健康中国建设中的积极效能，需要在理论上结合当前我国学校教育与学校健康教育的实际，加以进一步分析和研究。

三、综合性学校健康计划的形成与主要特点

20世纪80年代，戴安·艾伦斯沃思（Diane Allensworth）等学者与世界卫生组织一起，为了突出学校在健康教育中的功能，积极推动了"综合性学校健

① 胡琳琳.将健康融入所有政策：理念、国际经验与启示[J].行政管理改革，2017(3)：64-67.

计划"(Comprehensive School Health Programs,简称 CSHP)。该计划包括了学校健康教学、学校健康服务、学校健康环境、学校与社区健康促进策略、体育、学校营养与饮食、学校咨询以及学校的教职员工健康促进等。[①]

可以看出,以世界卫生组织为代表的国际组织提出的综合性学校健康计划(CSHP),旨在通过学校、学生与家长的系统关系,提供健康教育、健康促进和疾病预防等与健康有关的服务。这一计划在提高学生的健康教育效率,以及降低整体医疗普及成本方面显示出突出而有效的优势。[②] 随后,国际社会为逐步推动学校为学生建立更健康与安全的学习与生活环境,实施了"健康促进学校"(Health Promoting Schools)计划。一些国家或地区,积极通过政府与学校合作推动"学校健康营造计划"的实施,希望通过自上而下的遴选与激励的方式,开办学校健康培训课程,举办健康相关研讨会,建立健康校园评价标准等,推动健康学校的发展。

近年来,美国等进一步加强学校健康教育全国行动计划,制定了全国统一的"综合性学校健康课程"与健康教育标准,改革学校卫生服务制度,将学校健康教育作为国家重大的投资来看待,希望通过系统性与综合性的学校健康教育计划来推动未来青少年儿童的健康发展,提高国家综合竞争力。美国等西方国家积极倡导的综合性或者称为全面性的学校健康教育计划,其立足点与逻辑在于他们认为在儿童青少年的未来健康与幸福发展中,家庭、朋友、同龄人、学校与社会团体等都在其中有着不同的作用,要充分发挥这些因素促进人人健康权益实现的共同作用。

其中,学校及其教育发挥着独特的作用,应将其视为学生健康获得的一个关键。因为学校可以汇集和对齐其他系统力量,整合校内与学生健康教育相关的人员,如教师、校医、心理学家、辅导员以及社会工作者,与社区卫生与服务形成体系。一些西方国家在健康学校计划的基础上,进一步提出了整全学校、整全社区、整全儿童(Whole School, Whole Community, Whole Child)的 WSCC 健康教育实施模型,积极推动学校健康教育和公共卫生实践,以促进学生的全面健康与幸福。各国应通过卓有成效的全面性学校健康计划与多元主体参与

---

① Allensworth D D, Kolbe L J. (1987). The Comprehensive School Health Program: Exploring and Expanded Concept. *Journal of School Health*, (10), 409 – 412.

② Allensworth D, Lawson E, Nicholson L, et al. (1997). *Schools and Health: Our Nation's Investment*. Washington: National Academy Press, pp. 207 – 208.

的健康治理的改革,充分发挥学校教育在促进和保护儿童青少年健康福祉方面的重要作用。因为这是国家在对儿童与青少年的健康进行投资,是对国家未来的终极投资。[①]

四、国际社会健康促进学校的发展与治理实践

在世界卫生组织的推动下,1978 年阿拉木图会议及 1986 年的加拿大渥太华会议,提出了"健康促进"(health promotion)的概念。会议指出,只有通过社区与个体的整合,通过支持性的环境参与,才能达到促进改善人们健康状态的目标。世界卫生组织指出,健康促进学校计划,是增进师生健康的有效策略,其既有利于学生的健康成长,也有益于学校的教职员工、家长和其他社区居民。

自 1996 年世界卫生组织实施全球学校健康计划(GSHI)以来,世界许多国家与地区积极推动健康促进学校建设,在学校健康政策、学校社会环境、学校硬件设施、学校健康教育和活动(发展个人健康技能)、社区关系和健康服务等六大层面开展地方化的健康治理变革实践。有研究者统计,自 1992 年健康促进的理念被引入校园后,在西太平洋、拉丁美洲、南非等地区陆续成立了健康促进学校联盟。全球许多国家反馈,实施健康促进学校计划后,国内健康问题减少、教育系统效率提升,这一计划促进了其公共卫生及社会经济的发展。[②]

在推进健康促进学校成功实践的过程中,中国台湾地区提出了健康促进学校计划改革的重要实施原则,包括:设置与不同部门保持沟通、协商与评鉴等的机制;有充分的政策主导力介入与支持;设定近、中、远程计划目标;重视各方力量的充分参与;实施过程及成果具有实证导向;具有横向联结与跨组织体系资源整合的支持网络;推动策略具有多元性;建立指标与评价机制。在健康促进学校治理实践过程中,其进一步归纳出"健康促进学校的成功关键"因素:①概念性上必须是全面性的,执行内容与策略必须有全面性的思维;②致力于教师专业发展并促成教师的参与;③必须建立包括学生与教师之间,学校与家长,学校与社区、健康服务单位以及其他健康机构之间的伙伴关系;④在资源分配时

---

① Allensworth D, Lawson E, Nicholson L, et al. (1997). *Schools and Health: Our Nation's Investment*. Washington: National Academy Press, p.300.

② 郭钟隆. 推动学校本位的健康促进学校[J]. 台湾教育,2005(634):14-19.

要考虑需要长期的努力及耕耘才能见到成效;⑤在学校中应确立以学生中心的原则,鼓励学生主动参与,确立以教授生活技能为基础的课程教学策略。①

从综合性学校健康计划的提出,到健康促进学校的建设,可以发现,国际社会都强调学校所在社区全体成员的共同合作,促进与维护学生的健康,包括正式与非正式的健康教育课程、创建安全与健康的学校环境、提供适宜的健康服务,让家庭与社区广泛参与健康促进工作,从而让学生获得最大程度的健康发展。

伴随着不同社会历史文化时期知识、信仰和价值观的演变,健康的概念也在不断地变化。而与之相应的,学校健康教育发展到今天,其内涵与模式也必然发生巨大的变化。一直以来,学校健康教育在增长学生健康知识、塑造学生健康行为、促进儿童健康成长等方面扮演着重要角色,但传统的学校健康教育偏重于以知识传授为主的课堂教学活动,缺乏强有力的政府支持及广泛的社区参与。实践已经证明,儿童健康的增进,需要政策、立法等其他社会因素的广泛支持。而学校健康促进就是通过政策、教育、经济等综合性干预手段来促进儿童多维健康发展,学校健康促进是学校健康教育事业发展的必然趋势。

1992 年,欧洲共同体、欧洲委员会和世界卫生组织欧洲办事处三方机构经协商建立了欧洲健康促进学校网络(ENHPS)。该网络提出了健康促进学校的概念,并将其定义为:关心其所有成员健康的人类社区(包括学术、教师、非教学人员以及与学校社区相关的所有人)而不仅仅作为有效生产教育的系统。② 有充分的证据表明,按照 ENHPS 的标准和要求,将健康教育纳入学校对改善学生健康具有积极作用。③ 网络成立至今已由欧洲推广至全球,为世界各国间交流、合作提供了独特的途径。在其影响下,许多国家相继推出了具有本国特色的健康促进学校。多国的实践已经证明,健康促进学校是提高弱势背景儿童健康水平和学业成绩的有效、经济的方法,其不仅可以使弱势群体获益,更对国家教育水平的提高、社会的进步,起着不可估量的作用。

从这个意义看,目前健康与健康教育的相关计划的设计、实施与评价,均立

---

① 郭家娟. 健康促进学校国际认证金、银、铜质奖学校推动历程之研究[J]. 健康生活与成功老化学刊,2019(1):26-55.

② 余昭,徐水洋. 欧洲健康促进学校网络[J]. 中国健康教育,2000(1):45-46.

③ Young I. (2009). Creating the Document' Promoting health in Schools: From Evidence to Action. *Global Health Promotion*, (4):69.

足综合性与整体性的健康与健康教育治理理念,将学校与延伸的社区整合为一个协同参与的系统,让系统中每个人都认为促进学生健康是自己的责任。因此,跨部门的协同、社区参与、建立多样化学校政策,是世界范围内推进学校健康教育治理变革的共同特征与要求。基于此,我们有必要放眼全球,具体比较分析国际范围内学校健康教育治理实践经验,为我国推进学校健康教育治理改革提供有益的借鉴。

第三节　健康中国建设与学校健康教育治理研究

一、研究的主要目的

学校健康教育的治理,是健康中国战略体系中的重要组成。本书的研究,始终围绕健康中国战略背景下实现学生发展的"健康第一"的教育主题,分析健康中国建设进程中学校健康教育的理论、经验与现实问题,积极推进学校健康教育治理能力现代化,努力达成学生、教师、学校与社会整体健康发展的合作治理的目标。

首先,基于全面推进健康中国建设的国家战略现实背景,以我国学生健康与学校健康教育发展现实为基础,深入分析学校健康教育与健康促进的概念、学校教育与健康国家战略之间关系等相关理论问题。其次,积极借鉴国际组织、西方发达国家通过学校健康促进提升国民健康生活水平的不同项目、政策等治理创新方式与内容。最后,关切与回应当下抑制学生健康发展的学校健康教育与健康促进的主要实践问题,并以此为基础,结合我国学校实施健康教育实践面临的重点、难点,探讨推进学校健康教育治理变革的主要路径。

二、研究的框架体系

本书的研究,从"全面的健康"内涵出发,将学校健康教育视为学生受教育的权利与促进学生德智体美劳全面发展教育内容的根本要求,作为新时代我国全面推进健康中国建设的基础性任务,将其放置在为国家与民族未来健康投资的高度,以学校健康教育的治理为主线,围绕儿童青少年的身体、情感心理、道德与社会性的综合性学校健康教育主题,着眼于中国社会转型与学校现代化实际,构建了在推进健康中国进程中学校健康教育治理的"关系理论—全球经验—中国实际—治理路径"的研究框架体系。

全书的研究共分上、中、下三篇,共十二章,比较全面地涉猎与我国学校健康教育相联系的三个领域的内容:学校健康教育与健康中国战略关系的理论、国际组织与西方主要发达国家学校健康教育与健康促进相关的治理经验、健康中国战略背景下我国学校健康教育面临的问题与治理路径的政策建议。

(一)教育与健康中国建设关系理论

健康国家社会发展形态,是围绕健康需求与健康治理形成的观念、文化与治理策略的系统概括。教育与健康之间相互作用的复杂关系,决定了教育在促进健康基本人权保障、健康经济科技革新与全球健康治理等健康国家战略实现方面扮演着重要角色。

通过文献梳理,本书一方面探讨教育在促进健康中国建设进程中的作用、表现与实现途径等;另一方面重点分析在健康国家实现进程中,作为健康促进理想机构的学校在其中扮演的角色,以及我们如何通过学校健康教育治理创新推动健康中国战略的社会建设等基本理论问题。具体而言,在全球推进健康国家实现进程中,本书以我国推进健康中国战略为地方视角,分析教育究竟应该在其中扮演怎样的角色,探讨作为长期以来承担健康教育与健康促进的理想机构的学校,如何解决儿童青少年的健康与教育问题,以及依靠怎样的学校教育创新治理参与到新时代新阶段健康中国战略的社会建设之中等重要的理论与实践问题。

(二)学校健康教育变革的国际经验

推进学校健康教育与促进儿童青少年全面健康发展,是国际社会健康促进的普遍共识。在联合国及世界卫生组织的倡议与推动下,许多国家与地区依据健康国家的发展理念与治理策略,制定和颁布了趋同的健康国家发展战略,努力将健康决定因素与其相关政策有机结合起来,贯彻将健康融入所有政策之中的治理理念,形成了与国家社会文化相适应的健康教育与健康促进相关行动重点、目标、实施方案与具体策略。

以国际比较的研究视角与方法,考察主要的国际组织,以及一些国家、地区及学校社会与健康教育发展的不同策略与政策项目,比较分析联合国可持续发展与学校健康教育理念、美国学校健康教育发展经验、国际中小学校基于健康素养的健康教育课程体系、西班牙推行"学校健康与健康生活方式战略计划"等内容，涵盖国际组织、国家政府与学校不同主体层次关于健康教育与健康促进的新理念、前沿治理改革实践经验，并总结提炼国际范围内学校健康促进治理实践中存在的问题，为我国学校健康教育治理提供借鉴。

（三）我国学校健康教育治理实践中存在的问题

面对新时代中国社会发展的现实，本书系统围绕学校健康教育发展不平衡的基本状况及表现特征，明晰学校健康教育与健康促进实践过程中面临的主要问题，在此基础上展开实证调查分析，为未来学校健康教育治理改革提供依据。

我国学校教育在资源分配、区域分布、城乡结构等方面存在客观差距，这些差距带来了学校健康教育质量的不平衡现实。基于此，本书拟重点关注贫困家庭儿童的健康与健康教育、学生校园欺凌与校园道德健康环境、学生对学校健康服务的需求与支持、信息技术促进青少年儿童健康教育治理等学校健康教育中具有典型性的现实议题，开展充分的实证量化分析。再以这些实证分析的结果为基础，探讨未来我国学校健康教育治理的环境与制度建设系统变革问题，结合国际组织及一些发达国家推进学校健康教育治理的有益经验，为支持健康中国战略目标实现的宏阔目标，提出推进我国学校健康教育治理变革的针对性策略。

三、研究的创新价值

20 世纪 80 年代开始的面向学校的健康教育改革与实践，成为国际基础教育改革的重要内容。由于不同国家对于健康教育理念或思想的理解存在文化上的差异，体现在学校健康教育的实践过程与政策模式上也存在不同。

本书以当代我国推进健康中国建设的新时代背景为出发点，将学校健康教育治理与国家健康治理体系相结合，从理论分析、国际比较与现实实践三个主要层面分析我国学校健康教育发展问题，最后回归到学校健康教育治理改革路径上来，集中体现本书面向中国学校健康教育的现实取向与政策导向的基本价值。

（一）因应后疫情时代健康中国建设与健康治理新要求

新冠疫情全球传播带来广泛而深刻的影响，全球公共健康问题受到广泛关注与讨论。推进传授健康知识、技能与健康生活方式的学校健康教育治理变革，在未来将处于前所未有的重要位置。本书积极回应全球健康发展需要，围绕健康中国国家发展战略任务，视健康教育为学生受教育的基本权利与学生全面发展教育的根本要求,并将其置于国家与民族未来健康投资的高度,积极推动学校健康教育治理变革研究。

国内目前相对缺乏学校健康教育,尤其是将学校健康教育融入健康中国国家战略的系统研究。本书依据《"健康中国 2030"规划纲要》中强调的"健康是促进人的全面发展的必然要求",坚持整体论的思维,从全面健康的内涵出发,将学生的健康教育权利、学校健康教育的育人使命与全面推进健康中国建设宏观战略紧密结合,分析学校教育在实现健康中国建设战略中的功能与实践,以此推动学校健康教育治理体系与治理能力现代化,丰富治理理论在学校健康教育研究领域的应用。

(二) 增强健康中国战略与学校健康教育关系的理论分析

通过规范、系统与可持续的健康教育促进,发挥教育对于健康生活知识、技能、方式及情感态度价值观的引领与建构,就要开展适合中国社会发展需要与适应学校实际的健康教育与健康促进的改革。本书研究将学校健康教育与新时代全面推进健康中国建设的发展战略相联系,分析学校在实现健康中国建设战略中的角色、地位与使命,检视我国当前学校教育中存在的与儿童青少年健康发展相联系的健康教育的实践问题,并以此为基础形成具有中国特色的学校健康教育治理的未来路径选择,最终期望通过学校健康教育治理能力的提升,体现鲜明的中国问题取向特点,有效推动我国学校健康教育的服务意识与能力,将促进学生身心健康和谐发展。

(三) 开展我国学校健康教育实践中现实问题的实证研究

全面推进健康中国建设,是一项以需求为导向的国民健康发展战略,是实现中华民族复兴的重要发展目标与内容。一方面,当下中国学校教育影响学生健康发展的制度建设与政策意义上学校治理的实践研究滞后,与全面推进健康中国建设发展战略要求的现实需要很不一致。另一方面,由于很长时期学校教育偏重智育的片面发展,对于学生身体、心理与社会适应等健康维度的重视不够,在学校健康教育教学、学校健康教育服务与学校健康环境营造等方面,都存在不同程度的现实问题,并与学校教育自身的城乡差距、区域差距与质量差异等问题相互叠加,学校健康教育在回应健康中国建设的要求方面与立德树人和推进全面发展教育方面存在许多待解决的实践难题。

同时,我们也应该看到,制定和实施健康国家发展战略,并力求将"将健康融入所有政策"的思想融入学校综合性健康教育治理实践,是从西方国家发展起来的治理范式。在我国经济社会发展与推进中国式现代化实践的现实背景下，我们需要紧密结合我国社会现代化与学校教育现代化的变化，一方面在全球化背景下，积极比较分析全球推进健康国家建设与学校健康教育治理的经验；另一方面，结合本国社会现实与学校健康教育问题，针对学校健康教育典型专题开展广泛的实证调查，进而为我国学校健康教育治理创新奠定坚实而鲜活的基础。本书的下篇正是通过广泛的实证调查，围绕贫困家庭儿童的健康与健康教育、学生校园欺侮与学校暴力、学生对学校健康服务的需求与支持、学校通过信息技术促进青少年儿童健康教育等重要现实课题，系统分析当代中国社会发展背景下学校健康教育的现实发展表现、问题与影响因素等，为探讨学校健康教育治理与通过健康教育的治理带动学校整体可持续变革，提供真实可靠的现实依据，体现鲜明的实践取向特点。注重学校健康教育治理国际经验与本土经验相结合，对于深化中国学校健康教育治理能力现代化具有重要的方法论意义。

（四）探讨变革我国学校健康教育治理体系的现实路径

学校健康教育治理体系建设本身，涵盖学校健康教学、学校健康服务、学校健康环境等多种内容及形式，涉及健康相关的知识体系、基于技能的能力体系、学校健康教育专业人员认证与质量保障体系等。在健康促进体系建设中，我们需要将学校健康教育与整个社会力量加以协同，与政府和社会的医疗卫生、公共管理机构以及家庭社区组织形成全面的治理体系，以发挥促进学生全面健康发展的学校教育功能。

在实施健康中国建设进程中，本书以学校健康教育治理为研究的出发点与归宿，以我国学校健康教育治理体系与治理能力现代化为主线，着力将当前"将健康融入所有政策"的治理理念与政策价值体现在我国学校健康教育治理变革的分析之中，在理论上分析学校健康教育与健康国家的关系，汲取国际上主要国家实施综合性学校健康教育计划的治理经验，并结合中国现实实际问题，提出在学校内部需要发挥教职员工全员参与的学校健康教育，在学校外部要协力形成跨学科与跨部门协同参与的学校健康教育治理体系，最终形成整全学校、整全社区与整全学生参与的综合性学校健康教育治理体系。希望本书的研究能带动更多的研究者积极参与到学校健康教育治理体系构建的实践中来，共同推动新时代中国学校健康教育治理体系与治理能力现代化的实现。

第二章

学校健康教育相关概念与研究进展

与学校和学生健康问题紧密相关的概念有健康、健康教育、健康促进等。在医学、经济学、社会学、管理学、公共政策、心理学等不同学科都有大量的相关研究。在我国教育学研究领域,围绕儿童青少年健康成长相关的学校健康教育也取得了一系列研究成果。

第一节 健康、健康教育与健康促进概念

一、健康

对于什么是"健康"(health),目前普遍认可与推崇的是世界卫生组织(WTO)所下的定义,即健康有着丰富的内涵,指身体、心理与社会的完全安逸状态,而不仅仅是没有疾病或体质强健。[①] 后来,世界卫生组织进一步深化了对"健康"概念的解释,赋予其生理健康、心理健康、道德健康、社会适应良好四个方面的丰富含义。

在印度经济学家阿马蒂亚·森(Amartya Sen)看来,健康的美好生活是人类发展的首要目标之一,是人类一种最为基本的"可行能力",人的一切活动都需要建立在健康地活着的基础之上。[②] 同时,健康的重要性,还体现在其强大的工具性价值层面,诸如对经济增长、劳动生产率与收入、受教育机会和教育成就等多方面的影响上。因为健康的重要价值,促进以人为中心的健康,成为人

① World Health Organization. (1946). *Constitution of the World Health Organization.* Reprinted in Basic Documents, 37th ed. , Geneva.
② 阿马蒂亚·森.以自由看待发展[M].任赜,于真,译.北京:中国人民大学出版社,2002.

类永恒的追求,更是完成当代中国可持续发展战略任务与实现美好社会治理的重要目标内容。

以上关于"健康"的定义,可以看作是"目的论"的体现。与之相对应的,还有一种所谓的"资源论"观点,这一观点的主要依据是 1986 年世界健康促进大会发表的《渥太华健康促进宣言》。该宣言认为,"健康不应只是一种抽象的状态,应该是一种通往更富有成效的个人、社会及经济生活方式的资源"。这种健康资源论,强调了个人、社会资源及身体胜任力的积极概念。① 健康,作为一种人力资本,可以看作是对"资源论"的最好解释,其强调健康并不是每个人生活的目的,而是每个人每天生活的资源,是个人能力的体现。具体的健康资源与领域,在不同人群、不同文化中,有不同的强调点,比如《中小学生健康教育指导纲要》认为,青少年的健康主要包括五个领域,即与青少年相适应的健康行为与生活方式、疾病预防、心理健康、生长发育与青春期保健、安全应急与避险等。②

二、健康教育与健康促进

与"健康教育"密切联系的另一个重要概念是"健康促进"(health promotion)。健康促进指健康教育中促进健康的环境与相关制度两方面内容的改进与完善。换句话说,"健康促进"起源于"健康教育"。

普适性的"健康教育",是从广义教育的含义出发,通过一系列学习活动,获取系统的健康知识和技能,形成健康生活所需要的新的技能、态度、信念和行为,减轻或消除影响健康的危险因素,从而达到改变健康状态的一系列有组织、有计划的实践活动。这种意义上的健康教育,包括正式与非正式的健康课程、公共服务宣传、在线研讨、市场营销或通过网络通信技术在线传播健康知识技能等新策略。可以说,凡是影响或增进个体健康能力的实践活动,都可以归为健康教育的范畴。

依据相关研究,健康教育目前主要有三种模式:第一,建立在疾病医学方法基础上的生物医学模式,它主要教育个体建立避免生病的生活方式;第二,建立在传授健康知识、技能基础上的通常所了解的教育模式;第三,建立在社会影响

---

① Fertman C I, Allensworth D D, Fertman C I, et al. (2010). *Health Promotion Programs: From Theory to Practice*. Wiley.

② 教育部. 中小学健康教育指导纲要[EB/OL]. [2008 - 08 - 15]. http://www. gov. cn/gongbao/content/2009/content_1310690. htm.

因素基础上的激进模式,强调集体行动对健康的促进作用。① 从狭义的角度来看,一般将上述第二种健康教育类型,视为一门学科或专业,要求有专门的知识体系、伦理体系、能力体系、质量保障体系,以及健康教育专业人员的认证系统,②且更多地特指学校机构开展的学校健康教育实践。

"健康促进"包含健康教育,它是更为广泛的健康教育实践范畴。健康促进,是指社会各界支持的一切能促使行为和生活条件向有益于健康改变的因素的综合体。健康教育可以看作是健康促进的手段和方式之一,相较于健康教育,健康促进所涵盖的研究范围更广,包含了健康教育和各种有关健康改进的行为、环境、组织、政策、经济支持等策略。健康促进主要从整体论和系统论的视角看待健康问题,包括两个层面行动的融合,一是健康教育,二是支持健康生活所需条件的环境措施。

近年来,在世界卫生大会的推动下,"健康促进"的工作被不断赋予新的任务,如关注如何缩小不公平带来的健康差距、全球环境变化和城市化挑战下健康促进计划的跨部门协调整合等问题,尤其强调支持健康教育所需要的政策条件与环境措施的建设。这些年,我国也在逐步加强健康促进的行动领域的变革,致力于发挥政府、社区、个体等社会性力量,为促进整体健康提供支持,主要包括:①发挥政府作用,制定健康的公共政策;②创设支持性的生存环境,为健康行为提供物质条件;③强化社区行动、调动社区力量;④发展个人技能,提高个体的健康能力;⑤动员社会资源,调整卫生服务方向。这些都为推进学校健康教育治理研究和改革提供了重要的现实基础。

三、学校健康促进和健康教育

学校,是有效实施健康促进工作的场所,同时因为学校自身具有促进学生健康成长的核心价值使命,学校健康教育与健康促进的重要意义不言而喻。学校健康教育与健康促进,是指学校开展学生健康知识、技能及健康意识行为的专业化教育,提供支持学生健康生活所需的社会环境及制度,具体包含支持学

① 赵富学,程传银.《美国学校健康促进计划》的特征与启示[J].山东体育学院学报,2017,33(2):103-107.
② Livingood, W. C., & Auld, E. M. (2001). The Credentialing of a Population-based Health Profession: Lessons Learned from Health Education Certification. *Journal of Public Health Management and Practice*, (7):38-45.

生健康生活所需的政策、法规及社会支持等。

由于非确定性、开放性与复杂性交织的现代社会环境带给学校新的挑战，传统学校组织必须在教育理念、课程改革、教学策略、教师专业发展以及学校管理模式及方法等学校运作环境的各元素方面进行变革，形成学校整体变革的制度框架和组织保障，以改进整个教育环境，更好地满足学生文化多样性的需要。20 世纪 90 年代，欧洲建立健康促进学校网络计划（European Network of Health Promoting School，简称为 ENHPS），开展健康促进学校试点，包含健康服务、学校健康政策、学校社交环境、学校物质环境、社区关系、个人健康知识与技能等具体要点。

我国在《健康中国 2020 战略研究报告》中提出，将健康教育与健康促进作为公共卫生十大关键策略之一，学校健康教育在其中承担着重要的使命。1995 年 11 月，我国启动了健康促进学校建设项目，到 2018 年 7 月全国中小学校通过不同途径建设健康促进学校 1.5 万所。[①] 学校是整个社会健康促进的重要组成部分，是实施健康教育的重要场所。学校健康教育，是学校健康促进的重要内容和基础工作，着重于通过健康知识的传播和健康信念的养成教育学生形成健康的行为。具体做法如下：首先，围绕学生的身体健康，诸如对吸烟、饮酒、不健康饮食行为、性行为以及各种伤害与校园暴力等，通过学校系统的健康教育进行干预，改善学生个体与群体的健康知识、健康态度、健康技能、健康行为和健康指征；其次，通过学校健康环境措施的变革，促进学校健康环境改善与健康教育资源发展；最后，通过多元的社会支持完善与发展学校健康教育政策法规，推动学校健康教育，实现学生全面发展。因此，学校健康教育涵盖学校健康服务、健康教学与健康环境的三个层面的统整，以此构成了健康促进的研究范畴。

第二节　学校健康教育相关的研究主题

一、健康与教育之间的关系

健康与教育，被视为主要的人力资本构成要素。近年来，全球一些主要国

---

① 潘毅. 创建健康促进学校　深化学校健康教育[J]. 江苏卫生保健，2002(3)：117 - 118.

际组织及跨学科研究积极倡导健康的自我保护，以及形成健康意识、健康知识和健康能力水平的重要性意义。教育，尤其是教育资源获得、受教育年限与程度，被视为影响健康状况、水平及获得的重要因素。围绕健康与教育两者关系的研究，主要包括教育影响健康、健康影响教育，以及第三因素同时且同方向地影响健康和教育等三种互为因果联系的关系。在受教育水平与健康这两者的关系上，现有研究，并未形成一致的观点。①

还有研究分析个体的健康状况对其获得的教育的可能性、教育的质量及结果所带来的不同程度的影响。以研究者巴施（Basch）为代表，他关注美国儿童青少年健康与学业发展之间的关系问题，提出健康阻碍学业成就的观点。在他看来，作为一种提高学业成就的策略，健康这一问题在很大程度上被忽略了，尤其对于脆弱的学生群体而言。许多健康问题会影响学业成就，这一问题非常普遍，并且不成比例地影响着低收入家庭的孩子。② 一些研究通过进一步分析，正在展示健康问题为什么，以及怎样影响学业成就与教育成就。尽管如此，迄今教育与健康之间的关系到底是怎样的，教育是否可以通过中介影响和调节影响模型共同促进健康状况的提升等问题，由于中间变量的选择不同，依然具有理论解释方面的差异。

健康问题往往是家庭与代际贫困的主要原因，又由于教育具有的健康收益，有研究认为教育应该在国家医疗改革，以及更为综合性的健康促进中发挥更重要的作用，推动教育健康收益机制作用的发挥，消除健康不平等问题，减轻政府卫生费用的财政负担。③ 在微观的学校教育领域，日益增多的各种疾病、营养不均衡、校园暴力、非故意的伤害、自杀意念与相关行为，以及诸如饮酒、吸毒及肥胖等学生健康观念、生活方式及行为方面的问题对于学生学习过程的影响，也日益引起研究关注。近年来，国内学者尤其关注我国农村地区居民在健康知识与健康技能方面的需求，积极推进农村居民健康教育服务，显示出更多面向公共政策导向的研究特点。

---

① 田艳芳. 健康对中国经济不平等的影响[M]. 北京：中央编译出版社，2015：64.

② Basch C. (2010). Healthier Students are Better Learners: High-quality, Strategically Planned, and Effectively Coordinated School Health Programs Must Be a Fundamental Mission of Schools to Help Close the Achievement Gap. *Journal of School Health*, (10):650–662.

③ 刘广彬. 教育与居民健康：我国教育的健康收益实证研究[D]. 大连：东北财经大学，2009.

二、学校教育与健康不平等问题

"健康不平等",既指健康状况差异,又指获得良好健康状况的机会差异,与健康公正问题紧密联系。相关研究主要关注经济、社会、文化及遗传等因素,以及不同国家(地区)医疗及公共卫生支出等要素与个体健康水平之间的相互作用及其对个体实际健康水平的影响。健康公平是评价一个国家卫生服务政策及卫生改革的重要指标,也是世界各国卫生政策的重要目标。学界对健康公平的研究起源于人群中存在的健康差异与不公平现象。1851 年,英国对不同职业男性死亡率的差异记载是目前已知的对健康公平性的最早研究。[①] 国外学者对于健康公平的研究集中在对健康公平概念的厘清上,具体如表 2 - 1 所示。

表 2 - 1　国外对健康公平的主要界定

机会公平说	强调社会成员均有机会获得比较高的健康水平
结果公平说	强调健康状况分布不应与个人或群体社会经济属性有关
机会公平＋结果公平说	强调健康机会与卫生服务获得的公平性

资料来源:Whitehead, M. (1992). The Concepts and Principles of Equity and Health. *International Journal of Health Services*, 22(3):429 - 445.

在经济学研究领域,学者普遍从人力资本视角出发,分析收入、教育与社会经济地位差异导致的健康不平等,以及健康不平等对于收入、教育与就业等的反向作用与影响。社会学侧重从社会物质条件、社会生活方式及社会心理等角度谈论健康不平等的社会建构差异及应对健康风险等问题,关注健康不平等。它们研究的共同点,集中于经济及社会结构的不平等如何影响健康状况造成健康不平等,以及健康状况对于人们之间经济不平等的影响。在国际组织、公共政策制定者以及一些捐赠者的倡议下,近年来健康的公平性问题日益与减少健康不平等的公共政策与项目相结合。[②]

反映在学校教育层面,由于我国城乡地理文化与教育资源分配的较大差异,不同学校学生的健康教育与健康权益的不平等问题日益突出。学校教育在增进健康相关的知识与技能,改善健康行为与能力方面具有的特殊的重要作

[①] Almeida P T D. Portuguese Ministers, (2002). 1851 - 1999: social background and paths to power. *South European Society & Politics*, 7(2):5 - 40.

[②] 田艳芳.健康对中国经济不平等的影响[M].北京:中央编译出版社,2015:30.

用，直接影响着国民及社会健康公平合理的资源分配以及健康人力资本的能力的提高，因此，其体现出来的健康教育的不平等问题，影响力更为深远，反过来要求学校加强对弱势地区与群体的健康教育的支持与照顾。

三、健康教育、健康促进与公共政策创新

健康教育，突出学习者的健康学习体验，并希望以此来改善个体的健康行为。目前，关于健康教育的研究集中在学校健康知识、伦理、教育能力及专业认证等专业化方面。国际与比较教育研究领域日益关注加强全球健康教育政策的制定、开展全球性的健康教育教师培养培训等。由于健康问题往往是家庭与代际贫困的主要原因以及教育具有的健康收益被更多地强调。近来，涵盖健康教育及其环境支持的健康促进研究认为，学校综合性的健康促进，对于促进学生健康与学习教育的有机统一将发挥更重要作用。这一论断推动了国际范围内一系列学校健康促进计划的实践。这些实践普遍强调将健康教育、保健服务、健康的学校环境、体育、心理健康教育、营养与饮食等都纳入健康教育的视野，强调健康知识、态度和技能与提供健康环境、动机、服务和支持的系统整合。

同时，从国际上来看，许多国家开展了大量的健康教育与健康促进研究，发展和形成了健康信念模式、创新扩散理论、P-PR 模式（又称格林模式）等健康教育与健康促进理论模型。一系列协作性学校健康计划与评价的理论推进，使学校健康教育实践逐步走向成熟，学校健康教育自身发展以及与健康促进结合日益紧密成为国际发展的趋势。现有研究普遍认为，学校健康教育的推进必须依靠政府进行社会资源的有效整合和利用，动员社区、家庭和学校一起为学生提供综合性的积极经验和模式。

同时，系统推进国家健康促进政策与医疗卫生保健服务体系的"健康促进"政策相关问题日益受到关注，相关政策主要从政府公共健康政策制定与健康教育两方面来缩减健康不公平带来的健康差距。以福克斯（Fuchs）为代表的健康经济学者研究关注健康、教育以及社会经济可变因素之间的关系，分析了美国在公民医疗卫生保健中的资金投入、医疗技术应用，以及与此相关的促进公民健康服务的公共卫生与医疗保健改革服务政策的制定、实施与绩效评价。[1] 在国际

---

[1] Fuchs V. (1982). *Economic Aspect of Health*. Chicago: Chicago Press; Fuchs V. (1998). *Who Shall Live?*. London: World Scientific Pub Co Inc.

教育领域,以联合国教科文组织(UNESCO)为代表,推出的《学校健康与营养》专题研究报告,强调健康与教育之间的关系,健康对学生、教师与社会的作用,以及加强健康教育政策制定、开展教师培养培训等的重要意义。国外普遍强调大健康概念,将健康教育、保健服务、健康的学校环境、体育、心理健康教育、营养与饮食等都纳入健康教育的视野,强调习得健康知识和技能与提供健康环境、服务和支持的系统整合。

近年来,国内研究也开始积极关注教育、社会经济地位,以及特定人群,如流动人口、农村人口及已婚妇女等与健康相关问题,研究认为这对公共政策的制定具有重要的含义。国内相关研究侧重对健康教育执行状况、模式及相关项目的评估,如有研究者针对我国医院、街道与高校三体联动健康促进模式开展评估,[①]对社区健康教育的管理、领导体制与模式问题进行总结分析,[②]普遍强调公共政策应着力提升社会福利水平,强调个体受教育机会均等及结果的公正,因地制宜地推进个性化的健康促进制度与政策体系建设。

从相关文献综述来看,在国际社会丰富的学校健康教育与健康促进的研究中,我国相对缺乏基于当代中国学校现实的系统与深入的考察。相对于经济学、社会学与公共管理领域多样的健康教育问题研究,在教育学领域,对健康教育与健康促进带来的学生健康发展与学校变革的影响研究阙如,一些学校教育健康与健康教育的教育学研究取向不够明确,整合性的学校健康促进治理与公共政策研究与实践明显匮乏。

随着我国经济现代化及新型城镇化的发展,学校健康教育面临新的需求与突出问题。当下学校的健康教育发展,不仅包括传统的如阻止传染病的威胁等,更包括"新社会病",如中小学校园伤害、暴力、物质滥用、危险性行为、心理和情感障碍,以及由于贫困,很多文化处境不利的学生的健康与健康关怀的缺失等问题的应对。系统分析当代中国社会学校健康教育发展及其全面协同治理,发挥教育消除健康不平等问题和减轻政府卫生费用的财政支出负担作用,保障人人享有公平与公正的健康权利,无疑具有重要的现实紧迫性。

---

① 唐政. 三体联动健康促进模式的建立及效果评价[D]. 上海:复旦大学,2010.

② 温泉,郭春江. 当前社区健康教育与健康促进工作存在的问题及其对策[J]. 中国初级卫生保健,2007(2):75-76.

第三节　儿童青少年健康教育的研究概况

在健康教育与健康促进建设过程中,日益强化优先促进学校以儿童青少年健康为中心的改革,成为发挥教育的健康效益与促进健康公正的现实途径。推进以儿童青少年健康为中心的学校健康促进相关研究,是实现以"人的发展"为目的的健康中国战略的要求。

前面提到,在我国的教育学研究领域,对健康教育与健康促进带来的学生健康发展与学校变革的影响的分析比较薄弱。基于 CiteSpace 5.0 知识图谱可视化工具,本节主要对 2013—2017 年间中国期刊全文数据库收录的与健康教育、学校健康促进主题相关的论文进行分析,目的在于明晰与学校健康教育研究相关的研究者、研究机构、研究期刊及研究主题的特点,以此作为视角了解当前我国学校健康教育研究的基本状况。

一、研究数据与方法

(一) 数据来源

本节采用的分析数据主要来源于中国知网(CNKI)。在 CNKI 检索目录中选择"高级检索",以"健康""教育""学生""学校"等主题词作为筛选目标,时间跨度设定为"2013—2017 年",共计检索出 635 条结果。剔除期刊目录、索引、广告、启示等非学术类文章信息 30 篇,最终得到样本 605 篇。其中,2013 年125 篇,2014 年 137 篇,2015 年 125 篇,2016 年 106 篇,2017 年 112 篇,用以考察近年来在学校教育中以学生健康教育与健康促进为中心的研究现状与研究进程。

(二) 研究方法

首先,研究使用 CiteSpace 5.0 科技文本挖掘与可视化工具,对样本文献中高产作者和研究机构进行知识图谱可视化分析。同时,考虑到该软件对 CNKI数据库导出的文献数据具有相对局限性,即只能针对作者、机构和关键词等节点进行分析的特点,结合 CNKI 平台的可视化工具对期刊的基本信息进行补充,以期获得 2013—2017 年来学校场域中以学生健康为中心的学校健康促进相关研究的基本现状;其次,对样本文献的关键词进行词频共现与聚类分析,从中管窥与学生健康相关的研究发展脉络、研究主题与热点；最后，在关键词词频共现分析与聚类分析的基础上，利用样本文献的摘要信息，采用内容分析方法，归纳出学校教育研究领域中的学生健康研究主题，分析其中存在的问题与不足。

二、数据统计与结果分析

(一) 研究者(论文作者)分析

期刊文献中作者情况尤其是高产作者群对于某学科领域的基本研究态势具有重要影响。作者共被引分析不仅能够确定某学科领域中有影响的学者，还可以通过作者的共被引网络及其聚类来了解这一领域中相似作者的研究主题及其学科领域分布。[①] 为了掌握我国与学生健康发展相关教育研究的作者情况，研究对 2013—2017 年五年中从事学生健康相关研究的作者群进行了可视化分析，在 CiteSpace 5.0 软件中，以规定格式导入样本文献数据并创建新项目，将节点类型设置为"Author"，时间切片设置为 1 年，生成作者群的可视化网络(见图 2-1)。

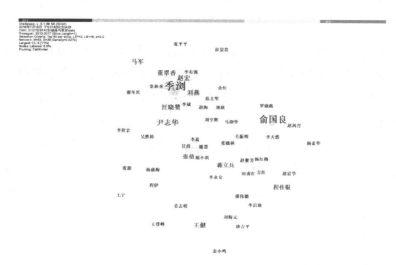

图 2-1　作者合作的共现网络

图 2-1 中共有 53 个节点，代表着 53 位作者，42 条连线，代表着作者间的合作情况。连线越粗，说明这两位作者之间的合作越频繁，节点越大，说明该作

---

① 李杰，陈超美. CiteSpace：科技文本挖掘及可视化[M]. 北京：首都经济贸易大学出版社，2016.

者发文量越高。

依据图 2-1 所示,季浏节点最大,是唯一一位中介中心性大于 0 的作者,可见其学术影响之大,并且他与汪晓赞、李有强、尹志华、董翠香、党林秀等作者形成了紧密的合作关系;俞国良也是发文量较多的作者,并与罗晓路、赵凤青、李天然等作者形成了稳固的合作关系;刘燕、赵宏、李斌三人的合作发文量也较高;此外,马军和王健两位作者是高产作者代表,但没有与任何节点相连,说明两位没有合作关系,是独立作者。总体来说,从事学生健康相关研究的学术研究者较少,研究者之间的合作关系较为单一。

为了深入研究作者情况,研究还对高产作者进行了发文量、学科和所在科研机构等相关的背景分析(见表 2-2)。

表 2-2　作者背景情况分析

作者	季浏	俞国良	尹志华	赵宏	王健	刘燕	马军	董翠香	汪晓赞	其他
篇数	14	8	5	4	4	4	4	4	4	<4
所在机构	华东师范大学	中国人民大学	华东师范大学	青海大学	华中师范大学	青海大学	北京大学	华东师范大学	华东师范大学	

对上述 9 位高产作者所在院系和研究方向分析发现,他们分布在三个学科领域,如中国人民大学的俞国良来自心理研究所,主要从事社会心理学与心理健康教育研究;华东师范大学以季浏为核心的作者群体来自体育健康学院,主要从事体育课程与教学、体育教师教育、体育与社会发展、体育社会学、学校体育学、比较体育等与体育学相关研究;而来自青海大学的赵宏与刘燕和来自北京大学医学部的马军则主要从事预防医学与卫生学研究。由此可见,对于学生健康相关教育的关注聚焦在体育学、心理学和预防医学等交叉学科领域中,而从事基础教育和高等教育学研究的学者在这一研究领域学术研究成果及其学术影响力明显不足。

(二) 研究机构分析

为了探究学生健康发展与学校健康教育的研究力量的分布情况,研究对研究机构及其合作情况进行了可视化分析。在 CiteSpace 5.0 软件中,研究将样本文献的项目分析节点类型设置为"Institution",时间切片设置为 1 年,生成研究机构群的可视化网络。如图 2-2 所示,图中共计 48 个节点,代表 48 家学术与科研机构,其中连线 17 条,代表学术及科研机构的合作情况。我国有关学生健康相关教育的研究主要集中在高等师范院校中,也有部分科研所和政府机构参与其中,如中国疾病预防与控制中心营养与健康所、北京大学儿童青少年卫生研究所、教育部体育卫生与艺术教育司等。图2-2中最大的节点为华东师范大学体育与健康学院,并以其为中心凝聚了苏州大学体育学院、上海体育学院国际文化交流学院、上海高校"立德树人"人文社会科学重点研究基地体育教育教学研究基地、华中师范大学体育学院等,展开了多层次的研究合作。除此之外,其他的研究机构则相对较为独立,研究多以校内合作为主,校外合作关系不明显。

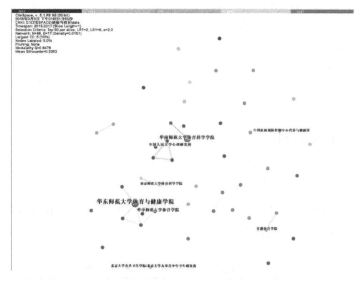

图2-2　研究机构的共现网络

为了便于分析研究机构的性质及其分布,研究还对科研机构进行了计量分析(见表2-3)。在主要研究机构中合计出现了5所高等师范院校,而这5所师范高校均以其体育院系的影响力最为突出。在研究机构分布中,体育学研究机构成为研究的主要阵地,除此之外,心理学和预防医学/公共卫生学的研究机构也有显著影响,这与作者情况分析的结果具有一致性。

表2-3　关于研究机构发文量的统计分析

研 究 机 构	计数
华东师范大学体育与健康学院	18
华南师范大学体育科学学院	7

续 表

研 究 机 构	计数
华中师范大学体育学院	6
中国人民大学心理研究所	5
中国疾病预防控制中心营养与健康所	4
北京大学公共卫生学院	4
首都体育学院	4
南京师范大学体育科学学院	4
上海高校"立德树人"人文社会科学重点研究基地体育教育教学研究基地	3
中国人民大学心理学系	3
东北师范大学体育学院	3
其他	均<3

(三) 刊载期刊分析

刊载期刊的学术影响与层次水平代表着样本文献的学术影响力。刊载期刊分析借助 CNKI 平台的可视化工具,对期刊来源和期刊分布进行了可视化分析,发现 605 篇样本文献中 77% 来自"中文核心期刊",23% 来自"CSSCI 来源期刊",刊载量前 10 位的刊物如表 2-4 所示。

表 2-4 刊载相关论文期刊(TOP10)的分析

期刊名称	篇数	百分比
中国学校卫生	107	17.68%
教学与管理	50	8.26%
体育学刊	36	5.95%
教育与职业	26	4.30%
体育文化导刊	23	3.80%
北京体育大学学报	18	2.98%
人民教育	18	2.98%
首都体育学院学报	12	1.98%
教育理论与实践	12	1.98%
上海教育科研	12	1.98%
其他	<12	

刊载量排名前 10 位的期刊,分布在多学科领域中。发文量最高的刊物是由中华预防医学会主办的《中国学校卫生》,共计发表 107 篇相关主题文献,占样本文献的 17.68%,且该刊物在这 10 家刊物中的综合影响因子最高。在上述 10 家刊物中,有 5 家"CSSCI 来源期刊",分别是《体育学刊》《体育文化导刊》《北京体育大学学报》《首都体育学院学报》《教育理论与实践》等,值得一提的是,除了《教育理论与实践》之外,其余 4 家刊物均来自体育学学科研究领域,这 4 家刊物合计发文 89 篇,占样本文献的 14.7%。上述研究中教育学类刊物分别来自基础教育、中等教育和职业教育领域,但该类刊物的综合影响因子明显不及体育学和医学领域的刊物。

(四) 关键词分析

关键词是作者根据文章主旨从文章中摘录出来可以反映其基本内容的词汇,用以表达文献的主题概念并反映出文献的核心内容。作为学术论文的核心与精髓,对高频关键词进行统计分析,有助于整体把握样本文献中研究主题的总体特征、发展趋势与研究热点。

本书研究使用 CiteSpace 软件,对样本文献进行关键词词频共现分析,项目分析的节点选择 Keyword,时间切片为 1 年,每个时间切片选择 Top50,连线强度选择 Cosine,经过网络剪裁后得到 167 个关键词,314 条共现关系,最终形成了高频关键词列表(见表 2-5)和关键词共现图谱(见图 2-3)。

表 2-5 学生健康教育研究高频关键词列表(频次＞5)

序号	频次	中介中心性	关键词	序号	频次	中介中心性	关键词
1	80	0.49	学生	12	16	0.17	中国
2	75	0.31	学校体育	13	15	0.03	实践
3	55	0.26	心理健康教育	14	14	0.03	健康知识
4	52	0.27	学校	15	14	0.01	中小学
5	51	0.09	健康教育	16	14	0.09	青少年
6	39	0.19	心理健康	17	13	0.13	体育
7	25	0.18	体育教育	18	13	0.07	体育教学
8	25	0.20	大学生	19	11	0.01	高职院校
9	20	0.04	态度	20	11	0.04	学生体质健康
10	19	0.09	体质健康	21	11	0.06	高校
11	17	0.00	知识	22	11	0.06	中小学生

续　表

序号	频次	中介中心性	关键词	序号	频次	中介中心性	关键词
23	9	0.15	体育运动	33	6	0.02	健康促进
24	8	0.00	干预性研究	34	6	0.03	影响因素
25	8	0.02	美国	35	6	0.03	健康素养
26	8	0.02	学生保健服务	36	6	0.04	学堂
27	8	0.00	体育课程	37	6	0.05	积极心理健康教育
28	7	0.03	普通高校	38	6	0.01	对策
29	7	0.04	教育行政组织	39	6	0.00	行为
30	7	0.01	积极心理学	40	6	0.00	艾滋病
31	7	0.02	核心素养	41	6	0.01	精神卫生
32	6	0.07	教育部	其他	<6		

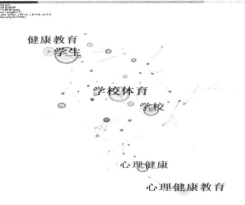

图 2-3　学生健康相关教育的关键词共现图谱

从高频关键词的分析中可以发现,与学生健康相关的研究中,与研究群体相关的关键词有大学生、青少年、中小学生等,基本覆盖学校教育的各个阶段。其中,大学生出现的频次最高,是与学生健康相关的教育研究的重要群体;与健康相关的关键词有心理健康、体质健康、健康知识、健康促进、健康素养、艾滋病、精神卫生等,这类关键词代表了近年来对学生健康问题关注的主要层面;与教育活动相关的关键词有学校体育、心理健康教育等,还出现了学生保健服务等;此外,高频关键词中还出现了"核心素养""健康素养"等词汇,反映了当代健康教育的研究新热点。

　　中介中心性是测度节点在网络中重要性的一个指标,CiteSpace 中使用此指标来发现和衡量文献的重要性。[①]从关键词的中介中心性来看,"学生""学校体育""心理健康教育""学校""大学生""体育教育"等,中介中心性都在 0.1以上,受检索方式影响,剔除检索关键词"学生""学校",其余关键词可以清晰反映出以学生健康为中心的教育研究主要围绕"体育教育""心理健康教育"展开,具有较强的影响力。

　　无论是高频关键词还是关键词共现图谱,反映的都只是儿童青少年健康相关研究的某一热点。为了进一步把握关键词之间的关系,综合把握学生健康相关教育研究的动态趋势,研究借助聚类技术分析,用关键词为聚类标签进行命名(见图 2-4)。在关键词聚类分析中,Modularity 值为 0.8181,说明该网络聚类显著;Silhouette 值为 0.796 3,表明关键词共现聚类结果具有较高可信度。图 2-4 中共出现了 13 个聚类,根据聚类编号可知,聚类规模由大到小分别为聚类 0"健康素养",聚类 1"中小学生",聚类 2"健康教育",聚类 3"体育教育",聚类 4"心理健康教育",聚类 5"知识",聚类 6"影响因素",聚类 7"学校",聚类 8"体育",聚类 9"体育教学",聚类 10"学校体育",聚类 11"英国",聚类 12"积极心理健康教育"。

图 2-4　关键词共现聚类分布

① 李杰,陈超美.CiteSpace:科技文本挖掘及可视化[M].北京:首都经济贸易大学出版社,2016.

在聚类分析的结果中,通过对共现关键词的重合度和聚类标签的相关性分析,并结合样本文献所提供的摘要信息进行内容解读,发现当前以学生健康与学校健康促进为中心的研究主题主要体现在健康课程与教学研究、儿童青少年心理健康问题的研究、青少年体质健康问题的研究、健康教育政策与环境支持研究以及健康教育国际比较研究等方面。

1. 健康课程与教学研究

在健康课程与教学研究中,学者尤为注重学生健康素养的综合发展,即注重学生健康知识的积累,健康行为习惯的养成。具体的课程研究以学校体育教育与心理健康教育为主导,其中尤以体育课程的研究为重。有关体育课程的研究覆盖全面且系统,既包括教学改革、教学策略、课程模式、课程标准与课程设计等基本理论研究,还涉及武术、射箭、足球、田径、瑜伽、健美操等基于具体教学的实践研究,如对健康体育课程模式的重新审视与构建,[①]在核心素养研究背景下架构体育学科核心素养框架体系等。[②] 此外,当前体育课程的研究还关注体育的德育与心育功能,注重体育与思想道德和心理健康教育的学科融合。[③]

除了体育课程的研究外,心理健康课程与教学的相关研究也较为丰富。积极心理学的教育应用一度成为研究热点。心理健康教育的相关研究还十分注重对课程目标与价值、课程标准、课程实施与评价、教学模式、教学策略的改革与创新。此外,中小学生健康课程与教学研究还涉及思想品德与道德、生命教育、性教育等相关课程。但目前而言,此类课程与教学的相关研究发文量较少,学术影响力较弱。

2. 儿童青少年心理健康问题的研究

儿童青少年的心理健康,是健康的重要表现层面。在当代新的社会时代背景下,学生的心理健康问题表现愈加复杂。对研究样本的内容分析发现,有关学生心理健康层面的研究文献主要涉及心理健康状况研究、心理健康发展策略研究和应用心理学相关研究。首先,心理健康状况的研究包括典型的学生心理问题,如焦虑、抑郁、压力、情绪管理等以及网络社交环境下和社会转型期所面

---

① 季浏. 中国健康体育课程模式的思考与构建[J]. 北京体育大学学报,2015,38(9):72-80.

② 于素梅. 中国学生体育学科核心素养框架体系建构[J]. 体育学刊,2017,24(4):5-9.

③ 卢伯春."多维整合":学校体育中德育的新走向[J]. 南京体育学院学报(社会科学版),2015,29(5):95-99.

临的心理问题,如网络暴力、跨文化交际障碍、校园欺凌等。其次,心理健康相关研究还尤为关注特殊群体的社会问题以及心理健康发展策略,如针对留守儿童、少数民族学生、来华留学生、残疾学生和贫困学生所进行的文化与环境适应研究,针对大学新生、研究生所进行的专业适应问题。而应用心理学相关研究较为关注学生群体的心理危机干预与预防、心理咨询服务和心理量表研制等。在心理健康相关研究中,学者主要侧重大学生的心理健康问题研究。

3. 青少年体质健康问题的研究

全国学生体质健康调查显示,青少年学生体质呈下降趋势。[①] 根据样本文献的研究,体质健康相关研究主要针对学生体质健康的现状进行实证调查与比较,探讨学生体质健康发展中的问题、成因与发展策略,如叶心明、肖巧俐等人对城市儿童、流动儿童和留守儿童进行了体质健康的比较研究,[②]马德浩、季浏等人提出调整膳食结构、减轻课业压力、促进体育参与等体质健康发展策略。[③] 在体质健康层面上还较为关注健康行为习惯的相关研究,如学生体育活动与课外体育锻炼、饮食习惯、上网习惯、性安全行为、自杀行为等,此类研究涉及的层次范围广泛。此外,在体质健康的相关研究中,还较为关注健康标准的制定与相关政策导向,如郑小凤等人对我国中小学生体质测试的政策演进与完善策略的探讨。[④]

4. 健康教育政策与环境支持研究

健康教育政策与环境支持相关研究涉及健康环境建设、健康政策支持与健康问题治理,是学校健康促进研究的重要组成内容。在健康环境建设中,校园毒跑道、重污染天气等成为学生健康防护工作方面的主要问题;在健康政策研究中,"校园足球"、强制体育、学生营养餐、校车等话题的讨论较为集中,以"校园足球"的体育政策为例,相关研究从"校园足球"发展需求、现状、资源配置、异化现象、可持续发展策略等方面展开了解读。学生健康问题治理以校园欺凌问

---

① 董静梅、陈佩杰、欧阳林. 我国青少年体质健康促进的社会学归因与策略[J]. 首都体育学院学报,2014,26(3):226 - 230.

② 叶心明、肖巧俐. 我国学龄城市儿童、流动儿童、留守儿童体质健康比较研究[J]. 武汉体育学院学报,2017,51(4):82 - 91.

③ 马德浩、季浏. 我国中小学生体质健康中存在的问题、致因及其对策[J]. 西安体育学院学报,2017,34(2):182 - 188.

④ 郑小凤、张朋、刘新民. 我国中小学学生体质测试政策演进及政策完善研究[J]. 体育科学,2017,37(10):13 - 20.

题为例,它不仅影响学生的身心健康,也折射出学生道德健康、社会交往等方面的问题,相关研究从立法、心理教育、思想政治教育等角度给出了综合治理策略。

5. 健康教育的国际比较研究

国际上以学生健康为中心的教育及其相关研究起步早,发展较为成熟,为我国学生健康相关的教育发展提供了很好的借鉴,引起了很多研究者的关注。在样本文献的分析中发现,现有研究形成了涉及美国、英国、日本、加拿大等十多个国家的跨国比较研究;研究内容覆盖面较广,在健康教育与相关课程标准层面,比较了美国、英国、韩国、加拿大、日本、俄罗斯、澳大利亚等诸多国家的体育教育课程标准;在学生体质现状研究中,中美和中韩的对比研究较多,同时也兼顾与欧洲各国的比较研究;在健康政策、计划与项目介绍上,美国学校健康项目发展最为成熟,对我国的健康政策与健康项目制定影响最大,但也不乏德国、芬兰、新加坡等教育发达国家项目经验的介绍。总的来看,健康教育的国际比较研究较为注重各国实践经验的具体介绍,对于影响其发展的背后因素等规律性的比较较为缺失。

三、儿童青少年健康教育研究的特点与问题

在教育学、体育学、医学等多学科视域下探讨儿童青少年健康发展问题是当代学校教育实践与研究活动的应有之义。学生的健康状况关系个体的终身可持续发展,更影响着家庭的和谐、学校教育发展与国家文明进步。通过上述可视化分析发现,我国以儿童青少年健康为中心的研究主要呈现以下几方面的特点与不足。

(一) 以体育课程研究为中心,课程研究多样性不够

无论从研究者、研究机构、刊载期刊的计量分析,还是通过关键词共现与聚类分析,结果一致表明,在以学生健康为中心的学校教育中,体育课程与心理教育课程在学校健康教育中占主导地位,尤以体育课程为重,健康教育课程体系不健全。尽管有研究者试图在思想政治教育、性教育、班级管理等教育活动中尝试对学生进行健康教育,但是研究者数量较少,论文成果有限,影响力不足。

(二) 以大学生为主要研究对象,中小学生研究数据缺乏

当前以学生健康为中心的研究对象,呈现日益扩大与丰富的特点,中小学生、大学生、特殊教育群体、农村留守儿童、职业教育学生等均有涉及。其中,大

学生的健康教育成为研究关注的主要对象。而相比之下，基础教育阶段中小学生的健康相关教育受课程设置与教育教学评价等因素的限制，研究主要集中在体育教育与心理健康教育的研究领域，丰富而系统的中小学生健康教育研究则相对缺乏。

（三）研究力量较为集中，跨界跨领域研究合作有限

对作者群体与研究机构的可视化分析结果表明，高产作者群主要来自高等师范类院校的体育学系，刊载期刊也以体育学期刊的影响力最为显著，这反映了以学生健康为中心的研究力量集中于单一的体育学科，而与之联系紧密的教育学、心理学等相关领域研究明显不足；作者群体和研究机构之间的跨领域与跨界合作研究有限，主要以研究机构的内部合作为主，研究机构的外部合作不足，学科间的整合研究不足。

（四）研究主题相对单一，多元化的研究视角缺乏

随着全球化、现代化与城市化的发展，我国中小学校学生健康教育问题日益体现在多个领域与层面。但是，目前我国的研究主题还是重点围绕学生身心健康问题，从疾病预防、体育教育和心理健康教育的相对单一、静止的学术研究中寻求解答，研究视角缺乏交叉。这间接影响了研究者的视野，使之在目前的研究体系下，难以从现有研究成果中形成对身心健康、道德发展、社交能力等有关学生健康因素的综合性认知。这在一定程度上既反映了健康教育在学校教育中处于薄弱的地位，也说明学校健康教育科学研究对于教育实践指导不够。

四、未来学校儿童青少年健康教育的研究建议

经过分析发现，现有对儿童青少年学校健康教育的研究主要集中在体育课程与教学、学生体质与心理健康问题、学校健康教育政策及环境支持等方面。当前我国以学生健康为主题的学校健康教育与健康促进研究，存在对学生健康问题的矮化、对健康与教育关系问题的窄化和对国家健康战略与教育实证研究的虚化等问题。未来需要确立以学生健康发展为中心的研究理念，通过跨学科协同与交叉的研究方式，在完善学校健康课程体系、建设贯穿个体生命周期的学校健康促进体系，以及丰富学校健康教育治理等方面深入研究。根据文献可视化分析的结果，笔者认为未来需要尽快实现向以学生健康为中心的跨学科与综合协同的研究转向，据此，主要提出以下几个方面的建议。

（一）在研究价值上确立以学生健康发展为中心的使命

实证研究表明，教育不仅使人们增长知识，扩展学习者在认知、社会和情感方面的技能，还帮助人们改善习惯、价值观和态度，并通过建立良好的人际关系等方式改善人们健康状况。[①] 根据世界卫生组织（WHO）的定义，健康不仅仅是没有疾病或者不虚弱，更是身体、心理和社会适应上的完好状态。[②] 个体健康，不仅仅依赖体质锻炼与营养摄入，还依赖于个人特质、社会因素和人们赖以生存的环境等诸多因素，也包括社交团体准则、调节支持健康行动的政策与法律等。[③] 单就与学生健康密切联系的教育学的研究视域来看，教育政策的颁布、学校课程的开发与建设、教师的教学技艺、学习环境的建设等，都关系着学生的健康发展，而教育的政策制定者、教师和学校管理人员等对学生的健康发展也至关重要。2013 年联合国发布的《向普及学习迈进——每个孩子应该学什么》的研究报告中，明确了健康是学生学习的重要目标体系之一。[④] 健康教育及其研究在健康国家战略蓝图中举足轻重，它赋予了学校健康教育研究的优势，丰富了健康服务新的内涵。以人的健康为中心作为新时代教育学、体育学及医学等学科研究的价值取向，体现在儿童青少年发展的方向引导、学校健康促进改革的理论支持，以及政府健康服务的智库建设等三方面。

（二）在研究对象与内容上丰富学校健康教育的内容

学校应是一个让学生感到、体验到或享受到幸福成长的教育场所。[⑤] 学生的健康发展是一个连续的过程。在当代终身教育思想的指引下，学校健康教育问题不应仅关注少数健康弱势群体，而应当涵盖婴幼儿、儿童青少年、成年人和老年人等处于生命历程中不同阶段的个体，建立与之相适应的学校健康教育与健康促进体系。随着健康对象的延展与健康内涵的逐渐扩大，有关学校健康的研究内容应当突破当前体育教育与心理健康教育等传统研究内容的束缚，密

---

① OECD 教育研究与创新中心. 教育: 促进健康，凝聚社会[M]. 范国睿，等译. 上海: 华东师范大学出版社，2016:10.

② Larson J S. (1996). The World Health Organization's Definition of Health: Social versus Spiritual Health. *Social Indicator Research*, (2):181–192.

③ Fertman C I, Allensworth D D, Fertman C I, et al. (2010). *Health Promotion Programs: From Theory to Practice*. Wiley.

④ 滕珺，朱晓玲. 学生应该学什么?: 联合国教科文组织最新基础教育学习指标体系述评[J]. 比较教育研究，2013,35(7):103–109.

⑤ 刘若谷. 幸福成长: 教育价值的本体回归[J]. 教育研究，2016,37(5):66–71.

切关注发达国家以学生健康为中心的教育研究前沿,注重突出诸如健康促进行为与健康危险行为研究、健康素养研究、健康教育的信息化研究、健康公正研究、性教育研究、社交与情感教育研究、健康教育专业化研究、健康服务与社会支持研究等方面研究的丰富性,保持研究内容与学科发展的最新导向和趋势同步。此外,还要注重研究内容的针对性和本土化,树立科学研究的问题意识,关注我国学生健康问题的特殊性和异质性,在学生健康教育的培养目标、课程建设、教学设计、师资培养、学校治理以及学校与社会其他系统关系体系等方面形成内涵丰富的学术研究体系。

(三) 在研究机制上实现跨领域跨学科的协同与交叉

确立以学生健康为中心的研究,要坚持整体论的思维,注重将学生健康、学校健康促进与国家战略规划结合开展研究。这不仅需要打破校内外合作的界限和壁垒,还要注重卫生医疗保健、经济生产消费和社会福利保障的全方位协同,从建立学校健康教育治理体系与治理能力现代化的高度来推进研究内容的跨度与整合。此外,要在预防医学、社会学、经济学、教育学等学科领域之间建立理论基础、研究方法以及研究人员与科研机构之间的基础理论交叉,推进研究向深层次科学理论与政策应用等方面发展。

近年来,围绕国家发展与繁荣问题的政策趋向已逐渐发生变化,评价国民发展、社会进步的指标已然从经济指标转向非经济指标,而健康在此间占据重要地位。[①] 健康中国建设已经上升为国家的发展战略。如何将学生的健康教育权利、学校健康教育的育人使命与全面推进健康中国建设宏观战略紧密有机结合,是需要给予重点关注的研究问题。

---

① OECD 教育研究与创新中心.教育:促进健康,凝聚社会[M].范国睿,等译.上海:华东师范大学出版社,2016:10.

第三章

教育与健康国家战略之间的关系

从 20 世纪个体健康概念外延的扩展，到群体健康的转换，再到当代的健康国家发展战略，反映了健康在社会发展与人们生活中地位和作用的不断调整变化的过程。健康国家成为健康治理的最高级方式，标志着人类健康治理理念的深刻变革。

教育与健康之间相互作用的复杂关系，决定了教育在促进健康基本人权保障、健康经济科技革新与全球健康治理等健康国家战略实现方面扮演重要角色。国际范围的健康国家治理均较为重视健康教育与健康促进的重要作用，并据此积累了丰富的改革经验。在实施健康中国发展战略进程中，我国需要重塑学校健康教育在健康国家战略中的角色与地位。

第一节　关于健康国家社会治理范式的形成

准确瞄准与正确把握全球社会发展脉搏与行进趋势，全面分析处于新的社会发展形态所面临的机遇、挑战与走向，是推动社会进步的重要方式，也是制定与实行相关政策的基础。全球日益推进的健康国家社会发展形态，是世界卫生组织与主要国家政府对人的健康需求与健康治理形成的观念、文化与治理策略的一般性概括，是人类步入 20 世纪后社会政治、经济及文化的变革在健康治理上不断探索的新的认识成果，在国际社会具有发展的基础、理论的支撑、时代的特色，需要从治道变迁的视角认知和把握。①

国际社会形成的健康治理理念，是从对"健康"概念的不同理解开始的。从 19 世纪到 20 世纪前半时期，从生物医学的角度看，健康被确定为"没有疾病"，

---

① 王虎峰.健康国家建设:源流、本质及治理[J].医学与哲学(A),2017,38(3):1-4.

多认为影响人们健康的因素是遗传与生物因素，与此相应的是针对环境卫生与传染性疾病的预防与治疗成为政府卫生机构的主要任务，譬如美国政府主要围绕奶制品、肉类卫生、性病控制及儿童免疫等进行立法。① 随后一段时间的研究发现，扩大了的医疗卫生体系及福利照顾支出并不能有效改善个人的健康水平，个人的健康更多地取决于居住环境及人们的生活方式与行为，"健康"的定义开始被赋予社会学的意义。1948 年世界卫生组织关于个人健康的定义被广泛认同，即"健康不仅仅是没有病和衰弱，而且是身体、心理和社会适应上的完全安逸的状态"。②

20 世纪后期社会政治经济发展与科技快速进步，国际上一些国家政府对于健康问题的管理重点转为完善卫生系统及社会保障福利体系，人们的生活方式也在逐步发生较大的改变。对于促进健康生活已经开始触及政府与个体两个方面，要求将个体保持健康行为的责任与来自医疗照顾保障健康置于同等地位。标志着个人健康向着社区健康实践转变的重要事件，是 1978 年世界卫生组织（WHO）发布的《阿拉木图宣言》，它提出健康是人类的基本权利，政府有责任提供适宜的技术与方法促进居民的健康，它明确了"健康社区"的概念，强调通过实施"初级卫生保健"并动员社区居民广泛参与，努力实现"人人健康"的目标，同时致力于化解健康风险及消除相关社会影响因素。③

从个人健康到社区健康的健康理念与实践的推进，为促进人类健康，人生步入新的革命性变化奠定了坚实的基础。1986 年世界卫生组织在《渥太华宪章》中提出了健康促进的概念，指出"使人们能够加强对其健康和决定因素的控制，从而改善他们的健康状况。它超越了个人行为的焦点，转向广泛的社会和环境干预措施"。④ 显然，伴随不同社会历史时期知识、信仰和价值观的演变，健康的概念也在发生变化。将健康视为无疾病状态且专注于个人的传统观

---

① Perdue W C, Gostin L O, Stone L A. (2010). Public Health and the Built Environment: Historical, Empirical, and Theoretical Foundations for an Expanded Role. *Journal of Law Medicine & Ethics*, (4):557 - 566.

② 世界卫生组织. 世界卫生组织法[R/OL]. 日内瓦：世界卫生组织，1948[2020 - 10 - 10]. https://www.who.int/zh/about/governance/constitution.

③ World Health Organization. (1978). *Primary Health Care: Report of the International Conference on Primary Health Care*. Alma-Ata, USSR.

④ World Health Organization. Ottawa Charter for Health Promotion [R/OL]. [2022 - 10 - 05]. https://apps.who.int/iris/handle/10665/349652.

点正在向着更加活跃、多元、积极、整体的方向发展,即将健康视为普遍的人权。

《渥太华宪章》开启了人类"健康促进"价值的里程碑,其中提出了健康促进的五大具体策略,包括"发展公共卫生政策""创造支持健康的环境""强化社区参与""发展个人健康技能"以及"调整卫生服务模式",强调政治、经济、社会、文化、环境、行为与生物等都是影响健康的因素,卫生等政府部门及民间组织应该为全民的健康承担起相应的责任。[①]

1998 年,第四届健康促进国际大会发表《雅加达宣言:21 世纪健康促进》,指出了 21 世纪健康促进的重点,强调增加对健康发展的资金投入,巩固和扩大有利于健康的伙伴关系,增强社区的能力及赋权给个人,进一步丰富了健康治理的优先发展领域。1998 年联合国基于世界卫生组织(WHO)的全球健康发展战略,进一步强调世界各国都应该致力于建立"健康家园""健康学校""健康社区""健康城市"以至"健康国家"的发展战略。[②] 2000 年之后,世界卫生组织的所有健康议题重要会议议程几乎都集中在国家政策层面,甚至在国际社会合作的层面开展讨论,健康国家建设业已成为具体的实践活动,[③]作为国家政治优先发展的命题与领域,成为健康问题治理的最好形式,这标志着人类的健康治理理念的深刻变革。

由"个人健康"到"群体健康",再到"健康国家"战略思想,反映了健康国家建设所负载的对健康价值的认知,强调了其在个体健康基本社会权利保障方面具有的重要意义,及对国家社会发展的工具性价值。正因为其与社会进步、国家的竞争力和人类健康可持续发展紧密相联,所以表现出重要的实践意义。

第二节 教育在健康国家战略中的影响与作用

在影响健康的因素中,直接关系最明显的似乎是国家或地区的医疗卫生水平。但是,美国著名经济学家维克托·福克斯(Victor Fuchs)认为,在美国及

---

① 刘丽杭.国际社会健康治理的理念与实践[J].中国卫生政策研究,2015,8(8):69-75.
② 王小万,代涛,朱坤."健康国家"战略发展的过程与国际经验[J].医学与哲学(人文社会医学版),2008,29(11):1-3.
③ 王虎峰.健康国家建设:源流、本质及治理[J].医学与哲学(A),2017,38(3):1-4+17.

其他的现代化国家,不同群体间的健康差异与医疗的数量和质量的差异并没有根本的联系,并不像大部分人讨论的那样直接与紧密,而更多地表现为个人行为等主观因素。[①] 与此观点相一致的是法国社会学者马赛尔·德吕勒(Marcel Drulhe)的研究,他从多元的社会学方法入手开展研究,强调社会地位及其导致的健康不平等状况很大程度上取决于社会中每个成员个人的行为,[②]即行动者本身对自身生活的价值、标准和态度的调节。许多疾病预防与治疗的临床实践与研究也指出,健康更多取决于个人的生活方式及健康行为。

以上研究与实践共同指出了人们的健康权利和健康生活的保持,与个体获得健康的知识、技能、态度与行为的能力大小,以及行动者应对健康风险因素的乐意程度存在关键性联系,并在某种程度上决定着个体的健康水平。发展经济学家阿马蒂亚·森曾指出,一个人的生活质量与幸福度(well-being),是由他是否具备做某种有价值的所谓"功能性活动"(functionings)的能力来评估的,[③]与个体作为行动者对健康维护的主观意愿、认知能力及价值态度密切相关。其中,获得与保持健康是人的最基本的"功能性活动"以及一种重要的"可行能力",需要通过健康投资与能力投资来获得。

健康与教育同属于重要的人力资本。教育通过帮助个体形成健康相关的认知、社交与情感技能,促进公民养成健康生活方式及建立良好人际关系等,从而有效改善个体与群体健康的信念、知识、技能、态度与行为,提升与激发人的获得健康的能力或潜能,并使之产出社会健康效益。

在努力为人民群众提供全方位的健康服务,倡导健康文明的生活方式,提升全民健康素养的健康国家实现进程中,教育究竟应该在其中扮演怎样的角色;同时,作为长期以来承担健康教育与健康促进的理想机构的学校,如何解决儿童青少年的健康与教育问题,依靠怎样的教育创新参与到新时代新阶段健康国家战略的社会建设之中,这些重要的问题值得深入探讨。

从国际社会健康国家战略的形成与实践推进来看,其核心与具体目标是研

---

① [美]维克托·福克斯. 谁将生存?:健康、经济学和社会选择[M]. 罗汉,等译. 上海:上海人民出版社,2012:5.

② [法]马赛尔·德吕勒. 健康与社会:健康问题的社会塑造[M]. 王鲲,译. 南京:译林出版社,2009:311.

③ [印]阿马蒂亚·森,[美]玛莎·努斯鲍姆. 生活质量[M]. 龚群,译. 北京:社会科学文献出版社,2007:37.

究健康的决定因素,以及改善健康状况所需要的政策及环境。[1] 教育作为影响个体健康内在价值与社会发展工具性价值实现的重要因素,决定了它在健康国家建设方面应该具有重要而特殊的地位。分析教育在健康国家发展战略实施过程中应该具有哪些影响与作用,需要进一步把握健康国家的本质内涵与要求,分析彼此的联系与表现。

一、教育与健康存在相互作用的关系

目前,有关健康与教育两者关系的研究成果包括教育影响健康、健康影响教育以及第三因素同时且同方向地影响健康和教育等三种互为因果联系的观点。教育与健康之间的关系到底怎样,教育是否可以通过中介影响和调节影响模型共同促进健康状况的提升等问题,由于中间变量的选择不同,依然具有理论解释方面的差异,大量纵向研究数据和随机控制实验数据只能推断出教育与健康之间的因果关系而无法证实这一因果关系。尽管如此,现有的许多研究及实践都充分证明教育与健康之间的相互作用形成的优势,成为促进人类社会发展新颖的方式。[2] 一个国家或地区强大的教育与健康系统,将有力地促进经济增长与社会繁荣。同样地,对它们之间相互影响机制的认识,对理解教育与健康国家战略实现的关系及其扮演的具体角色具有重要的意义。

通过教育来改善健康关系方面,存在许多非直接的概念联系,主要表现为教育具有的提升国民健康的"生产效率"和"配置效率"的功能。一般地,教育资本投入被视为影响国民健康状况、水平及获得的重要因素,尤其集中在如入学人数、入学率、复读率和师生比及受教育年限与程度等大量输入性数据指标方面。2016 年,经济合作与发展组织(OECD)基于多样的数据资源,开展了名为"健康和生活满意度如何与教育相联系"的研究,其报告的结果指出,通过教育影响人们的认知技能以及社会和情感技能等间接方式,对提升健康状况和生活满意度有重要影响,[3]即受教育程度高的人具备更高的认知能力和适应能力,

① 王小万,代涛,朱坤."健康国家"战略发展的过程与国际经验[J].医学与哲学(人文社会医学版),2008,29(11):1-3.
② Bloom D E. Education, Health, and Development [R/OL]. 2007[2023-12-20]. https://amacad.org/publication/education-health-and-development.
③ OECD. (2016). How are Health and Life Satisfaction Related to Education?. *Education Indicators in Focus*, (47):1-4.

健康知识更加丰富,能更好地优化其健康投入组合,倾向于选择更健康的生活方式和行为。[1] 一些研究还认为,通过教育改善父母尤其是母亲的教养能力,可以为子女提供早期生活的健康环境,[2]并降低生育率。同时,受过教育的个体在成人以后可以有更好的工资水平,[3]从而在收入与良好的健康结果方面建立彼此的因果联系。

　　相应地,有证据证明个体的健康状况也会对其获得教育的可能性、教育的质量及结果产生不同程度的影响。在一些随机性的实验项目,如发展中国家的驱虫项目(Deworming Programs)中发现,铁元素的补充和学校提供的膳食对在校学生的缺勤率和考试成绩都会有相关影响。在贯穿人们生命成长过程的不同阶段,通过改善健康状况来获得更优质的教育具有不一样的理论解释通道。而一些非健康问题以及社会生活中形成的健康冲击(health shocks),则会对政府的教育投资及家庭成员的受教育规划带来破坏性影响。[4] 一些研究也指出,尽管健康会影响教育,尤其是国家政府的健康干预政策可能会对教育带来一定作用,但是总体情况并不明确。

　　与健康之间日益增强的协同效应及互补的复杂关系,使教育在推进健康国家战略实现进程中,具有重要的公共政策意义。来自哈佛大学的两位教授对东亚、东南亚和爱尔兰社会经济发展的成功案例研究后认为,教育与健康等因素的共同作用,可以引发社会发展的良性循环从而抵制恶性循环,弄清不同驱动因素是如何相互影响的,可以使政策得以完善。[5] 2007 年经济合作与发展组织(OECD)教育研究与创新中心进行的"学习的社会产出"项目(social outcomes of learning,简称 SOL),详细研究了学习与健康行为、健康结果的关系。研究认为,教育可以通过提升认知、社会与情感技能部分达成健康促进的目的,尤其对于弱势群体而言,这是减少健康不平等的有效路径。该项目的最终报告强

① Cutler D M, Llerasmuney A. (2010). Understanding Differences in Health Behaviors by Education. *Journal of Health Economics*, (1):1-28.

② Currie J, Moretti E. (2003). Mother's Education and the Intergenerational Transmission of Human Capital: Evidence from College Openings. *Quarterly Journal of Economics*, (4):1495-1532.

③ Bloom D E. Education, Health, and Development [R/OL]. 2007[2023-12-20]. https://amacad. org/publication/education-health-and-development.

④ Bloom D E. Education, Health, and Development [R/OL]. 2007[2023-12-20]. https://amacad. org/publication/education-health-and-development.

⑤ Bloom D E, Canning D. (2003). Contraception and the Celtic Tiger. *Economic & Social Review*, (3):229-247.

调,教育对健康促进作用的发挥程度,取决于能否制定与之相关的家庭、社区及学校教师与行政人员等相互支持协同的公共政策;同时提出建议,需要更好地统筹现有的教育资源,对不同的教育阶段采取连续性的政策。[①] 因此,综合考虑外部各种因素的同时,积极融合健康与教育之间相互影响关系的科学原理,通过教育促进健康的相关政策干预,可以有效地促进国民健康水平的提高,这对实现健康国家治理目标具有重要的现实意义,同时也表明了教育能够在促进健康国家发展战略中发挥其独特的功能,具有可以作为的广阔空间。

二、通过全纳[②]、优质教育供给保障个体健康权

健康兼具社会资源与消费品的特点。[③] 因而,个体的社会经济地位的差异将形成健康梯度(health gradients),进而影响人们公平地获得健康权利的需要。国际社会逐步确立的健康国家的战略思想,反映了人类社会对待健康问题的新的思路,其主要出发点在于在国家总体设计与引领下,科学统筹政府与全体国民参与卫生健康事业的力量,公平合理地分配健康资源,营造全社会尊重、追求、保护与实现公正与有质量的健康权利的共同理念。这是国家人力资本提升与社会进步的重要标志。目前,国际社会存在诸如城市贫民、妇女、儿童、残疾人、老年人、原住民等社会弱势群体由于贫穷、缺乏教育、家庭暴力、工作境遇差、待遇不公等健康需求得不到满足,影响着健康国家推进人类可持续健康的进程。[④]

健康与教育的共同地方在于都是人的基本权利。个体社会经济地位主要在物质、文化心理及社会情境交互等方面成为影响健康不平等的重要中介变量。许多研究也表明不同的教育资源获得水平所带来的社会地位的差异,是影响健康权利实现的间接因素。由于教育在增进健康知识技能、改善健康行为与能力方面具有的特殊重要作用,能否获得公平且有质量的教育,直接影响着国

---

① OECD 教育研究与创新中心. 教育:促进健康,凝聚社会[M]. 范国睿,等译. 上海:华东师范大学出版社,2016:145 - 146.

② 全纳,不排斥任何一方,兼收并蓄。全纳教育作为一种教育思潮,它容纳所有学生,反对歧视排斥,促进积极参与,满足不同需求。

③ Cockerham W C, Thomas A, Lüschen G. (1993). Max Web, Formal Rationality and Health Lifestyles. *Sociological Quarterly*, 3(3):413 - 425.

④ 世界卫生组织. 城市卫生危机:面对快速都市化,实现人人享有卫生保健的策略[M]. 张妤,覃毅,译. 北京:人民卫生出版社,1996:14 - 17.

民健康资源的分配以及社会健康人力资本的提升。从该意义上来看,推进面向全民的平等、全纳与优质的教育就成为健康国家建设中保障国民获得健康人权的基本途径与重要手段。尤其在保障个体平等且有质量地获得健康观念,改善个体健康行为方面,需要通过贯穿学前教育、中等教育、高等教育的深入系统的改革,促进城乡教育发展均衡、男女教育平等及优质教育结果普惠,着力扶助社会文化弱势群体受教育机会及结果的公正,因地制宜地推进学校健康促进课程与健康服务政策体系建设,提高国民的健康素养,使个体具备健康生活所需要的知识和技能,拥有改善其原来的不良健康习惯与行为的能力。

三、培养高素质专门人才发展健康经济

从经济学角度来看,健康不仅仅是一种价值,更是一种资本,因为其以健康的生产力为社会发展所做出的贡献,[1]具有促进经济发展的重要工具性价值。随着新型工业化与信息化的快速发展,物质丰裕的社会对高质量的健康产品与服务形成了不断增长的巨大需求,这为健康经济发展提供着强大的动力。同时,新的信息通信技术的广泛应用,变革着医疗服务的技术和模式,不断地创造和丰富着养老服务、保健服务、健康保险、医疗旅游与生物医药、医疗器械、保健食品等众多健康产业领域的新技术、新业态和新商业模式。[2] 健康国家发展战略的实施,不仅为居民提供完整的医疗卫生保健服务,还构建出一种健康领域的新的经济发展模式与机制,反映出健康人力资本与经济发展之间的内在联系。

很明显,新的健康经济与健康科技革命的发展,需要与之相匹配的高素质的劳动力。因此,要让不同年龄阶段的人获得相匹配的教育和培训,使他们获得与健康经济和科技相适应的专门知识、专门技术和创新能力,改善他们的健康行为,提升社会的人力资本,提高劳动生产效率;同时,通过专门的高质量人才培养,推动科技创新,刺激健康科技新的需求,增强国家经济发展水平与国际综合竞争力,这些是教育促进健康国家战略实现要肩负的重要任务。新的世纪,倡导终身教育与全民学习日益成为世界教育发展的原则与目标。未来在完

---

[1] Murphy K M, Topel R H. (2006). The Value of Health and Longevity. *Journal of Political Economy*, (5):871-904.

[2] 王振,王玉梅. 健康经济与上海的转型发展[M]. 上海:上海社会科学院出版社,2014:155.

成健康国家建设的伟大战略中,需要重点发挥教育引导与促进健康经济与科技发展的功能。一方面,建立适合儿童青少年、成人及老年人不同生命历程的教育对象需要的终身健康教育服务体系,为国民提供可持续的、良好公平的健康教育机会,为建设健康的文明社会培养健康的社会公民;另一方面,通过正规的学校健康教育,培养与健康相关的具有竞争力的拥有高素质的专门的健康教育人才,强化健康知识的创新、健康科技的发明创造及其成果转化,充分发挥教育促进健康经济新功能来服务健康国家的建设。

四、参与全球健康教育合作共享与治理

健康国家的理念,反映了当前社会一种新的政府管理体制的变化,需要与健康国家治理的策略,形成合理科学的制度安排和普遍的政策,从而建立一种支持性的健康环境。在具体如何推进健康国家治理的策略方面,目前国际社会形成了全方位的共享健康治理理念,即在平等、多元、信任、合作、参与的共享健康国家治理的新价值导向下,联合健康服务企业、非政府卫生与学校教育机构、慈善基金会及其他健康利益相关者,将健康融入所有政策,形成以健康为中心的政府与社会协同合作的健康国家治理策略,这不仅将重塑与引领国际社会包含教育在内的公共政策议程、价值取向与改革重点,也将让学校教育在现代健康国家治理中显示其不可或缺的重要性。

随着全球化进入新的发展阶段,全球性的气候变化、地质灾害、医疗旅游、跨国移民等一些因素的共同作用,将直接或间接影响健康,并在国家内部和国家之间造成经济和健康方面的差异。[1] 全球健康治理日益成为健康国家建设需要积极关注与参与的重要命题。2013 年,德国政府基于全球化时代国家面临的外部生态与国内社会发展的综合环境,颁布了《德国全球健康战略》,概述了德国参与全球健康的原则和重点议题,反映了德国对于全球健康政策发展进程的见解。[2] 日本政府提出了与健康问题相关的"人的安全"和社会可持续发展主题,将国家健康治理与国家安全相联系,强调日本应该在全球健康的关键

---

① Kruk M E. (2012). Globalisation and Global Health Governance: Implications for Public Health. *Global Public Health*, 7(pilus1):54 - 62.

② Aluttis C, Clemens T, Krafft T. (2017). Global Health and Domestic Policy—What Motivated the Development of the German Global Health Strategy?. *Global Public Health*, (9):1156 - 1168.

领域发挥作用。[①] 与之相呼应,国际教育合作与文化交流,以及以促进健康和
实现人类健康公平为宗旨的国际交流合作,对教育在全球性健康治理中应发挥
何种作用提出了新的要求。面对人类健康可持续发展伦理等问题,通过教育搭
建全球多元文化与文明理解交流的桥梁,开展全球性的健康教育、教学与研究
的国际合作,显然是今后教育促进健康国家治理的一种主要策略与重要方式。

第三节　学校教育在健康中国战略实现中的任务

党的十九大报告已经明确指出,未来健康中国国家战略实现的出发点在于
为人民群众提供全方位全周期的健康服务。《健康中国 2020 战略研究报告》也
将健康教育与健康促进作为公共卫生十大关键策略之一。作为健康教育与健
康促进典型的场所的学校,健康中国国家战略为学校健康促进与全面健康教育
服务的发展明确了新的方向。这是我国教育改革中普遍关心而又相对薄弱的
问题。因此,需要从变革的理念、方法论及具体内容方式等方面,扎实有力地推
动以人的健康为中心的学校教育创新变革,充分释放学校教育在促进健康国家
战略实现方面的特殊功能。

一、重塑学校在健康中国建设中的特殊意义

学校是儿童青少年与许多新型职业转换的成人等成长与发展的重要社会
化机构,他们所接受的学历教育与教育结果的成功与个体健康存在重要关系。
对于学校受教育人群的健康人力资本的投入,对家庭、社区乃至国家民族发展
都是有益的。从学校教育本质来看,学生的健康是成功的教育系统必不可少
的元素。从社会发展历史来看,对健康问题的认识与改善及治理赋予学校作
为健康规划、疾病预防治疗及健康服务的战略与实践中心的重要地位,我们
需要全面总结以往学校在儿童青少年及其他人群健康教育与健康服务方面
的历史实践经验。今天,急剧发展变革的时代,给校园带来健康风险与健康
威胁,学校需要转变角色进行有效治理。美国疾病控制和预防中心(CDC)指

---

① Takemi K. (2016). Japan's Global Health Strategy: Connecting Development and Security. *Asia-Pacific Review*, (1):21－31.

出,青少年70%的死亡率和发病率是由非故意伤害和故意伤害、吸毒和酗酒、性传播疾病和意外怀孕、与烟草有关的疾病、因身体活动不足导致的疾病、饮食模式不足引起的健康问题等导致。[1] 这些儿童青少年广泛的健康和行为问题,将会带来辍学、学业成绩低下以及社会不和谐与动荡的风险。在我国,儿童青少年中存在类似的诸多与生活方式相关的非传染性疾病等健康问题,如增多的肥胖儿童、低龄化的"三高"人群、心理困惑引发的行为异常,[2]以及青春期保健、安全应急与避险等知识技能缺乏等,亟待学校有新的改革措施加以应对。

健康中国建设的一个重要内容,就是调整学校健康教育问题在社会发展中的地位和作用。积极回应当前学生的健康与学校教育改革的问题,重塑学校在健康国家战略中的角色,赋予学校健康教育优势,促进与丰富健康服务新的内涵,充分发挥学校教育在健康中国战略实现中的基础性作用,为建立以人的健康为中心的全方位全周期的健康人力资本建设提供持续的发展动力,这是社会发展对我国学校教育提出的新定位与新要求。

二、加强以健康促进带动学校整体变革的创新扩散

新时期的健康中国发展战略的实施,为学校的变革带来新机遇与新挑战。传统的学校组织必须在教育理念、课程改革、教学策略、教师专业发展以及学校管理模式及方法等学校运作环境的所有元素方面进行变革,形成以健康促进为主线的学校整体变革的制度框架和组织保障,以改进整个学校教育环境,更好地满足以人的健康发展为中心的国家战略的需要。

在健康中国建设进程中,学校要运用新的教育改革方法,发挥勇于改革的首创精神,推动学校教育创新,形成以人的健康发展为中心的学校教育改革理念,为健康中国建设不断注入活力。深圳罗湖区的学校,紧密把握学生教育与健康发展的关系,践行"健康第一"的学校发展理念,在理念、实践和评估相结合的体制建设方面大胆创新,统筹区域内社会建设目标与学校建设目标,创建了

---

① Allensworth D, Lawson E, Nicholson L, et al. (1997). *Schools and Health: Our Nation's Investment.* Washington: National Academy press, p.1.

② 王建平,郭亚新. 构建学校健康教育课程体系意义及取向[J]. 中国教育学刊,2013(4):48-51.

"健康促进"区域教育的特色示范区,为健康国家发展提供了鲜活的学校变革经验。[①]

以健康促进带动学校在人才培养目标、课程内容统整、教学方式变革、教师专业发展及学校组织管理文化等诸方面的整体变革,将健康促进与深化教育改革相结合,让健康促进成为激发学生、教师与学校多元发展的孵化器,是对教育促进人的健康成长的本质最贴切的诠释。今后,以健康促进带动学校整体变革的重点与关键应该是推进以人的健康为中心的课程开发,让促进人的健康相关课程能满足不同的需求,强化健康服务在学校教育改革中的地位,确保每个人都能从优质教育中受益,实现健康促进学校变化的改革意义最大化。

三、积极启动学校综合性健康促进改革计划

在国际教育领域,联合国教科文组织(UNESCO)发表的《学校健康与营养》专题研究报告,强调了健康与教育之间的关系,健康对学生、教师与社会的作用,以及加强健康教育政策制定、开展和教师培养培训等的重要意义。以美国为代表的学校综合性健康促进计划,旨在解决健康与教育的问题,提高学生健康水平,发展学生的社会能力并使之有效服务国家社会发展,其中一些重要而有益的实践经验,值得我国学校借鉴。

结合中国学校教育的现实需要,急迫需要在中国城市与农村的不同层级与类型的学校,推进一系列学校健康促进综合计划的实践,努力破解学生的健康与学校教育问题。具体要在学校环境、学校课程教学、学校健康服务等三大关键领域开展健康促进改革,突出大健康教育的概念,将健康教育、保健服务、健康的学校环境、体育、心理健康教育、营养与饮食等纳入健康教育的视野,开发设计高质量、有效且有特色的大健康教育课程。依照教育部《中小学健康教育指导纲要》(2008)要求,将健康教育教学、健康环境创设、健康服务提供有机结合,强调健康知识、态度和技能与提供健康环境、服务和支持的系统整合,努力形成有利于中小学生健康生活方式与行为形成的学校特色,引领学校教育范式的变革。在高等院校,积极推动建立"健康大学"(Healthy Universities),努力将健康融入大学的教学、研究与文化组织体系中,着重培养大学生应用健康生

---

① 赵小雅、陶西平. 让"健康促进"成为教育的亮丽名片:深圳市罗湖区创建"健康促进"区域教育特色示
　范区纪实[N]. 中国教育报,2010 - 03 - 12(6).

活的能力，服务他们未来可能建立的家庭、居住的社区及更为广泛的社会。

四、完善包容性的学校健康教育与健康促进政策

推进学校健康促进的重点，在于改革学校治理的理念、环境与制度，包括开展学校健康教育立法、促进学校健康教育资源发展、提供社区与家庭合作的健康促进的社会支持、进行财政支持与组织机构的综合系统变革等。要以"健康中国 2020 战略"为指导，研究、借鉴与健康教育、健康促进有关的国家或地区强化政策与制度工具作用的经验，赋予学校在健康国家战略实现过程中清晰的实施目标与任务，让学校健康促进工作成为国家战略的组成部分。

在具体的实施过程中，依据国际经验与健康教育推进健康公正的重要宗旨要求，确立包容性的学校健康教育与健康促进政策，是推进学校改革的重要制度保障；基于包容性的方法，让所有学生在基本健康领域享有全纳的包容性的学校健康教育促进，是儿童青少年健康基本权利与打破个人和家庭贫穷的代际循环的重要保障。此外，制定政策需要以预防并最终消除虐待、生理或心理暴力、性别暴力为目的，[①]同时，有利于健康促进的基础设施和设备、质量监测与评估也不可或缺。这对于我国当下学校健康教育政策新环境的确立重要而迫切。同时，激励社会多方机构的协同参与，为所有学生提供参与健康教育和健康促进的协调机制和包容机会，也是形成相关政策与制度需要关注的重要内容。

五、全面开展学校教育与健康关系的综合研究

近年，在国际社会的推动下，我国围绕健康教育与健康促进主题开展了许多研究项目，如慢性病防控、营养改善计划、健康促进学校创建及流动人口的健康教育等。但是，鲜有基于学校将健康、健康教育和健康促进内容作为教育学整体研究的一个组成部分的研究，使其成为本该学校教育重点关注而实际却被忽视的薄弱研究领域。在推进健康国家治理进程中，我们需要督促、激励并协同公共卫生、流行病学、临床医学、卫生经济与卫生政策、教育学、心理学、社会学及管理学等学科开展健康问题的广泛研究，为学校服务健康中国战略提供坚

---

① 鲍锦霞. 联合国教科文组织优质体育教育政策制定指南（上）[J]. 世界教育信息，2017，30（4）：50 - 64.

实的理论及智力支持。

　　过去一些大型的社会调查与健康教育示范项目研究，强调健康教育对于青少年卫生知识与态度、健康行为等的积极影响。进入新世纪，国际组织及跨学科研究积极倡导健康的自我保护，以及形成健康意识、健康知识和健康能力水平的重要性。今后，我们可以在学校教育与健康关系的宏观及微观领域发力，协同推进学校健康治理研究。一方面，立足宏观学校教育范围，将中国社会健康不平等现实与学校教育发展置于全球背景下考察，侧重从国家（地区）教育规模、国家（地区）学校教育层级结构、教师专业培养培训、教育财政资源分配、宏观教育政策供给以及国家（地区）教育改革规划等关键指标入手，系统比较分析宏观教育发展影响健康不平等的基本状况及表现特征，明晰学校教育和健康基本权利获得之间存在的主要问题及相互关系。另一方面，立足微观学校教育领域，就校园内各类健康问题，如疾病预防、营养膳食、校园欺凌、非故意的伤害、自杀意念与相关行为，以及学生健康观念、生活方式及行为对于学生学习过程与结果的影响机制等展开研究。相关领域亟待更多的全球性视野与中国本土化行动相结合的综合研究。

中 篇

全球视野下学校健康教育的实践与治理

》本篇内容概要

制定和实施健康国家发展战略,将"将健康融入所有政策"的思想融入学校综合性健康教育治理实践,这是从西方国家发展起来的治理范式。近年来,以联合国及其下属的世界卫生组织等为代表的重要国际组织,为全球学校健康教育治理提供了重要的价值引领、资源培训,以及一系列相关的政策创新案例。全球化时代,许多国家依据健康国家发展理念与治理策略,制定了趋同的健康国家战略,形成了各具特色的学校健康教育治理实践经验。

本篇着力从国际比较研究的视野和方法出发,分析全球推进健康教育的学校实践的有益经验与治理机制,为推进健康中国建设战略背景下学校健康教育治理提供借鉴。重点关注了面向联合国可持续发展目标的学校健康教育实践、世界卫生组织以学校健康教育政策为中心的全球治理机制,以及美国学校健康教育发展与健康教育治理经验、国际中小学校的健康教育课程改革、西班牙"学校健康与健康生活方式战略计划"等学校健康教育治理的实践改革问题。

》本篇讨论的重点问题

- 联合国可持续发展目标与学校健康教育的关系
- 世界卫生组织学校健康教育全球治理的政策机制
- 美国学校健康教育的发展与治理的实践经验
- 中小学校健康教育课程改革的国际经验比较
- 西班牙"学校健康与健康生活方式战略计划"的特点

第四章

国际组织参与全球学校健康教育的实践与治理

　　随着以相互依赖与合作共赢为主要特征的新全球化的深入推进，包括政府间国际组织和各种非政府国际组织成为全球一体化发展的重要多边力量，越来越多地显示出在全球治理中的重要作用，并将影响不断衍生到全球共同性问题的许多领域。

　　作为全球治理的重要组织载体，有影响的国际组织开始关注人类社会重要的卫生健康、健康教育与健康促进问题，它们为全球治理和全球健康教育治理提供了重要的价值引领、资源培训，以及一系列相关的政策实践。了解与认识主要的代表性国际组织在健康教育、学校健康促进与学校健康教育政策领域的实践，对于研究和推动我国学校健康教育治理，具有重要的借鉴意义。

第一节　国际组织参与学校健康教育治理的概况

　　一些政府与非政府国际组织，多年来在全球学校健康教育中发挥着重要的作用，主要国际组织包括联合国、联合国下属机构世界卫生组织（World Health Organization, WHO）、联合国教科文组织（UNESCO）、联合国儿童基金会（UNICEF），以及国际联合会（IF）。以下是一些代表性的国际组织在参与学校健康教育方面的基本情况。

　　（1）世界卫生组织（WHO）。作为全球公共卫生领域的权威机构，世界卫生组织致力于促进全球健康，包括学校健康教育。该组织通过制定全球学校健康教育的指导方针和标准，提供相关资源和培训，支持各国开展学校健康教育，并协助制定政策和计划。

　　（2）联合国教科文组织（UNESCO）。UNESCO 致力于推动全球教育的发展。该组织在学校健康教育方面的作用包括促进全球学校健康教育政策的制定、推动交流与合作、提供教育资源和培训、推动学校健康教育资源的整合和提高教育质量。

（3）联合国儿童基金会（UNICEF）。作为联合国专门机构，UNICEF致力于保护儿童权益和促进其全面发展。该组织在学校健康教育中的角色包括支持各国制定和实施学校健康政策、提供儿童友好的教育资源和工具、推广卫生设施和卫生习惯，并促进家庭、学校和社区的合作。

（4）国际联合会（IF）。国际联合会是一个由全球学校健康教育相关机构组成的国际网络组织。它致力于促进学校健康教育的发展和合作，并提供专业知识和资源，促进经验交流和最佳实践的分享。

这些国际组织在推动全球共同的健康教育发展方面发挥着引领、支持和协调的作用，帮助各国提高和强化学生的健康意识、健康知识和健康行为，促进全球青少年的健康和发展。具体是通过以下几种方式进行。一是提供指导和标准。国际组织通过制定全球学校健康教育的指导方针和标准，为各国提供参考和指导，确保教育内容的科学性和有效性。二是提供资源和培训。国际组织提供学校健康教育的资源和培训，包括教材、课程设计、培训课程等，帮助教师提高教育质量和专业能力。三是促进政策和合作。国际组织通过推动各国政策和计划的制定，促进学校健康教育的整合和发展。它们也促进不同国家、学校和组织之间的合作与交流，分享经验和最佳实践。四是倡导和宣传学校健康教育。国际组织在全球范围内倡导学校健康教育的重要性，提高公众对该领域的认识和关注，并促进相关政策的实施。

第二节　联合国可持续发展目标与学校健康教育

《2030可持续发展中的健康促进上海宣言》于2016年第九届全球健康促进大会期间发布，重点关注"可持续发展中的健康促进"，以人类健康与地球健康的结合为基础和方向，将健康促进作为实现联合国可持续发展目标（Sustainable Development Goals，简称为SDGs）的重要手段。以联合国可持续发展目标为切入点，将学校学生的健康发展与社会生态系统的可持续发展目标相关联，探索国际社会关于可持续发展理念与学校健康促进融合的理论研究与实践经验，对于推动与加强我国主动构建基于可持续发展理念的学校健康教育治理体系,具有重要的借鉴与参考意义。

一、健康与人类可持续发展目标的背景

2015 年 9 月发布的联合国可持续发展目标,是对联合国千年发展目标的继承和发展。学校健康服务,是促进儿童健康与实现联合国可持续发展"目标 3 健康目标"和"目标 4 教育目标"的重要措施。在将"可持续发展"定义为最终发展目标的背景之下,2016 年我国发布了《2030 可持续发展中的健康促进上海宣言》。该宣言重点强调,在实现所有可持续发展目标的过程中开展健康促进,让全社会参与健康发展的进程很有必要,且只有这样,才能达成所有年龄段人群的健康生活与增加健康福祉的可持续发展目标。

在预期寿命不断上升的全球社会大环境之下,人类面临的复杂的社会问题愈发增多,包括全球变暖、新鲜水源的供应减少、对不可再生资源的严重依赖、快速城市化、工业化与不断增多的环境难民等,经济发展与人类健康之间处于相互矛盾与相互影响之中。近些年,我们见证了一些经济体的急剧扩张,它们创造的财富令人敬畏。但与此同时,当今社会儿童青少年的健康和福祉受到巨大威胁。[①] 这些威胁人类健康的问题,非常具体地呈现在我们居住的世界周围:对自然资源的过度开发,使得人类赖以生存的空气、食物和水资源遭到破坏;由现代生活方式所引起的对健康的慢性损伤(肥胖、糖尿病、心脏病、抑郁症等)逐渐增多;因为社会结构的变化而引起的反社会问题,暴力恐怖活动不断上升;不公平的健康风险和收益分配将会在未来持续影响子孙后代。

学校作为儿童青少年生活成长的重要场所,既要满足普通社区的基本需求,又要传播正确的健康意识。学校通过提供健康教育、体育、食品营养服务、医疗卫生服务等,在提升人口健康水平与生活质量方面起到重要作用。人类的健康与生态系统的可持续发展之间,具有相互依存的特性。学校主要通过教育使人类的行为发生改变,而非对既往教育整体过程的复制与叠加。

因此,基于健康促进和联合国可持续发展目标相结合的理念,我们需要对未来进行系统化的改革,大力促进以行为和树立良好价值观为导向的健康与可持续发展的教育,将其真正融入学校教育的各个层面。面对迅速变化的世界,

---

① Vimpani G. (2000). Developmental Health and the Wealth of Nations. *Health Promotion International*, (2):181 - 182.

学校教育应让儿童青少年明确个体在自然生态环境之中的处境与作用,以及个体行为对现状的影响和改变,培养青年乐观、批判性思维、社会适应性等多种能力和素养,而非对现有不公平与不健康的生活方式和环境的不断复制。[①] 为学校儿童青少年提前准备未来生活的所需知识和技能,并不是学校培养学生的最终目标,学校的最终目标是让学生拥有创造自己当下或者未来想要的生活的能力。在可持续发展的大背景下,探讨如何实现对现有资源的有效整合,有效开展学校健康促进,这是顺应现实需求与时代发展的必然要求。

二、可持续发展与学校健康教育相关理论

绿色与健康,是当代学校可持续发展的重要基础。健康促进和可持续发展教育工作之间,并不是两者相较取其一,而是相互融合的关系,意味着一种新的前景的塑造,以及与环境运动相关的和谐的伙伴关系的建立。

(一)"可持续发展"的概念

"可持续发展"的概念,最早起源于 1987 年联合国大会上由联合国世界环境与发展委员会主席布伦特兰夫人起草的《我们共同的未来》(*Our Common Future*)。该报告指出,"可持续发展"的定义是"既满足当代人的需要,而又对后代满足其需要的能力不构成危害的发展"。[②] 该报告不仅从技术及经济角度考虑可持续发展问题,更将关注点放在社会经济、文化和环境等方面,且认为教育、学习、能力发展在社会变革中发挥重要作用。

总的来看,可持续发展重点围绕三个方面展开:①生态与环境;②经济与就业;③公平与平等,以及"教育"。可持续发展的理念,逐步超越传统的环境可持续性、天然食品消费以及非入侵性的长效补充和替代药物的整合等措施,日益将社会经济、文化与教育等囊括其中。

(二)从"可持续发展教育"到"可持续发展学校"

1988 年,联合国教科文组织(UNESCO)对环境教育的目标、性质、任务、内容等进行了重新整合,提出了"可持续发展教育"(Education For Susta-

---

① Madsen K D, Nordin L L, Simovska V. (2015). *Linking Health Education and Sustainability Education in Schools: Local Transformations of International Policy. Schools for Health and Sustainability*. Berlin: Springer Netherlands, pp. 81 – 109.

② 世界环境与发展委员会. 我们共同的未来[M]. 国家环保局外事办公室,译. 北京:世界知识出版社,1990.

inability,简称为 EFS)概念,这是联合国教科文组织根据"可持续发展教育"理论而提出的早期倡议。[①] 2002 年,澳大利亚联邦政府推出了以可持续发展为基础的学校管理模式和可持续环境教育的主要实践模式——"可持续发展学校"(Sustainable Schools)计划。[②]

"可持续发展学校",是将可持续发展教育纳入学校的一种方式,并为联合国可持续发展教育十年(2005—2014 年)产生了直接的贡献。事实上,"可持续发展学校"很难定义。在广义范围内,它鼓励和支持学校发展可持续性文化,通过促进全校师生对社区问题,如水资源管理、能源效率、物种多样性,以及更广泛的社会问题,如建筑场地的设计对学生健康和安全的影响等的关注和参与,甚至赋予学生解决问题的领导权,以克服长期以来可持续发展教育的碎片化现象。

相关研究认为,"可持续发展学校"具有以下特征:全校参与计划和行动;形成学校、学生、家庭、社区和利益相关者之间的互惠伙伴关系;采用包容与民主的教学方法,注意培养批判思维和参与性;采用跨学科和课程的方法;校园场地和学习环境的可持续性。"可持续发展学校"被视为一个"学习型组织",支持教师、管理人员及专业和社区伙伴的学习、研究和专业发展。一些相关的研究,关注"可持续发展学校"改革所带来的结果。在澳大利亚开展的初级阶段,"可持续发展学校"已经取得令人乐观的结果,在维多利亚和新南威尔士州开展的试点项目和比较研究中,也同样得出了参与益处显著的结论。[③]

(三) 可持续发展理念与学校健康教育的融合

"健康促进"是指运用行政或组织的手段,广泛协调社会各相关部门,以及社区、家庭和个人,使其履行各自对健康的主体责任,共同维护和促进健康的一种社会行为,是社会可持续发展的大智慧与大战略。[④] "学校健康促进",是在学校健康教育的基础上发展起来的。"学校健康促进"强调通过学校、家长和学校所属社区内所有成员的共同努力,为学生提供完整、积极的经验和知识结构,

---

① 王民. 可持续发展教育研究项目与国际动态[M]. 北京:地质出版社,2005.
② 祝怀新,李玉静. 可持续学校:澳大利亚环境教育的新发展[J]. 外国教育研究,2006(2):65 - 69.
③ Davis J M, Cooke S M. (2007). Educating for a Healthy, Sustainable World: An Argument for Integrating Health Promoting Schools and Sustainable Schools. *Health Promotion International*, (4):346.
④ 丁维维. 武汉市中小学校健康促进的实施现状及对策研究[D]. 武汉:华中师范大学,2008.

包括设置正式和非正式的健康教育课程,创造安全健康的学习环境,提供合适的健康服务,让家庭和社区参与,共同促进师生健康。①

将"学校健康促进"与"可持续发展学校"结合,可以为教师提供一种切实可行的、有效的方案来克服教育创新所带来的压力;还可以通过对稀缺资源的利用实现健康、环境、教育等方面的多重目标。两者并不是在已经过度拥挤的学校课程中增添附加部分,亦不是仅针对学生个体行为的教育,而是作为社会变革中的重要环节,从根本上改变学校运作方式,为年轻人和社区提供积极、乐观、理性的环境与策略。

健康教育具有独立的国家教育纲要,有明确的内容、目标与教学策略。但可持续发展教育,则是诸多学科课程中的一部分,如科学技术、社会研究、历史、地理、健康教育等,对其需要根据可持续发展的总目标来制定学科目标。目前,可持续发展的概念在部分国家的课程纲领中已经有所体现,如丹麦、芬兰、澳大利亚等。但对于将健康教育与健康促进放入可持续发展大背景下的操作并未制定系统的指标,在职和职前的教师培训也未对此深入涉及。将可持续发展概念融入综合学校健康促进,意味着学校教育根本的改革与创新,不仅是对现有计划和做法的改变,也是对学校教育发展现状的一种挑战。

三、可持续发展与学校健康教育融合的实践

在可持续发展和学校健康教育的开展过程中,芬兰、澳大利亚、丹麦等国家形成了可供参考的出色范例,主要形成了以下几方面的有益的实践经验。

(一) 将可持续发展的概念融入学校健康促进项目中

目前,"学校健康促进"有丰富的理论基础、国际研究基地、完整的案例和研究指南,以及已经投入使用的大量资源。实现生态环境与全人类的可持续发展,是健康教育和综合性学校健康促进项目的最终目标。以促进学生和教职工健康为宗旨的"学校健康促进"计划,或可通过为学生提供节能环保的生活环境,以绿色科技、绿色教育、绿色管理为依托,建设"绿色"主题的生态校园环境,建设大力发展学生可持续发展意识的"绿色学校"。虽然在政策与具体操作层面可能有一定的差异性,但并不是两者选其一,不应由此形成对立。合二为一并不意味着工作负担的增加,而是进行有效的资源整合与利用,以健康教育为

---

① 吕姿之. 学校健康促进[J]. 中国健康教育,2003(9):683-685.

手段,形成更为完整系统的综合性学校健康促进项目,将健康教育与环境教育相结合,通过转变价值观念,丰富知识,以行动创造绿色健康生活的过程为学生树立可持续发展观念。

(二) 尊重国际可持续发展政策框架并突出地方优势

不同地区之间所包含的健康影响因子、人群健康水平、潜在的健康风险和已有健康危害等具有差异性。因此,应在尊重国际政策基本价值观的基础上,建立不同的目标和工作计划,强调与地方社会政治和文化背景的相关性,为各级各地学校教育留有充足的伸缩余地,并采取参与者所重视的行动方法,选择不同的健康与可持续发展道路。

在丹麦,在尊重可持续发展和健康教育政策框架之下,该国有自己国家课程的指导方针。不同于政策中规定的具体明确的内容、教学目标和教学策略,其不进行集中式学习,而是将可持续教育融入了众多科目的课堂教学和日常全校实践之中。此种做法,展示了丹麦在可持续发展教育和健康促进方面的灵活性和创造性,在国际基本政策的指导下,发展地方特色,进行富有特色的校本研究。

(三) 重视教师在健康促进与可持续发展教育中的作用

在健康促进与可持续发展教育中,知识与能力的培养与师生双方密切相关。教师既是学习者,也是"变革的推动者",他们的水平和对变革过程的支持对于实施高质量的可持续发展和健康教育与"学校健康促进"的可持续性至关重要。[①] 但同时,现实情况下,健康教育专业人员(certified health education specialist,简称为 CHES)的数量,难以满足学校的实际需求。因此,一些国家在实践方面重视在职和职前教师接受相关专业教育并取得认证资格。

健康教育和可持续发展教育的学习与推广,既不属于在职教师教育的必修科目,也不属于传统教师专业发展的范畴,且不具有系统的教师培训支持。虽然健康教育是强制性主题,但从背后看,目前还有许多教师并没有意识到国家课程标准的存在,或者即使有一定认识,却不熟悉具体内容。目前,芬兰在这方面具有一定经验,也已取得一定成效。在该国,每学期学校所在的地方政府和环境中心将安排教师参加为期 1~5 天的在职培训,且至少要修完 35 学分的课

① Samdal O, Rowling L. (2015). *Implementation Strategies to Promote and Sustain Health and Learning in School. Schools for Health and Sustainability*. Berlin: Springer Netherlands, pp. 233 - 252.

程，掌握不断更新中的可持续发展教育的教学内容和教学方法等。除了教师以外，校长、行政人员、清洁工、厨师、警卫、医务人员等学校职工都要参加相关培训，通过这样的方式提高他们的可持续发展教育意识，从而为学生营造健康与可持续发展的校园环境。[①]

（四）推行服务学习方式推进可持续发展学校健康教育

服务学习是一种行动教育——服务与学习，学生在进行社会服务时，与同伴分享结果，改善周围环境，并反思自身体验。将可持续发展理念纳入健康课程的范畴，意味着教育方法的转变。服务学习方式是一种有效的教学方法，既针对在校生，又可以对生活在社区中的人群产生积极影响。服务学习与一般体验式教育的方法有所区别，它的实施意图是平等地沟通和联系服务的提供者和接受者，该程序确保了学习的高效性。服务学习的倡导者提出，体验式教育是知识、道德、公民成长的基础，使用该方法可以让更多人群获得如规划、实施、评估、倡导、合作和交流健康信息等多种能力。

事实上，可持续发展学校与健康教育两者的协作体现在学校日常工作的诸多层面，如在学校操场植树可减少阳光暴晒，同时，改善土壤，节约能源，并减少二氧化碳的排放；创造"绿色"的户外空间，增加人与自然的接触；参加体育活动，促进学生的心理健康；开展"减少午餐垃圾"活动，让学生们少食用加工食品，多吃新鲜的水果和蔬菜，并减少包装垃圾，等等。

（五）建立有利于可持续发展的健康教育评价体系

对可持续发展和健康教育两个领域的评估，具有挑战性。从批判教育学的角度来看，把评估集中在狭隘的学习成果上，是有问题的。当下对于学习成果的测量和比较往往倾向于知识与技能，而忽略价值观，综合能力和批判意识的改变。可持续发展和健康教育评估的方式方法，需要通过从问"什么是最有效的"，转变为"两者是在什么情况下，如何产生效果的"，应从量化评价转化为质性评价，并实施长期追踪式研究。

一些研究指出，健康教育需要超越个人健康的模式，转向可能受个人行为影响的生物和环境的健康，从"系统思维"的角度考虑健康问题。从以知识为导

───────────────

① Jeronen E, Jeronen J, Raustia H. (2009). Environmental Education in Finland—A Case Study of Environmental Education in Nature Schools. *International Journal of Environmental & Science Education*, (1):1-23.

向转为以实践为导向的健康教育,更强调学校与社区间的直接合作,让学生参与社区园艺等活动。这样学生可以增长知识,提高道德水平和公民责任,并帮助学校和社会完成可持续发展的积极使命。为学生赋权,让学生意识到自己不仅是需要为个人健康负责的个体,同时也是维护生态环境可持续稳定发展的重要参与者与推动者。

(六) 通过师生自我赋权增能提高他们活动参与的主动性

可持续发展教育和学校健康教育开展的根本依据,是个体价值观念和行为的转变。其中,为个体健康赋权是促使其转变产生的重要前提之一。公共卫生系统的不断完善,是保障个体生存和健康的基本前提。而个体健康水平,亦会反作用于公共卫生的研究与发展。个体将自身视为社会和自然可持续发展的重要组成部分,充分意识到保持健康状态,享受健康的生存环境,采取健康行为是基本权利,且与其他个体、社会、自然息息相关。

强调自我赋权与增能(self-empowerment),既要求个体提高能力,又要为个体赋权。[①] 具有自我赋权增能的教师和学生相信自己的想法、感受、意见和建议是具有价值的,亦能满足自我效能感(sense of self-efficacy),因此他们更愿意自动自发地参与活动。为个体赋权,可以提升个体在活动参与中的主动性。这方面可以参考来自美国中小学的实践案例中实际应用的策略:①创设赋权增能的社会环境;②在领导层营造赋权增能的校内环境;③教师形成赋权增能的专业共同体。这些策略的实现,一方面需要学校教育让个体深刻意识到自身健康对公共卫生体系的影响,尤其是心理疾病与慢性疾病对家庭的冲击;另一方面,充分发挥教师的指导性作用,让他们帮助学生真正参与到健康促进与可持续发展学校的共同建立过程中,成为对自身健康状况负责的主体,成为项目的参与者、享受者与共建者。

通过对健康与全球可持续发展的实践分析,相较于国外部分可参考案例,我国学校目前在健康促进与可持续发展资源整合方面做得还不够。未来在推进健康中国发展战略实现的进程中,为实现教育自身的可持续发展,需要积极倡导与推进可持续的健康促进学校建设理念与价值,同时积极借鉴国际社会关于可持续发展的理念与实践经验,客观面对以下具体存在的问题,着力推进学

---

① Mackintosh N. (1995). Self-empowerment in Health Promotion: A Realistic Target?. *British Journal of Nursing*, (21):1273.

校健康教育体系的全面改革。

首先,在政策领域,关于可持续健康学校发展相关政策的建议较为充足,但具有可执行意义的内容较少;宏观政策与地方学校的实际操作之间有明显差异性,需要以明确的统一定义、目标及战略对课程和优先事项进行指导和安排;社会、家长、学生个体、学校领导者及政策制定者对于健康促进与可持续发展之间的联系认知尚浅,不同主体相互整合需要加强,要在价值澄清与认知观念上加以整合。其次,在学校健康教育的课程与师资方面,需要提升学校健康教育课程的规划与实施,尤其在跨学科部分需要专业人员之间的相互配合,并提高相关教职工人员的综合素养。最后,在学校健康促进的伦理层面,要注意健康促进与可持续发展理念下的教育,具有挑战教师工作边界的可能性,如需要教师建立学校、学生与家长之间存在亲密互联的关系,其中可能涉及多方的隐私与伦理,加大教师开展与健康教育有关的健康课程与教学延伸服务的时间与精力的投入等。

第三节　世界卫生组织与学校健康教育全球治理

以"为所有人带来更好的健康"为根本宗旨的世界卫生组织(WHO),是与全球健康教育具有紧密关系的国际政府组织。一直以来,世界卫生组织围绕学校的健康教育与健康促进工作,通过设立基本标准、寻求国际合作与制定相关政策等活动方式,积极推进全球学校健康教育的治理实践,在学校健康教育全球治理中承担主导性角色,为全球性的学校健康教育治理做出了显著的贡献。

一、世界卫生组织服务学校健康教育的历史概况

1948 年 4 月 7 日,《世界卫生组织组织法》被联合国 26 个成员国批准并生效,标志着世界卫生组织正式成立,其主要作用是在联合国系统内指导和协调国际卫生工作,促进健康,维护世界安全,积极服务弱势群体健康权益。从 20世纪 50 年代至 20 世纪末,世界卫生组织以学校促进学生健康的实践主要通过召开一系列学校健康教育相关的国际会议,发布相关的报告与倡议来实现(见表 4-1)。

表 4-1　世界卫生组织前期涉及学校健康教育的事项

年份	主 要 事 项
1950	召开"学校保健服务专家委员会会议"
1954	召开"健康教育专家委员会会议"
1959	召开"健康教育教师准备专家委员会会议"
1966	出版《学校健康教育规划》
1978	举办"国际初级健康会议"
1983	发布《关于初级健康卫生教育新方法》报告
1985	召开"学龄儿童健康教育国际协商会议"
1989	召开"关于青年健康的技术讨论会议"
1990	召开"教师工会代表艾滋病问题世界协商会议"
1991	召开"关于执行综合学校保健和促进方案的战略协商会议"
1995	召开"关于学校保健和预防艾滋病全球会议"

资料来源:潘雨晴.世界卫生组织全球学校卫生健康教育治理机制研究[D].上海:上海师范大学,2021:3.

1995 年,世界卫生组织发布了重要的《全球学校健康倡议》,提出"使每所学校成为健康促进学校"的全球学校健康倡议,推动全球各地区与各国加强学校的健康教育事务。之后多年,世卫组织发布了大量有关学校卫生健康教育的报告,向世界传递学校卫生健康教育的价值理念、标准和经验,并在学校卫生健康教育领域不断加强与其他机构的合作关系,与许多国家建立了"大国健康促进网络",与联合国教科文组织等建立了"资源聚焦学校健康"(Focusing Resources on Effective School Health,简称为 FRESH)伙伴关系。近年来,世界卫生组织还和其他合作伙伴进行全球学校健康调查(Global School-based Student Health Survey),旨在了解学生健康行为和健康状况,提供关于青少年吸烟、饮食、体育活动、精神健康等方面的数据,为学校健康教育政策的制定和实施提供了依据。

二、世界卫生组织颁布政策参与学校健康教育全球治理

当代国际组织的全球治理机制,一般是通过颁布若干相关政策性文件,传达国际组织对相关事务具有世界意义的参照标准、价值规范与指导意见。世界卫生组织同样也是通过发布系列学校健康教育政策文件,集中阐述学校健康教育的目标使命、组织机制和管理要求等内容。

有研究将其政策类型分为纲领性文件、组织机制性文件和成果性文件三类，比如 1995 年制定的《WHO 全球学校健康倡议》(*WHO's Global School Health Initiative*)纲领性政策、1999 年制定的《通过学校改善健康：国家和国际战略》(*Improving Health through Schools：National and International Strategies*)组织机制性文件，以及 1998 年的《预防暴力：健康学校的重要组成部分》(*Violence Prevention: An Important Element of a Health-Promoting School*)与《终结儿童肥胖》(*Ending Childhood Obesity*)等为代表的成果性政策文件，等等。[①]

近年来，世界卫生组织加强健康促进学校领域的标准和学校情景下促进身体活动的政策文件的制定，包括《WHO 关于学校健康服务指南》《让每一所学校都成为健康促进学校的全球标准与指标》《让每一所学校都成为健康促进学校的实施指南》以及《通过学校促进体育活动：政策简介》与《通过学校促进身体活动：一个工具包》。其中，世界卫生组织提出了后续一些重要的健康教育倡议，比如"健康促进学校"概念，强调将健康融入学校的教育、环境、政策和社区参与等各个方面，鼓励各国推动"健康促进学校"的发展并提供相关的指导和支持，以达到对全球范围内学校健康教育的治理效能。

总的来看，WHO 发布系列的全球战略，旨在促进学校健康教育的开展与深化。这些战略包括全球营养行动计划、全球青少年健康战略以及全球心理健康行动计划等。这些战略文件提供了全球范围内的指导与行动框架，以改善学生的营养状况、心理健康和整体健康。WHO 推动"健康促进学校"概念，将健康融入学校环境和学习过程中，支持开发学校健康教育的课程和教育资源。他们提供相关的指导、教材和工具，帮助教师和学校设计和实施健康教育课程，涵盖健康知识、技能和行为；通过制定全球战略、制定支持政策、推动"健康促进学校"概念的实施，以及提供教育资源和指导，形成世界卫生组织积极推进学校健康教育的全球治理机制。

WHO 提出的学校健康教育服务的政策，基本上涵盖了领导力与治理、筹资、人力资源、服务提供、学校环境与设备设施、健康监测与评估系统等方面，进而构成了这类政策的架构和核心内容体系，从中也能够发现国际组织参与学校健康教育服务的全球治理基本机制。

---

① 潘雨晴. 世界卫生组织全球学校卫生健康教育治理机制研究[D]. 上海：上海师范大学，2021：22.

同时，WHO参与学校健康教育治理的机制，还包括向各国政府和合作伙伴提供教师培训、技术援助，以加强不同国家与地区学校健康教育的能力建设，根据各国（地区）的需求和情况协助其制定和实施适合本地的学校健康教育政策。WHO还注重通过对学校健康的教育监测和评估达到全球治理的目标，比如通过全球基于学校的学生健康调查（Global School-based Student Health Survey，简称为GSHS）、学龄儿童健康行为调查（Health Behaviour in School-aged Children，简称为HBSC）两大测评项目加大自己的治理影响。①

此外，WHO也注重加强在全球、区域与其他政府间国际组织及非政府国际组织开展密切合作，以及自身内部健康促进部门的合作，同时也加强与各国的学校卫生健康教育伙伴协作机制的建设，从而构建起学校健康教育全球治理协同网络，以此作为重要的学校健康教育治理机制。在治理网络中，大家共同开展与组织全球与区域的学校健康教育的研究和评估，收集相关的数据和证据，帮助各国制定科学有效的政策和计划，并进行学校健康教育的监测和评估工作，评估各国政策和实践的有效性和影响，并提供相关的反馈和建议。可以看出，加强治理机制的建设，无疑有助于持续改进和优化学校健康教育的全球治理，也是促进各国在这一领域获得实效的重要保障。

三、世界卫生组织学校健康教育政策的架构与内容

在这里，重点描述世界卫生组织与其他国际组织合作颁布的几部重要的学校健康教育全球治理政策，从中可以窥探其参与学校健康教育治理政策工具的主要框架结构与内容体系。

（一）《全球学校健康促进行动框架》

《全球学校健康促进行动框架》（*Global School Health Promotion Framework*），是世界卫生组织（WHO）于1995年首次发布的，旨在为各国提供学校健康促进的指导方针和实施框架。该框架是基于《全球学校健康倡议》发展而来，旨在通过多领域的合作，提高学生的健康状况和学习成果。有研究指出，1995年颁布的《全球学校健康倡议》是WHO全球学校卫生健康教育政策体系的核心纲领和政策基石，因为它明确了学校卫生健康教育的意义、价值

---

① 潘雨晴.世界卫生组织全球学校卫生健康教育治理机制研究[D].上海：上海师范大学，2021：40.

和方法策略,为后续 WHO 多部政策文件的推进打下了重要的基础。[①]

WHO《全球学校健康倡议》政策中重要的创新在于提出了推动"健康促进学校"的概念,倡议在学校环境中创建一个支持性和健康的氛围,涵盖学生、教职员工以及更广泛社区的健康。该政策的主要内容包括:

(1) 全面学校健康理念:"健康促进学校"政策强调综合性的健康与福祉理念,关注身体、心理、情感和社交等多方面的健康,并将健康促进融入学校生活的各个方面。

(2) 健康教育:该倡议强调健康教育的重要性,将其作为学校课程的一个基本组成部分,目标是向学生提供与其年龄匹配的健康信息,涵盖营养、体育活动、性健康、心理健康和药物滥用等多个健康主题。学校制定综合的健康教育课程,覆盖营养、性健康、心理健康、运动与体育、卫生与卫生习惯等各个方面,确保学生获得相关健康知识。根据学生的年龄和发展阶段,提供适合他们认知水平的健康教育内容,确保信息传递准确、易于理解,促进鼓励学生采取积极的行为,如饮食健康、参与体育锻炼、保持身心平衡,并提供实用的行为改变策略。

(3) 健康服务:政策倡导在学校内或紧邻学校提供优质健康服务。如设立学校卫生诊所或护士办公室,提供基本的医疗服务,包括常规体检、疫苗接种、急救措施等,以应对学生的紧急健康问题,并提供健康咨询和定期健康检查。

(4) 学校环境:"健康促进学校"致力于创造一个安全、清洁和支持性的环境,促进学生和教职员工的身心健康。这可能涉及采取措施确保食品安全、提供干净的饮用水,并推广卫生习惯、建设安全校园等。提供适当的体育设施,鼓励学生参与各种体育活动,促进身体发育和健康成长。创建绿色校园,营造有利于学生学习和休息的舒适环境。

(5) 支持性政策:该倡议鼓励制定和实施支持性政策,促进学校社区的健康与福祉。包括有关健康食品选择、体育活动和心理健康支持的政策,例如推广健康饮食、限制糖分和垃圾食品的销售,以及规范学生在校园内的行为。推行无烟校园政策,以减少学生被动吸烟的风险。

(6) 社区参与:"健康促进学校"与家长、家庭和更广泛社区进行合作,共同推动健康促进。吸纳利益相关方有助于确保健康倡议的持续性,并有效地满足学生的需求。

[①] 潘雨晴.世界卫生组织全球学校卫生健康教育治理机制研究[D].上海:上海师范大学,2021:22.

（7）教师培训和专业发展：政策承认师资队伍的重要性，要求他们接受充分的培训，提高他们传递健康知识和技能的能力，从而提供有效的健康教育，支持学生的福祉。

（8）监测与评估：该倡议强调定期监测和评估"健康促进学校"的实施效果，例如建立监测体系，定期追踪学生的健康状况和学校健康促进的实施效果，对学校的健康政策和措施进行评估，查找不足，为未来改进提供依据。进行定期的健康筛查，帮助发现学生的健康问题并及早干预。提供心理健康咨询服务，支持那些面临情绪困扰或心理压力的学生。

基于《全球学校健康倡议》，WHO 又进一步提出了《全球学校健康促进行动框架》，提供了以下内容。①核心原则：框架强调基于人权、公平、包容和可持续发展的核心原则，以确保所有学生享有健康教育的权利。②目标和战略：框架提供了学校健康促进的目标和战略，涵盖了健康教育、健康服务、健康环境和健康政策等领域。它鼓励学校采取多层次、综合性的措施，以提高学生的身体、心理和社会健康水平。③多领域合作：框架强调学校健康促进的多领域合作，包括学校、家庭、社区、卫生部门和其他利益相关者之间的合作。这种合作可以促进资源共享、经验交流和协调行动，以实现学生健康的整体提升。④建设支持环境：框架鼓励创造有利于学生健康的支持环境，包括提供健康知识和技能的教育资源、健康促进的政策、健康服务的可及性和质量，以及建立健康的物理环境和社会环境。

作为全球性的学校健康教育的指导方针，《全球学校健康促进行动框架》在《全球学校健康倡议》的基础上，进一步强调通过与教育部门、卫生部门、学校教师、学生、家长、社区领袖等进行合作，努力使学校变成一所健康促进的学校，并利用可用的措施来促进健康和学习的重要性。加强学校健康促进的多领域合作，包括教育、卫生、环境和社区等方面，以提高学生的健康水平，逐步成为各国学校健康促进的核心原则、战略和主要建议，促进了全球范围内学校健康教育的一致性和标准化。

（二）《全球健康促进学校标准和指标》

面对新冠疫情全球大流行的压力与全球健康的社会风险，2020 年 10 月联合国教科文组织和世界卫生组织发布了《全球健康促进学校标准和指标》，目的是通过提供一个全球性的愿景和框架指导各个国家与地区的政府努力改善学校健康状况。在世界卫生组织总干事谭德塞博士看来，学校在学生、家庭及其社区的福祉方面发挥着至关重要的作用,教育与健康之间的联系从未如此明显。这些新发布的全球标准旨在创建重视教育和健康的学校,并为学生提供未来所需的健康和福祉、就业和生活所需的知识和技能。①

1. "健康促进学校"的 8 条标准

"健康促进学校"的概念,在 1995 年由世界卫生组织、联合国教科文组织和联合国儿童基金会首次提出,并被 90 多个国家和地区采用。但当时其实质性的推广与国家大规模的实施不太明显。新的全球健康促进标准,将帮助各国将健康促进纳入所有学校并促进其儿童的健康和福祉。《全球健康促进学校标准和指标》的主要内容,是基于一套 8 项全球标准旨在确保所有学校为所有学习者提升生活技能、认知和社会情感技能以及健康的生活方式。8 条标准主要内容如下②:

(1) 政府政策及资源:政府致力于让每一所学校成为健康促进学校。

(2) 学校政策及资源:学校致力于建立一所促进健康的学校。

(3) 学校管理和领导:学校的整体管理及领导模式,支持成为一所促进健康的学校。

(4) 学校和社区伙伴关系:在学校与当地社区,都有参与和合作的机会,以促进学校的健康。

(5) 学校课程支持健康和福祉:学校课程支持学生身体、社交、情感和心理方面的健康。

(6) 学校社会情感环境:学校有一个安全和支持性的社会情感环境。

(7) 学校物理环境:学校有一个健康、安全和包容的物理环境。

(8) 学校健康服务:所有学生都能获得基于学校或与学校相关的综合保健服务,满足他们的身体、情感、心理健康需求。

2.《健康促进学校实施指南》的 13 条策略

WHO 同时发布了《健康促进学校实施指南》(*Implementation Guidance for Health Promoting Schools*),为参与教育政策制定的利益相关者,以及那些为学校运作、课程开发和教师专业学习提供支持的人编写,提出的 13 个策略

———————————

① 世界卫生组织. 联合国教科文组织和世卫组织敦促各国使每所学校都成为健康促进学校[EB/OL]. [2023 - 02 - 10]. https://www. who. int/zh/news/item/22-06-2021-unesco-and-who-urge-countries-to-make-every-school-a-health-promoting-school.

② 潘雨晴. 世界卫生组织全球学校卫生健康教育治理机制研究[D]. 上海:上海师范大学,2021:27.

如下[①]：

（1）形成政策：制定教育和健康政策，在国家、地方和学校层面支持"健康促进学校"计划。

（2）跨部门政府协调：促进卫生、教育和其他相关部门之间的协调过程。

（3）嵌入学校领导和治理实践：学校领导及建立管理制度，以推行"健康促进学校"。

（4）分配资源：为实施可持续"健康促进学校"系统的所有组成部分分配资源。

（5）利用循证实践：规划和设计以证据为依据的"健康促进学校"活动、目标和指标。

（6）学校与社区合作：在国家、地方政府、学校、社区和企业间建立伙伴关系并开展合作。

（7）投资学校基础设施：发展、改善和维修学校基础设施。

（8）开发课程和相关资源：开发、审查和实施课程与相关资源，以促进各学科领域的健康。

（9）确保教师拥有培训和专业学习的机会。

（10）实施学校保健服务：提供基于学校的卫生保健服务，或者与学校相关的综合保健服务，以支持学生、其家庭和当地社区的健康。

（11）学生参与：学生有机会参与"健康促进学校"活动的启动、规划、实施和评估。

（12）让家长和当地社区参与进来。

（13）监测评估：设计、开发和分享实践，并相应地调整"健康促进学校"系统。

（三）《2018—2030 年促进身体活动全球行动计划》

在 WHO 颁布的一系列政策文件中，有一类与学校健康教育相关联的，是身体活动类政策，主要通过"健康促进学校"建设促进儿童青少年身体发育，其核心是要通过教育和体育手段将身体活动融入"健康促进学校"健康服务体系中，构建完备的健康促进学校服务体系，采用全生命周期、包容性的身体活动方法，加强学校、社区和家长间的协作，实施多领域的身体活动课程，促进儿童青

少年健康发展。①

其中,《2018—2030 年促进身体活动全球行动计划:加强身体活动,造就健康世界》(*Global Action Plan on Physical Activity 2018 - 2030: More Active People for A Healthier World*)是 WHO 于 2018 年发布的重要文件,旨在推动全球范围内的身体活动促进和健康提升。这一行动计划的发布是为了回应全球范围内不足的身体活动水平和不良的健康状况,缺乏足够的身体活动已被确认为导致慢性疾病、肥胖、心血管疾病和精神健康问题等的重要风险因素。因此,WHO 制订了这一行动计划,旨在通过促进身体活动来改善全球居民的健康状况,为全球范围内推动身体活动促进工作提供了重要的框架和指导,鼓励各国采取行动,加强身体活动,改善居民的健康水平,并减少慢性疾病。

该政策计划中设定的主要目标,是到 2030 年全球人群中的身体活动水平显著提高,改善健康并降低疾病负担。为实现这一目标,行动计划制定了 5 个具体目标:①提高全球范围内儿童、青少年和成年人的身体活动水平;②提供支持和创造条件,以促进弱势群体的身体活动参与;③在教育、卫生、城市规划等各个领域推动身体活动的整合;④提高政策制定者、专业人员和公众对身体活动重要性的认识;⑤监测和评估身体活动促进的进展和影响。

为实现上述目标,《2018—2030 年促进身体活动全球行动计划》提出了一系列具体的行动策略。①在政策和计划上,支持各国制定和实施促进身体活动的政策和计划,包括教育、卫生和城市规划领域的政策,针对各年龄段身体活动和久坐行为改善指南、建议和行动计划,并进行监督和进展评估,加强问责机制建设。②在创造支持环境方面,提供适宜的环境,鼓励人们参与各种形式的身体活动,包括提供公共场所和设施。同时,通过教育和宣传,提高公众对身体活动重要性的认识,形成促进身体活动的积极态度和行为习惯,加强政府、非政府组织、学术机构和社区等各方之间的合作,共同推进身体活动促进工作。③建立有效的监测和评估机制,跟踪身体活动的进展和影响,并进行定期报告和评估。

《2018—2030 年促进身体活动全球行动计划》特别关注学校情景下儿童青少年身体活动与健康促进相关政策内容,将提高全球范围内儿童、青少年和成

① 徐建荣,陈钢.学校情景下儿童青少年身体活动与学校健康促进服务:WHO 政策架构与内容分析
   [J].中国康复理论与实践,2022,28(12):1390 - 1399.

年人的身体活动水平作为其中重要的目标。首先,行动计划鼓励各国制定和实施学校健康促进的政策和计划,这些政策和计划旨在创造学校环境,支持学生参与身体活动,并将身体活动纳入学校的日常课程和校园生活。行动计划强调提高教育工作者和学生、家长以及公众对身体活动的重要性和益处的认识,这包括通过教育课程和宣传活动向学校社区传播身体活动的信息,并促进积极的身体活动行为。同时,行动计划鼓励将身体活动整合到学校的教学和学习过程中,这意味着将身体活动纳入学校的课程计划,包括体育课程和课外活动,以及提供安全和鼓励身体活动的校园设施,如操场、体育馆和运动场,以及为学生提供机会参与各种体育、运动和游戏活动,通过为学生提供支持身体活动的环境以促进学生的身体健康和运动技能的发展。尤其强调为青少年儿童提供体育服务的重要性,譬如,为青少年提供优质体育教育和更多积极的娱乐、体育和游戏体验和机会,在所有学前、初等、中等和高等教育机构中采用全学校方法的原则,建立和加强终身健康和体育素养,根据体能享受和参与体育活动。改进步行、骑行、公共交通等基础设施服务水平,并使各年龄段不同体能人群都能公平地获得身体活动服务。①

　　同时,行动计划鼓励为教师提供相关培训和专业发展机会,以提高他们在学校健康教育方面的能力,这包括教师在身体活动和健康方面的知识和技能培训,以及教师在课堂上促进身体活动的策略和方法。行动计划强调建立有效的监测和评估机制,以跟踪学校健康促进工作的进展和效果,这包括收集学校和学生身体活动的数据,评估政策和计划的实施情况,并定期报告和评估学校健康教育的效果,比如开发和检测身体活动新的数字技术,对各年龄段青少年身体活动定期监测,定期报告进展并对问题加强问责。

　　从以上几部重要的政策的文本分析来看,世界卫生组织通过有关于学校健康教育政策的颁布,达成全球治理的效能目标,进而推进了全球范围具有普遍趋同意义的一系列学校健康教育政策实践。从中可以发现,这些政策的结构与内容,具有学校健康教育特点的框架结构,主要包括学校健康教育治理的目标、政府的主导与协调、相关资源的分配、专业能力赋权与支持、社会力量的广泛激发、评估与监测保障等基本的政策模式。

---

① 徐建荣,陈钢.学校情景下儿童青少年身体活动与学校健康促进服务:WHO 政策架构与内容分析[J].中国康复理论与实践,2022,28(12):1390-1399.

第五章

中小学健康教育课程改革的国际经验

美好的健康生活是人类发展的首要目标之一。在推进健康国家治理进程中,国际社会普遍重视发挥学校在促进与改善国民健康素养方面的战略作用。在"健康第一"思想的引领下,国际社会普遍认识到健康是高素质人才发展的重要保障,健康素养作为人才综合素养发展的基础,日益受到极大的关注。各个国家和地区均加强了对健康教育课程的干预力度,这不仅因为健康教育课程可以提升学生的健康素养,更因为人们看到这类课程也可以促进教育的发展,并对于综合国力和国家国际竞争力提升具有重要作用。[①]

国际社会日益肯定学校对提升公民健康素养的重要作用,并不遗余力地将健康教育课程改革纳入国家健康教育战略的一部分。当前国际范围内中小学校的健康教育课程实践,主要根据社会发展的现实需要与学生身心特点及发展规律统整课程目标,形成具有不同特点的健康教育课程内容,实施灵活多样的健康课程,开展多元课程评价。我国中小学健康教育课程的发展需要借鉴国际经验,将健康素养融入体育与健康教育课程之中,建立健全专业化的健康教育师资培养流程,构建多方合作的学校健康教育支持与服务体系。

第一节 关于"健康素养"概念的基本特点

健康素养(health literacy),是指个体有效地获取、理解和使用健康信息和服务的能力,以便其在健康方面做出明智决策。它不仅涉及读写技能,还包括与健康相关的批判性思维、问题解决和沟通能力。这一概念,从 20 世纪 70 年

---

① Manganello J A. (2008). Health Literacy and Adolescents: A Framework and Agenda for Future Research. *Health Education Research*, (5):840-847.

代开始被国际社会关注,进入 21 世纪,随着对健康素养研究的不断深入,健康素养的概念和领域不断扩充,在意义、范围和深度上均有所扩大,其具体特点表现为以下三个方面。

一、强调健康素养是个体能力的重要组成部分

1998 年,世界卫生组织指出健康素养是"个体有目的有能力地获取、理解、鉴别、应用健康信息的知识和技能,并通过这些途径维护和促进生活健康"[①]。美国卫生服务部在"2010 健康人"(Healthy People, 2010)中也采用了广义的能力定义,即"个人有能力获取、处理并了解做出适当健康决策所需的基本健康信息和服务"[②]。2016 年的全球健康促进大会也从能力的角度强调了健康素养是范围较广的技能和能力综合体。从个体发展角度来看,国际社会已经将健康素养作为 21 世纪人才不可缺少的一项素质与能力。

二、强调健康素养作为健康教育的指导方向

作为促进健康素养内涵发展的重要人物之一,努比姆(Nutbeam)教授指出,健康素养决定了一个人获取、理解和使用健康信息的能力的素养和认知技能,是健康教育的关键结果,并提出了健康素养模型,"功能性健康素养(functional literacy)、交互式健康素养(interactive health literacy),以及批判式健康素养(critical literacy)",分别指个体获取、理解健康基本概念和信息的能力;个体的健康行为对周围环境健康行为的形成和改变所起的作用;个体根据实际情况,批判性地将健康知识和技能应用到个人乃至社会政策活动上的能力。努比姆教授同时指出这三个维度分别对应着健康教育的目标、活动内容和预期结果。[③] 可以看出,健康素养与健康教育的目标、内容和评价紧密联系,是健康教育核心的组成内容。

---

① World Health Organization. (1999). *Division of Reproductive Health (Technical Support): Progress Report 1998*. Geneva.

② Ratzan S C, Parker R M, Selden C R, et al. (2000). National Library of Medicine Current Bibliographies in Medicine: Health Literacy. *Eff Clin Pract*, (4):344 – 352.

③ Nutbeam D. (2000). Health literacy as a Public Health Goal: A Challenge for Contemporary Health Education and Communication Strategies into the 21st Century. *Health Promotion International*, (3):259 – 267.

三、凸显健康素养与学校健康教育之间的关系

1974 年,健康素养作为健康教育的一个政策问题首次被提出,与此同时,学校也被认为应当肩负起发展学生健康素养的职能。[1] 2010 年,英国政府倡议将健康技能与文学(literacy)技能、语言(language)技能和算术(numeracy)技能相融合。[2] 2016 年,全球第九届健康促进大会在"上海宣言"中强调:"健康素养是范围较广的技能和能力综合体,人们需要首先通过学校课程,而后在整个生命周期内不断发展这类技能和能力。"[3]2022 年,教育部提出将健康素养融入德智体美劳各方面,将健康促进贯穿学校教育教学、管理服务全过程,将健康教育渗透学生学习实践生活诸环节,把新冠疫情防控成果转化为健康治理政策、学校健康管理制度和师生健康行为规范;以健康促进为主线改进学校治理体系、深化学校教育改革,加快学校健康促进能力建设,逐步形成中国特色健康学校建设模式和青少年健康促进机制,系统提升学生综合素质、健康素养和健康水平。[4] 可以看出,健康素养正逐步延伸到学校健康领域,并需要在学校健康教育课程的目标制定、实施和评价中得到体现与执行,这同时对学校教育关于人的素质培养与课程改革提出了新的要求。

第二节　基于健康素养的国际健康教育课程改革

一、基于健康素养的健康教育课程改革趋势

中小学生的健康发展问题,逐渐成为国际社会高度重视的议题,并被上升为国家战略的一部分。许多国家和地区都在日益强化早期的国家健康教育政

---

① Stars I. (2018). *Health Literacy as a Challenge for Health Education*. SHS Web of Conferences, (3):2-4.

② Nutbeam D. The Evolving Concept of Health Literacy [EB/OL]. 2010[2023-12-20]. https://www.bumc.bu.edu/healthliteracyconference/files/2010/04/Don-Nutbeam.pdf

③ Third Meeting of the WHO GCM/NCD Working Group on Health Literacy for NCDs. (2018). Chateau de Penthes, Fontana Pavilion, Geneva: Working Group3.3(2016-2018), February, pp.26-28.

④ 教育部办公厅关于实施全国健康学校建设计划的通知[EB/OL]. (2022-04-14)[2023-08-13]. http://www.moe.gov.cn/srcsite/A17/s7059/202204/t20220424_621280.html.

策,并完善和修订健康教育课程标准,以着力推进健康教育的发展。当前健康教育课程大致呈现以下几个发展态势。

(一) 由基础课程走向核心课程的发展趋势

美国于 20 世纪 30 年代将健康教育课程发展成为一门独立的学科课程,于 20 世纪 40 年代末期将健康教育课程作为学校的必修课。芬兰作为率先将健康教育课程作为一门正式学校课程开始实施的国家,于 2003 年将其纳入高中核心课程,并在 2005 年正式实施。可以看出,健康教育课程的地位正在逐步提高,日益受到国家的关注。

(二) 由学科渗透走向独立学科的课程改革

英国政府为了帮助中小学生形成健康的生活方式,培养学生更好地适应社会生活的能力,开设了独立的"PSHE"(Personal, Social, Health Education)课程,将其纳入国家健康教育课程,并于 2011 年作为所有中小学的必修课。英国 PSHE 课程的建立,不仅代表健康教育课程作为一门独立的学科走向课程舞台,同时其完备的课程体系使传统的健康教学方式得到改革,对国际健康教育课程改革具有重要借鉴意义。

(三) 规定课时数量保证健康教育课程的实施

为凸显健康教育课程地位,英国政府规定 PSHE 课程占所有课时总数的 5%。我国台湾地区在 2000 年由规定的"中小学健康教育课每周不少于 1 学时"调整为"健康与体育课程占课时总数的 10%～15%。"[1]通过课时数的变化,可以看出健康教育课程正日益受到关注,其改革也在逐步开展。

二、基于健康素养的健康教育课程实践的经验

国际中小学校将培养学生的健康素养作为健康教育课程的主要议题正进行持续改革。

(一) 重视健康教育课程提升健康素养的功能

近几年,国外对学校健康教育与青少年健康素养的研究表明,即使是低成本的学校健康项目,对于促进学生的健康素养都有很大的帮助。[2] 芬兰政府从

---

[1] 教育部. 中小学健康教育指导纲要[EB/OL]. [2008 - 07 - 01]. http://old. moe. gov. cn/publicfiles/business/htmlfiles/moe/moe_2643/201001/xxgk_80266. html.

[2] Skre I, Friborg O, Breivik C, et al. (2013). A School Intervention for Mental Health Literacy in Adolescents: Effects of a Non-randomized Cluster Controlled Trial. *Bmc Public Health*, (1):873.

课程层面上指出,若要提升中小学生的健康素养,在功能上必须将健康教育课程与其他课程摆在相同地位,在实施上必须保证健康教育课程的质量,同时尊重课程应有的课时数量。

(二)将健康素养纳入国家健康教育课程标准

安大略省作为加拿大课程改革的典范,自 1998 年至 2015 年先后颁布和完善了 5 个"健康与体育课程标准",强调通过健康与体育课程促进中小学生健康素养的发展。2010 年其指出"加强环境健康教育,培养健康的关系,促进批判性思维与素养的发展";[①]2015 年其指出"使学生获得终身受益的健康知识和技能,帮助学生发展健康素养,促进他们适应世界的发展"。[②]

(三)健康课程促进学生健康素养成效有待提升

经过多年的实践努力,基于中小学生健康素养的国际教育在取得成绩的同时,也有很大的改进空间。据 2004 年美国对初中生健康素养的统计,有超过 25％的儿童对健康的基本信息和概念无法理解和掌握,[③]而高中生主要借助网络寻求健康信息资源以提升健康素养。[④] 合理的健康教育课程依然是发展学生健康素养的重要策略与途径。

第三节　基于健康素养的国际健康教育课程体系

一、中小学健康教育课程目标的特征

国际范围的健康教育课程,以健康素养发展为基本目标,对不同阶段的学生提出了不同的课程培养目标。通观国际中小学健康教育课程目标,主要有以

---

① Ministry of Education. (2010). *The Ontario Curriculum, Grades 1 - 8: Health and Physical Education(Interim Edition)*. Ontario, Canada. p.2.

② Ministry of Education. (2015). *The Ontario Curriculum, Grades 1 - 8: Health and Physical Education (revised)*. Ontario, Canada. p.2.

③ Biancarosa C, Snow C E. (2006). *Reading Next—A Vision for Action and Research in Middle and High School Literacy: A report to Carnegie Corporation of New York*. Washington: Alliance for Excellent Education.

④ Ghaddar S F, Valerio M A, Garcia C M, et al. (2012). Adolescent Health Literacy: the Importance of Credible Sources for Online Health Information. *Journal of School Health*, (1):28 - 36.

下几个特点:综合性、阶段性和丰富性。

（一）目标定位的综合性

基于不同的价值理念,世界各国力图通过健康教育课程形成一种健康文化,以此实现个人与社会性目标的统一性。为解决人口结构变化和经济发展带来的各种社会发展问题,日本政府秉持"减少成年期的死亡率、延长人的健康寿命以及提高生活质量为目的的健康发展及促进目标"。① 此外,日本政府还要求学生从跨学科的角度出发,培养综合的健康能力,促进个人的终身健康、社会的发展健康。② 美国华盛顿州则规定健康教育要"确保为学生进入社会后能过上健康、高质量和成功的生活做好准备"。③ 加拿大安大略省将健康课程目标总体划分为四类,从个体的健康信念和生活方式出发,突出知识、态度、技能与行为的共同发展,以培养学生的健康素养,具体包括"发展运动能力;提高获取健康的知识和提高生活技能;学会批判性和创造性思维;培养终身的健康责任感,努力保持个体发展与社会发展的平衡"。

（二）目标实施的阶段性

实际上中小学生身心发展的阶段性特征,决定了中小学健康教育课程目标应分阶段实现,以保证个体能够获得切实有效的短期和终身惠益。加拿大根据学生身心发展规律,给每个年级和学段设置了不同阶段的学习目标,呈现递进发展的模式。④ 国际上大体将健康教育课程目标分为四个阶段,英国在新发表的课程框架中提出了 PSHE 不同学段的学习目标,以"人际关系"(Relationships)这一主题为例,它在不同学段下的具体目标如表 5－1 所示。⑤ 这样分阶段的目标设置,不仅适应了学生的身心发展,也有利于实现课程目标的垂直衔接,保持课程目标的一致性与连续性。

① 日本厚生省. 21 世紀における国民健康づくり運動（健康日本 21）について報告書[R/OL]. [2023－02－20]. http://www1.mhlw.go.jp/topics/kenko21_11/pdf/all.pdf.

② 肖龙海,叶德伟. 中美日高中健康教育课程标准的比较研究[J]. 教育探索,2021(11):85－89.

③ *Washington State K－12 Learning Standards for Health and Physical Education*. Olympia: Washington Office of Superintendent of Public In-struction, 2016.

④ 刘晓旭,卢雁. 加拿大体育与健康教育新课程的模型与实施:以不列颠哥伦比亚省为例[J]. 教育理论与实践,2021,41(33):47－49.

⑤ QCA. A new PSHE education Programme of Study (key Stages 1－4)[EB/OL]. [2023－10－20]. http://docplayer.net/23621921-A-new-pshe-education-programme-of-study-key-stages-1-4.html.

表5-1　英国学校各阶段需要培养的"人际关系"目标内容

学习目标	小学		中学	
	第一阶段	第二阶段	第三阶段	第四阶段
	1~3年级	4~6年级	7~9年级	10~12年级
总目标	学会识别所有形式的欺凌、虐待等消极关系		学会处理所有形式的欺凌、虐待、性和其他暴力遭遇	
具体目标			对家庭关系不健康有一定的理解，包括情感和身体虐待或暴力的不可接受性	在受到家庭虐待的情况下能够"接受分居或者离婚对家庭的影响并能够适应不断变化的互相支持关系"

（三）目标内容的丰富性

通过对各国的课程目标进行分析发现，不同国家致力于从多个维度展示具体的健康教育课程目标。我们大致可以将这些多元目标分为个体自身的发展完善、家庭的需要以及社会的发展需要三个层次（见表5-2）。这些目标最终都指向培养合格的国家公民，追求一种全纳而有质量的基础教育。

表5-2　健康教育课程不同维度下的学习目标

维度	个人	家庭	社会
目标	均衡个体的身体、认知、心理和社会四个维度的发展需求	与学校共同承担教育子女的责任，给家庭的未来建设提供一定的支持	建立稳定和谐的社会环境，不仅包括自然环境，还包括人际交往和政治环境

综上，"健康素养"概念内涵的丰富性决定了健康教育课程标准发展目标的多样性，不仅涵盖了一般意义上的身体健康、心理健康、营养健康等，更延伸到人际交往、家庭的责任、教育的公平和包容等社会问题上。

二、中小学健康教育课程的内容

由于受到特定历史时期社会变革的影响，世界各国早期开展的课程内容具有相似性，通过对健康教育课程内容的主题轴进行划分，可以将健康教育内容划分为以下四大主题。

（一）生理卫生、身体健康与安全问题

很长时期，人们普遍认为没有生病就是健康。健康课程内容的设置主要以向学生传授生理健康知识，掌握相关健康技能，提高体育和保健能力为主。上述健康教育课程内容属于健康领域下更为广泛的健康教育框架，内容覆盖了人的生物性问题、安全问题、生活行为和生活方式等基本问题，主要将学生成长过程中会遇到的生理健康问题作为课程的基本要素与主要内容。

（二）从边缘走向中心的心理健康议题

联合国儿童基金会和世界卫生组织在 2019 年联合发布的数据显示，全球 12 亿 10～19 岁青少年群体中，约 20％存在心理健康问题。世界卫生组织 2022 年发布的《世界精神卫生报告》显示，在新冠疫情暴发的第一年，全球抑郁和焦虑症等常见疾病的发病率增加了 25％，使得全球近 10 亿人患有精神健康疾病。美国作为心理健康教育的起源国家，特别注重建立和开拓创新心理健康教育机制，设置各种类型的心理健康咨询机构，建立网络环境下的多元辅导方式，通过社会合力解决学生的心理健康问题；还会根据当下流行的话题来设计心理健康游戏，帮助学生及时进行心理疏导。[①] 日本政府针对青少年心理健康状况恶化这一现实，计划从 2022 年春季开始恢复高中的心理健康教育，在原来的保健课中增加心理疾病的预防和应对方法等内容。我国为全面加强和改进新时代学生心理健康工作，制定了《全面加强和改进新时代学生心理健康工作专项行动计划（2023—2025 年）》，尝试从加强心理健康教育、规范心理健康检测、优化社会心理服务等方面出发提升学生心理健康素养。各个国家从政策上确认和强调了中小学心理健康教育的重要性，中小学开展心理健康教育的积极性和主动性大大提高。[②]

（三）社会变革带来的现代健康话题

随着社会不断走向多元而复杂的变革时代，国际上关于健康的理解不断与时代同频共振。学校健康教育课程的内容也持续变动与发展，反映了健康教育内容对社会发展与变革积极能动的回应。目前健康教育内容已经涉及环境污

① 刘东婉. 美国大学生心理健康教育发展特点及教育策略研究［J］. 公关世界，2021（7）：95 - 96. DOI：10. 3969/j. issn. 1005-3239. 2021. 07. 043.
② 教育部等十七部门关于印发《全面加强和改进新时代学生心理健康工作专项行动计划（2023—2025 年）》的通知［EB/OL］.（2023 - 04 - 20）［2023 - 08 - 13］. https://www. gov. cn/zhengce/zhengceku/202305/content_6857361. htm.

染、癌症的预防、网络健康等主题。这些内容旨在唤起学生广泛参与社会的意识，通过形成一个强大的利益共同体和学习社区，促进学生、家庭、社区之间的交互作用。譬如减少吸毒人数，让所有人都能够享受健康的生活，澳大利亚政府为全国62万中小学生提供生命健康教育的课程。新加坡为引导中小学生科学安全地使用互联网，开设了网络健康课程以及数字英雄(iZ HERO)的网络健康展览活动课程。①

（四）健康与未来的社会生活主题

随着社会的不断发展，人们的健康理念不断深入更新，健康内容也在不断深化。更多国家的健康教育课程内容注重贴近学生的真实生活，将人的自然属性和社会属性相结合，形成一种全新的大健康教育课程观。诸如"健康的服务和选择健康的职业、生命健康教育、生涯教育和个人理财等"也正在逐渐渗透到健康教育内容中。英国政府为解决青少年怀孕问题，对5岁以上的儿童进行强制性的性教育，并规定接受教育后要通过相关考试。美国新泽西州要求学生从人际交往、家庭、社区生活感受文化、媒体、科技对健康生活方式的影响。

三、不同理论观照下中小学健康教育课程实施的路向

为了适应不同时期、不同地区、不同学校、不同年级、不同阶段的学生获取健康知识的不同需要，建立在课程标准之上的健康教育课程的实施模式也是灵活多样的。概括而言，主要包括以下几种形式。

（一）国家标准下的传统健康教育课程实施

传统健康教育课程以教材为中心，具有系统的课程目标、课程设置、课程内容和课程评价标准。它以传递知识为主，强调知识的重要性，对个体获取和理解基本健康信息具有重要意义。它是严格按照国家健康教育标准展开实施的。例如，加拿大和我国的健康与体育课程、英国的 PSHE 课程、日本的保健课程等。

（二）社会理论下的健康教育课程实施

社会理论取向的课程主要关注当下社会的热点问题，以多元健康主题的方

---

① Liau A K, Park Y, Gentile D A, et al. (2015). iZ HERO Adventure: Evaluating the Effectiveness of a Peer-mentoring and Transmedia Cyberwellness Program for Children. *Psychology of Popular Media Culture*, (4):326–337.

式呈现。学生通过深入现实社会展开实际调查，获取现实的社会资料，增进对社会的了解。学校作为服务社会的机构，强调通过对学生进行社会教育来维持社会的功能稳定。例如，澳大利亚每年会开展"国家健康与体育教育日"活动，鼓励学生、教师、校长参与其中，同时还会邀请家长、社区、健康专家等参与到健康活动中，以此提高全民健康意识。[①]

（三）文化响应背景下的健康教育课程实施

文化响应课程（culturally responsive curriculum）重视学生的文化资源特征，根据不同人群的出生、语言背景、家庭层次、文化特点，开设不同的选修课程。譬如，日本为了解决粮食缺乏、食品安全事故频发、国民饮食结构失衡等问题开设的食育课程。丹麦的有 100 多年历史的家政课。美国唐人街开展的防治肝炎传染的学校健康教育。在西班牙以广为传播的"食物与疾病"故事作为背景，教育学生相关健康知识，培养他们积极的健康态度和价值观。

（四）建构主义理论下的健康教育课程实施

建构主义理论下的健康教育课程强调让学生与社会文化脉络进行主动互动，通过兴趣主题进行实践，构建出有意义的学习活动。例如，澳大利亚哈拉客顿州立学校要求学生根据课堂学习到的营养膳食知识撰写饮食日记、编写烹饪书籍、与小卖部合作准备健康食材、进行超市采购以及自主选择健康食品商店等，以提升个体的健康素养。

总的来说，国际中小学健康教育课程的实施在不同地区的开展方式有所不同，但是课程实施都旨在提升学生的健康素养，致力于培养学生各方面的能力。同时根据不同国家或地区文化传统、社会背景的差异，各个国家和地区的实施者、教师以及相关的专业人员也会以促进学生健康发展为目标进行创新性实施。

四、国际中小学健康教育课程的评价方式

学校健康教育课程实施成效究竟如何与构建的评价方式有着密切的联系。因此，构建与健康教育课程相适应的评价模式对保证高质量的健康教育课程具

---

① Lynch T J. (2015). *International Council for Health, Physical Education, Recreation, Sport and Dance (ICHPER-SD): partnering ACHPER.* Australian Council for Health, Physical Education and Recreation.

有重要意义,在整个健康教育课程体系中占据重要位置。

(一) 基于健康素养的课程评价工具

有研究表明,对学生的健康素养进行评价能够更好地评估个体的健康素养水平以及学校健康教育的效果。[1] 当前对健康素养的评价主要基于努比姆教授提出的健康素养模型,其中功能性健康素养这一维度,比例最高,占33%～55%。批判性健康素养所占比例最低。随着现代科技和网络媒体的不断进步,也有人提出将媒介型素养应用到健康评价之中。虽然对于健康素养的测评工具,国际上还尚未形成广泛认可的评价指标体系,但是将中小学生健康素养作为评估健康的指标体系已被广泛应用到健康课程评价之中。[2]

(二) 基于"RE-AIM"的健康课程评价模型

RE-AIM评价模型是由拉塞尔(Russell)等人于1999年提出的,主要包括四个维度:可及性(reach)、功效(efficent)、采纳性(adoption),以及实施情况(implementation)。具体内容如表5-3所示。[3]

表5-3 基于RE-AIM模型的课程评价维度

维度	具 体 内 容
可及性	接受健康教育课程学生的实际参与率
功效性	学生接受健康教育课程后健康知识和技能的改变情况
采纳性	实际参与的健康教育课程师生比、教材、教具的实际配备,专业师资的质量和数量等
实施情况	健康教育课程目标达标率、开课的比率、教师数量达标率

健康教育课程实施情况的评价方式是一种动态的过程性评价。可以看出,基于RE-AIM模型的课程评价不仅需要教师制订详细的教学计划,还需要学校行政部门配合提供教具和教学配备,选拔专业的教师,实现对"学生、课程、教

---

① 曲爽笑,王书梅,曹志娟,等. 小学生健康素养评价指标体系建立的定性研究[J]. 中国学校卫生,2016,37(2):190-193..

② McCaffery K J, Morony S, Muscat D M, et al. (2016). Evaluation of an Australian Health Literacy Training Program for Socially Disadvantaged Adults Attending Basic Education Classes: Study Protocol for a Cluster Randomised Controlled Trial. *Bmc Public Health*, (1):454.

③ Dunton G F, Liao Y, Grana R, et al. (2014). State-wide Dissemination of a School-based Nutrition Education Programme: A RE-AIM (Reach, Efficacy, Adoption, Implementation, Maintenance) Analysis. *Public Health Nutrition*, (2):422-430.

师、学校、教育行政部门"五位一体的健康教育课程评价。

第四节　国际健康教育课程发展与改革的启示

涉及学校健康教育课程改革的国际经验时,各国的实践可能会有所不同,但都旨在提高学生的健康水平和促进其全面的发展。学校健康教育课程改革的一些共同的国际经验,包括采用综合性的健康教育课程、践行健康生活技能培养、将性教育纳入健康教育课程、注重培养学生的心理健康、强调了解和认识健康风险等,还涵盖社会问题,如艾滋病、青少年犯罪、霸凌和校园暴力等的防范。在具体的学校健康教育课程支持方面,既关注课程内容也注重加强学校环境的建设,如开展家校社协同健康教育课程教学,形成全社会共同关注学生健康知识、技能与态度的养成。

需要注意的是,每个国家的健康教育课程改革都受到该国文化、社会背景和教育体系的影响。不同国家可能会采取不同的方法,以满足本国学生的特定需求和发展目标。在推进健康中国战略的背景下,我国学校健康教育课程的改革,在借鉴他国经验时,不仅应该综合考虑世界各国的文化差异和教育需求的不同,更要灵活地结合我国现实加以推进。具体来看,以下的几方面需要重点加以注意。

一、高度重视基于健康素养的学校健康教育

健康素养,是一项具有长期价值的技能。有了健康素养,学生将更好地掌握终身管理健康的能力,成为明智和积极参与健康决策的个体。重视基于健康素养的学校健康教育,意味着我们认识到健康素养在促进更好的健康结果和使个体能够对自己的健康做出明智决策方面发挥着至关重要的作用。因为健康素养使学生能够主动管理和关心自己的健康和福祉,使他们能够提出相关问题,寻求可靠的健康信息,并积极参与健康相关的讨论。

2016 年,《"健康中国 2030"规划纲要》明确赋予中小学校在建设"健康中国"进程中的重要地位与作用,要求进一步加强健康教育,提高全民健康素养。目前我国健康教育课程多集中在学校卫生领域,以课程为依托的健康教育主要集中在体育与健康课程上。但是,我国体育与健康课程,比较重视体育的训练,

忽视了"健康教育"的内容。① 因此,充分发挥国家的主导作用,构建学校健康教育课程体系,以健康教育课程为依托,以提升学生的健康素养为重要课程目标,有助于促进健康中国战略的实施。

二、加强健康素养与健康教育课程的融合

培养学生的健康素养,需要与健康教育课程进行有效的融合,即在学校健康教育中将健康素养的概念、原则和实践融入课程,形成综合、全面的健康教育体系。将健康素养与健康教育课程融合,可以使学生在学校阶段就建立全面、深入的健康素养基础。在融合健康素养于健康教育课程的过程中,不仅要关注学生获取知识,帮助学生学会在大量的健康信息中筛选和应用有效的知识,避免受到错误或误导性的信息影响,更要关注他们能否运用知识来改变行为,实现健康目标。

加强健康素养与健康教育课程的融合通常需要跨学科的合作。教师、医疗专业人员、心理健康专家等需要共同努力,将健康素养的概念融入不同学科的课程,从而形成一个综合的教育体系,将学生可以学到的健康知识和技能与他们的日常生活紧密结合,进而提高学生的健康素养水平,培养他们在健康问题上的自主能力和创造力,为其未来的生活和健康发展打下坚实基础。

总体来看,各个国家和地区均高度重视健康教育课程对培养学生"健康素养"的重要作用。从我国健康教育课程内容来看,将健康素养融合到健康教育课程之中,关注当下我国学生出现的热点健康话题,有针对性地设置健康课程内容,开展丰富的健康教育活动十分必要。同时,在健康教育课程体系的建设上,建议我国能够建设一支适合我国学生健康素养的健康评价专业团队,通过收集健康教育课程实施的效果数据,以促进健康素养的内涵发展和健康教育课程标准的研制与修订,与当前我国新课程改革相互融合,并将健康素养与学科核心素养的发展相联系,应用整体与系统的观念,推进当前学校健康教育课程的改进。

三、健全胜任健康教育课程师资的专业化体系

健全胜任健康教育课程师资的专业化体系,是指在健康教育课程领域建立

---

① 党林秀,董翠香,朱琳,等.加拿大安大略省《健康与体育课程标准》的解析与启示[J].北京体育大学学报,2017,40(6):79-87.

一个完善、高效的教师培训和发展体系,以确保健康教育课程的教师具备专业化的知识、技能和素养。这一体系旨在提高教师的健康教育专业水平,使其能够更好地满足学生在健康教育方面的需求,有效推进健康教育课程的实施,因为建立专业化的师资体系,可以提高健康教育课程的质量。

具体来看,提供教师系统的培训支持体系,能够协助教师掌握最新的健康知识、教学方法和教育技能,更好地适应学生的多样化需求,了解学生的不同年龄、背景和健康状况,了解最新的教学方法和技术,运用创新的教学手段,使健康教育课程更富有吸引力,激发学生的学习兴趣。同时,通过定期评估和监督教师的教学质量,协助教师发现教学中的问题和改进点,及时采取措施加以解决,提升教学效果。

建立健全健康教育课程师资的专业化体系可以提高健康教育师资的社会认可度。教师的专业化水平和教学质量得到认可,将有助于提升健康教育在整个社会中的地位,得到更多的支持和关注。从国际普遍经验看来,教师作为健康教育课程实施的关键性角色,被各个国家或地区赋予了特别的关注。许多国家或地区的中小学校已经形成了系统的健康教师师资培养模式。英国通过与高校合作以保证专业的健康教育教师的输出,教育部门和卫生部门合作,展开以保障健康教育教师的职前教育和进修提升。[1] 美国成立了健康素养小组(Health Literacy Study Circles)以为教师提供专业化的相关课程和行动计划。[2] 若要真正实现健康教育教师的专业化发展,仅仅靠政府的推动是远远不够的,还必须仰赖教师个体、教师群体、教育学院、教师专业协会等的共同作用,建立一种具有协调性、合作性、整合性的教育协作伙伴关系,以此推动惠及所有学生的健康教育课程成功愿景的实现。

四、形成全民支持的学校健康教育课程体系

全民支持的学校健康教育课程体系,意味着在社会各界形成普遍认可和积极参与的态度,共同支持和推动学校健康教育课程的发展。这种体系旨在实现

---

[1] Harmer A, Lee K, Petty N. (2015). Global health education in the United Kingdom: A Review of University Undergraduate and Postgraduate Programmes and Courses. *Public Health*, (6):797 – 809.

[2] National Center for Study of Adult Learning and Literacy. (2007). *Health literacy in Adult Basic Education: Designing Lessons, Units and Evaluation Plans for an Integrated Curriculum*. Boston.

全社会对学校健康教育形成共识,使健康教育成为社会关注的重点,并得到全民的参与和支持。具体到微观层面,健康教育课程的价值还能普及到家庭、社区和社会之中,因此,通过各级组织共同推动健康教育课程的发展,是国际健康教育发展的趋势之一。

目前,需要注意将学校健康教育的课程扩充范畴,指向更广意义的健康教育知识系统,这种与人人健康相关的知识技能,是一种新的知识体系的广泛塑造,需要吸收不同社会人群关于健康生活的有益共识。因此,未来我国需要构建一种全民支持的学校健康教育课程体系。社会各界都认识到学校健康教育对学生健康和全面发展的重要性,并愿意共同努力推动健康教育的发展,就有助于形成一个更加有力的学校健康教育体系。同时,全民支持的体系意味着不仅仅有教育机构和教师的参与,还包括家长、学生、医疗专业人员、社区组织、非营利组织和政府等各方的积极参与,意味着更多的资源可以投入健康教育,包括专业知识、资金、设施等,这就有助于健康教育的普及,使更多的学生和家庭受益。

其中,构建学校健康教育的主要阵地,需充分发挥家长在学生健康行为发展中的关键作用。此外,还可加强学校与社区的联系,引进社区的健康人员进行校园宣传教育,为健康教育营造良好的生态环境,以此促进全民健康素养的提高。若要建立学校、社区、家庭之间的有效合作,还需要政府提供一定的制度、资金和专业人员支持,以此促进全民健康素养的发展。

总体而言,形成全民支持的学校健康教育课程体系对于学校健康教育的发展和推广具有重要意义。全社会形成共识、多方参与、资源共享,以及持续关注,将促进学校健康教育课程真正普及与提高两个层面都得到发展,将有助于健康中国战略的实施,从而达成人人享有公平可及的健康权益的基本目标。在未来推动我国学校健康教育课程改革中,还需要在微观的学校健康教育的课程与教学方面积极借鉴国际有益的经验,比如在课程的目标、结构、体系、教学方法以及评价方式等诸多方面,积极主动探索适合我国学校现代化的学校健康教育课程改革行动方案。

第一,重塑学校健康教育课程的主要目标。提高学生的健康水平和促进个人的全面发展,是新时代我国学校健康教育课程的基本目标,这包括身体健康、心理健康、社交健康和情感健康等方面。课程旨在帮助学生形成积极的生活态度,培养健康的生活习惯,学会应对生活中的挑战和压力。第二,不断完善学校健康教育的课程结构与体系。学校健康教育课程的结构,通常分为不同的主题模块,涵盖广泛的健康议题。例如,课程可能包括营养与健康、身体锻炼与运动、心理健康与情绪管理、性教育与性健康、药物滥用预防、卫生与个人卫生习惯等。这些主题模块在整个课程中形成一个有机的体系,以确保学生获得全面的健康教育。第三,积极创新学校健康教育教学方法。现代健康教育强调互动式、参与式的教学方法。教师不仅是知识的传授者,更是学生健康发展的引导者和支持者。教学方法包括小组讨论、角色扮演、案例研究、游戏和模拟练习,鼓励学生积极参与并从中获得实践经验,注重培养学生的自主性和自主学习能力,鼓励学生主动获取健康知识,并从日常生活中发现与健康相关的问题,并探索解决方案。以学生为中心的教学可增强学生对健康问题的兴趣和理解。

第六章

美国学校健康教育的发展与主要治理经验

作为较早开展以校园为基点的学校健康教育工作的国家之一,美国学校健康教育已经取得理论与实践方面的双重成效。自 19 世纪中叶起,学校就已经成为抗击传染性疾病的重要场所,在促进健康方面所发挥的战略性作用也已得到认可;以第一次世界大战为转折点,全新的健康促进理念和运动逐渐取代曾经的方法,心理健康作为学校健康教育的组成部分也逐渐受到重视。

20 世纪 80 年代,以综合性学校健康教育计划(CSHP)为代表的美国学校健康教育,由于其系统性、计划性、灵活性及顺序性的鲜明特点,在改善儿童青少年学习和生活环境,提高学生的身体健康水平,并通过学校向家庭、社区传播健康信息,促进全社区成员的健康方面,表现出丰富的理论创新性,解决了诸多儿童青少年健康发展的现实性问题。作为健康教育治理中重要的内容,美国学校健康教育的发展,是在与社会系统不断作用中发展成熟起来的,体现出极强的社会性,即在得到社会支持的同时,其通过实际功效解决了很多社会性问题,为社会发展做出了突出贡献。[①]

第一节 美国学校健康教育的历史发展概况

美国学校健康教育一直处于动态的发展之中,且在发展过程中不断受到诸多社会因素的制约与影响。自殖民地时期以来,美国的学校就一直为促进和保障当地儿童青少年的健康扮演着重要角色并做出诸多贡献。[②] 经过几百年的

---

① 陈华卫. 美国综合学校健康教育体系内容特征与启示[J]. 中国学校卫生,2017,38(1):5-9.

② Allensworth D, Lawson E, Nicholson L, et al. (1997). *Schools and Health: Our Nation's Investment*. Washington: National Academy Press, p.33.

变革与发展,目前作为解决学生和家庭健康问题的一种范式,学校健康促进项目的开展已经在改善儿童青少年健康状况,促进个体形成积极健康的生活方式,解决如贫困、新社会疾病等问题方面取得一定成效,并为健康促进学校的创建和运营提供了具有指导意义的,可量化的操作与评价标准。

一、学校健康教育的萌芽时期

在殖民地时期,美国学校健康问题受到的关注较为有限,可以称其为美国学校健康教育的启蒙期。这一阶段,美洲的学校受到欧洲先进启蒙思想的影响,开始在学校中开设体育课程,并主张学生积极参与体育活动。例如,当时英国哲学家洛克的全面教育思想和法国哲学家卢梭"身心两健"的观念对美国政治家本杰明·富兰克林产生了深刻的影响。他优先倡导欧洲体育教育思想,并将其付诸实践。[1] 1837 年,有关健康教育的教科书在马萨诸塞州的公立学校开始使用。美国教育协会也开始对学校健康工作进行监督和促进。[2] 1840 年,罗德岛率先通过法律手段强制将健康教育引入学校教育,其他各州也紧随其后。

虽然体育与健康教育的观念已经在美国的学校中有所渗透,但在 19 世纪中叶之前,由于公立学校仍处在形成阶段以及社会等级制度森严等因素,体育仍然只是供上层阶级消遣享乐的工具,教授方式以阅读书本为主,大众对于学校与健康之间的关系认识有限,实践项目也屈指可数。[3]

二、学校健康教育的早期形成阶段

第一次世界大战前,美国没有系统性的学校健康教育计划,但健康服务、健康生活指导等一直存在。[4] 除了在校内提供健康课程和体育课程,政府还尝试寻求社会关注与参与,与医院和社会卫生组织合作,并有意识地建立家校健康共同体,共同深化健康促进对人口健康产生实际作用的广度和深度。

(一) 外部环境

1850 年后,美国的健康教育和学校卫生工作迅速发展,全国大部分公立学

---

① 李佐惠. 略论美国殖民地时期的体育[J]. 体育文化导刊,2004(4):57-58.

② 袁韧. 美国健康教育的历史[J]. 中国学校卫生,1995(1):62-63.

③ Meltzer D E, Otero V K. (2015). A Brief History of Physics Education in the United States. *American Journal of Physics*, (5):447-458.

④ Pigg R M. (2010). A History of School Health Program Evaluation in the United States. *J School Health*, (10):583-589.

校逐步制订了学校健康教学计划,开设了卫生课程,此时才被称为是"现代学校卫生时代"的开始。① 马萨诸塞州卫生委员会的领导人莱缪尔·沙特克(Lemuel Shattuck)于当年通过出台报告和立法,推动了该州的卫生教育,并组织成立相关组织,如美国公共卫生协会、美国体能教育协会等。② 他的努力,使学校健康促进作为促进公共健康和预防疾病的手段而受到重视。

(二) 内部结构

在学校健康教育与健康促进形成的早期阶段,由于医疗条件落后,人口流动性大等问题,除美国学校外的其他机构不具有为大量人群注射疫苗的条件。而学校作为日常向未成年人开放的唯一场所,将健康工作的重心放在传染性疾病的控制与预防上。当时以学校为中心向学生提供疫苗接种服务,并主要从以下几个方面展开:①预防和控制传染性疾病;②身体健康检查;③增加体育课程内容;④扩大医疗服务范围;⑤提供校园午餐。③

三、学校健康教育的发展转折时期

第一次世界大战,是美国学校健康教育发展的历史转折点。战前,学校健康的关注点停留在生理学和解剖学方面,且理论倾向较重。但是在战后,美国中小学生普遍面临贫困、营养不良、身体状况不佳等现实问题。由此,全新的健康促进理念和运动取代了过去的做法,并与时代特征相结合,美国现代学校健康教育发展开始呈现新图景。

(一) 出台政策与报告性文件

这一时期美国涌现出大量关于健康教育的出版物,向大众传播更为深入,且具有可操作性的健康知识,学校也通过诸多激励手段促使学生长期坚持改善个人健康行为并进行推广,如由美国内政部与教育部联合出版的《健康游戏的规则》(*The Rules of the Health Game*)一书。同时,相关法律的出台使得儿童健康得到立法保障,关注学校健康促进项目的主体逐渐由社会团体转为国家和政府。④ 在

① 郑晓边. 现代学校卫生学[M]. 长沙:湖南教育出版社,2000:16.

② (No author). (1959). Lemuel Shattuck (1793－1859): Prophet of American Public Health. *Am J Public Health Nations Health*, (5):676－677.

③ Tyack D. (1992). Health and Social Services in Public Schools: Historical Perspectives. *Future of Children*, (1):19－31.

④ Kort M. (1984). The Delivery of Primary Health Care in American Public Schools, 1890－1980. *Journal of School Health*, (11):453－457.

此期间,白宫还多次召开关于学校健康问题的会议,在国家层面上促进教育与医疗卫生部门的合作与共同发展。

(二) 开展研究和实验项目

第一次世界大战期间,是众多学校健康教育研究和示范性项目开展的时期。其中最早的是 1914 年在学校医务人员和校长共同指导下于巴尔的摩的贫困地区开展的示范性项目。该项目成功改善了教师和儿童的健康状况,并得到了广泛关注和效仿。

在众多的项目中,研究工作最为密集的是于 1936 年到 1940 年在阿斯托利亚市开展的阿斯托利亚计划(the Astoria Plan)。该计划由美国儿童健康协会、大都会人寿保险公司、米尔班克纪念基金、美国儿童局、阿斯托利亚卫生局共同支持。[①] 在该计划的指导下,学校健康促进项目主要取得以下两项成就:第一,校园健康服务更加精简与高效,更为精细化的体检代替了以往例行章程式的简单体检,且学生一旦入校就要接受检查,医生和护士会定期讨论每位学生的身体情况,以减轻医生的负担并实施精准医疗,同时,要求家长参与学校健康检查的过程,从而确保学生能够得到后续帮助。第二,转变了大众的健康观念,使人们深刻认识到教育和预防与治疗疾病同等重要。

第一次世界大战中,许多应征入伍的人员由于健康问题在体检环节被淘汰。为了改善儿童青少年的身体健康状况,学校开展"没有军事特征"的体育教育。[②] 一战期间出现的安全问题,也成为将安全研究引入校园环境和课程的契机。消防演习开始实施,要求学生注意交通安全、预防火灾等,越来越多的安全教育与健康教育被带入课堂并走向融合。

(三) 注重教职工的健康问题

20 世纪,美国教职工健康逐渐受到关注,这也促成了美国的健康教育计划的开展。这主要得益于 20 世纪初美国劳动环境的改善。在 20 世纪初期,美国的工业化和城市化进程给劳动者带来了大量的工作机会,但同时也带来了一系列健康问题,使得工人们开始组织起来,争取改善工作条件和薪资,并提出了对健康和安全给予更多的关注。20 世纪中叶,美国工会运动和福利计划兴起,工

---

① Jacobziner H. (1951). The Astoria Plan: A Decade of Progress. *Journal of Pediatrics*, (2):221 - 230.

② Lee M, Bennett B. (1985). 1885 - 1900: A Time of Gymnastics and Measurement. *Journal of Physical Education Recreation & Dance*, (4):19 - 26.

会开始在合同中争取包括健康保险和工伤保险在内的福利计划，以保障教职工在工作中的健康和安全，这些福利计划在很大程度上改善了教职工的工作条件和健康保障。

二战后，美国经济开始走向繁荣。1954年，《职业安全与健康法案》(Occupational Safety and Health Act，简称为OSHA)通过，该法案成立了国家职业安全与健康管理局，以确保工人在工作场所的安全与健康。OSHA对于教职工健康的关注是美国健康教育计划的里程碑。随着时间的推移，对教职工健康的关注逐渐从安全问题扩展到包括健康保险和员工福利在内的更广泛范围。雇主开始提供健康保险计划和其他福利，以吸引和留住优秀的教职工。此时，健康教育也成为企业中的一部分，帮助教职工理解健康风险，预防疾病，以及改善生活方式。

总体来说，20世纪美国在教职工健康方面经历了逐步重视和加快改进的过程。从最初的劳动环境改善到后来的福利计划、职业安全法和心理健康关注，美国的健康教育计划不断发展，为教职工提供了更好的工作条件和健康保障。作为学校健康促进与健康教育的重要组成部分之一，教职工健康在美国健康教育计划的开展中逐渐受到关注。除了能够胜任工作之外，教育部门还要求教师为学生树立健康、积极、充满活力的榜样，学校营造健康环境，使学生和教职工在健康、积极向上的氛围中工作和学习。[①]

第二节　当代美国学校健康教育发展的表现特点

随着20世纪60年代美国伟大社会计划的开展，教育和卫生领域发生了另一个重大变化。学校健康教育项目逐渐从解决学生与教职工的健康问题，转变为改善贫困、提高人口健康水平等社会性问题的重要手段，且社会性和实用性不断加强。如今的美国学校健康教育已愈发向具有系统性与协调性的综合性学校健康促进项目发展，呈现出全面发展和协同导向的主要趋势。[②]

---

① 刘欣亮.美国学校教职工健康促进计划行动研究[D].北京:首都师范大学,2008:36.
② 郇昌店.协同导向:美国青少年体质健康政策的演进与启示[J].河北体育学院学报,2017,31(4):21-29.

一、形成了综合化的学校健康教育理论

到 20 世纪 80 年代，随着学校健康教育理论的不断完善，出现了以八元模型为主要代表的理论，即将学校健康教育与健康促进分为 8 个相互支持协作的组成部分，包括健康教育、身体教育、健康服务、饮食营养服务、教职工健康促进、咨询服务、健康环境及家庭和社区合力参与，并一直延续至今，[①]成为在世界范围内影响广泛的综合性学校健康教育计划。

在综合性学校健康教育计划的广泛实践中，开始形成美国当代的综合化学校健康教育理论。作为一种综合性的健康教育模式，这种理论结合了多个学科领域和健康主题，强调将健康教育纳入学校教育的整体环境的各个方面，以创造支持学生全面发展的健康教育环境。同时，采用跨学科方法，将多个学科领域的知识和技能整合到教育中，包括生物学、心理学、社会学、营养学、运动科学等。它关注多个健康主题，包括但不限于体育锻炼、营养、心理健康、性健康、毒品滥用预防、社交技能等。

二、建立了学校健康教育标准化评价模式

自 1950 年以来，有关儿童与青少年的项目评估已形成一项完善的程序。如今，美国疾病预防控制中心的学校健康指数已成为自我评估和计划的工具，分别针对综合性学校计划的 8 个要素提出了相关问题。[②] 此外，还有更具针对性的评价方式，如"有效健康课程的特征""国家健康教育标准"等，使项目的开展更具科学性。美国综合性学校健康促进计划的评价体系，成为标准化评价的主要模式代表。

其中值得特别分析的是 1995 年美国健康标准联合委员会发布的《国家健康教育标准》，它是美国许多州共同遵守的健康课程框架的国家标准。该标准设立了 7 大课程目标，强调对健康促进和疾病预防概念的理解、获得有效的健康信息与产品服务、增进健康行为减少健康危险、运用科技媒体增进健康等。建立在这个国家健康教育标准之上的课程，都需要教师紧扣评价策略。为此，

① Allensworth D D, Kolbe L J. (1987). The Comprehensive School Health Program: Exploring an Expanded Concept. *Journal of School Health*, (10):409-411.

② Pigg R M. (1976). A History of School Health Program Evaluation in the United States. *The Journal of school health*, 46(10):583-589.

美国公立学校和教师评价与学生标准委员会(SCASS)合作策划了一套学校健康教育评价系统。[①]

三、学校健康教育关注广泛的社会问题

美国的学校健康教育,是一个涵盖广泛现实社会问题的系统性教育体系,旨在提供学生所需的健康知识、技能和资源,帮助他们在日常生活中做出健康的决策,促进其身心的全面健康发展。20世纪50—60年代,社会性疾病在美国儿童青少年中日益突出。儿童青少年心理、社会和情感健康的重要性逐渐受到关注。

近年来,随着全球社会的剧烈变迁以及美国社会自身的变革,美国的学校健康教育更加强调涵盖广泛的现实问题,关注学生在日常生活中可能面临的健康挑战,培养学生的健康意识、健康行为和积极的生活态度。学校健康促进,不仅仅以改善学生的体质为工作重点,同时关注由社会变革引发的校园暴力、青少年犯罪、酒精毒品成瘾以及学生无法适应学校环境等问题。同时,改变传统以结果为导向的工作目标,让师生远离危险生活方式、减少或消除健康危险行为,如吸烟、酗酒、不良饮食习惯以及无保护性行为等,采取积极的健康生活行为,从而从根本上形成健康的生活习惯与态度。

以下这些方面,是美国在推进学校健康教育治理中特别关注的社会现实问题。①性健康教育。这包括教授学生关于性器官、生理周期、性传播疾病以及性行为的相关知识。性健康教育旨在帮助学生理解性健康的重要性,并提供有关性行为的安全和负责任的信息。②药物与毒品教育。鉴于美国面临药物滥用和毒品问题,学校健康教育通常涵盖药物与毒品教育,学生将学习各种关于药物的影响、滥用的危害,以及如何拒绝毒品和保持健康生活方式的知识。③心理健康问题。学生将学习如何应对压力、焦虑和抑郁等心理健康挑战,以及如何寻求帮助和支持。④营养教育。教导学生如何选择健康的食物,培养学生养成健康的饮食习惯,预防肥胖和相关健康问题。⑤性别平等与包容教育。学生将学习尊重他人的权利和差异,促进性别平等和社会包容。⑥精神健康教育。学生将学习如何认识自己和他人的情绪,掌握情绪管理技巧,以及如何支持和理解那些有心理健康问题的人。⑦意外伤害预防。学生将学习安全的生

① 王建平. 美国学校健康教育问题与对策研究[M]. 北京:首都师范大学出版社,2004:212-213.

活方式,掌握急救技能,以减少在日常生活中可能发生的意外伤害。

第三节 当代美国学校健康教育治理的实践经验

通过对美国学校健康教育的回溯可以看出,学校具有与儿童沟通和深入其家庭的能力,在解决青少年人口健康和社会发展问题上扮演着重要的角色。美国学校健康教育的革新不只是停留在概念层面,更是为了适应时代需要。时代与环境的变革、个体的诉求,以及学校在开展健康教育上的必要性和优势等因素,使得美国学校健康教育一直受到广泛关注并持续健康发展,表现出很好的社会效益。

一、与社会发展紧密联系,解决当前实际问题

在实用主义思想的长期指导下,美国学校健康教育在不同历史阶段一直受不同历史背景与社会环境的影响和制约,因此,其主要关注的问题与研究方向等也不尽相同。如在学校健康教育产生初期,国家首先逐步改善了公立学校的肮脏环境和过度拥挤等不良状况;在"伟大社会"改革计划进行时期,随着"向贫困宣战"口号的提出,学校健康教育与健康促进的关注重点改为改善人口贫困及营养不良状况,为学生提供免费午餐;20 世纪 80 年代以来,青少年犯罪率增加、未婚女性怀孕率上升、酗酒、毒品滥用、由危险性行为引发的艾滋病等社会问题层出不穷,为学校健康促进项目的开展提供了新的现实目标和工作重点。[①]

在经济方面,美国急剧增长的医疗卫生开支,成为学校健康教育得以开展的必然因素之一。随着现代科技的不断进步,复杂的医疗筛查手段与治疗方法,使患者自身以及国家投入的医疗和保险费用持续增长。1960 年,美国对医疗的投入仅占其 GDP 的 5.2%,而这个数字在 2004 年已增加到 16%,超过了对食品的投入。[②] 无论是国家、企业,还是个人都因高昂的医疗费而感到巨大的压力。在此情况下,调整国家的医疗和教育投资比例,为学校健康教育项目

① 徐以骅.林登·约翰逊"伟大社会"述评[J].世界历史,1986(3):23-32.
② 克鲁格曼,韦尔斯,新晴.美国医疗卫生的困境[J].国外社会科学,2006(3):83-86.

提供资金和政策保障,成为促进公民健康,控制医疗成本必不可少的关键环节。

除了整体的社会环境,理论思想的变化,也是学校健康教育与健康促进得以发展变革的因素之一。如早期体育进入学校教育是受到欧洲启蒙思想的启发;而健康教育进入课堂,是受到美国进步主义与杜威的实用主义哲学思想的影响;舒尔茨的人力资本理论认为人才是资本,人才发挥价值的前提是健康。因此,保障学生和员工的健康也成为校方和雇主共同关注的问题。如今,随着联合国对于教育系统的可持续性发展要求的深入,学校健康教育不仅需要为学生提供营养食品,更要在食物原材料的选择上注重生态环境的可持续发展性并符合动物的伦理要求。

二、满足因个体对健康的需要而产生的积极诉求

一方面,个人健康理念与医疗体系的相互影响与相互促进,影响着学校健康教育实践的价值与内容。随着科学的进步,医疗研究正逐步转为关注健康人群对疾病的预防和早期筛查,并通过信息化手段实现最佳的医疗保健。个体对于医疗健康的理解逐渐转为提前检查和预防。[1] 医疗模式的转变,也使个体医疗观念发生变化,如人们开始注重健身、健康饮食和健康行为习惯等。因此,个体观念的转变满足了学校健康促进项目开展中对学生、家长、教职工个体积极参与的关键性诉求。

另一方面,种族与阶级歧视、过度贫富不均、社会与生活环境、健康知识水平与生活态度等,[2]造成美国健康不公平日益严重,继而引发一系列社会问题,这也突出反映并体现在学校健康促进的实践过程中。美国学校健康教育,作为一种补偿性手段,及时回应不同社会阶层与家庭环境的儿童青少年对于健康公平的诉求,直接或间接影响着美国学校教育对于促进人口健康,改善差异的作用。

三、充分发挥学校优势以构建健康促进共同体

首先,美国学校健康教育的开展,是建立在科学严谨的教育社会学理论等

---

[1] Pigg R M. (1976). A History of School Health Program Evaluation in the United States. *The Journal of school health*, 46(10):583 – 589.

[2] 杜方冬,王瑞珂.美国卫生公平社会决定因素分析与对策[J].中国卫生政策研究,2012,5(12):34 – 39.

的指导下。根据美国相关教育社会学理论,学校是规范性与强制性兼而有之的组织。① 美国学校积极开展综合性的健康教育,努力实践其既可以在物理环境上限制学生的活动范围,有效保障学生的人身安全,又可以作为同龄人群集中的场所,实施具有针对性、强制性、预防性的医疗健康服务,提升学生的生命质量,维护社会公平的独特教育价值。

其次,美国的大量研究也支持学校推进健康教育促进的价值与作用。有研究表明,个体的受教育程度与寿命和生命质量呈正相关。例如,每增加一年学校教育,可以降低女性自述不良健康状况比例的 7.1% 及男性的 3.1%。② 在美国,学校能做的绝不仅止于为学生未来的学业成就打下基础,通过在学校开展健康促进项目,提高学生的沟通能力、认知能力等,可持续有效减少吸烟率、营养不良率、过早性行为和怀孕率等。

最后,美国学校健康教育强调整体系统性功能的形成。有研究表明,教职工健康促进项目可以提高员工士气,减少旷工率,增加幸福感,改善个人健康态度和课堂教学质量。③ 因此,美国学校健康教育注重学校整体环境的建设,努力通过改善教职工健康状况,为青少年树立积极向上的健康榜样,同时营造良好校园健康氛围,形成改善儿童青少年学习和生活环境、提高学生的身体健康水平的健康促进共同体。

第四节　当代美国学校健康教育治理面临的问题

学校健康教育与健康促进的开展,并非会一直如理想的预期状态一般得到社会各界的广泛拥护与支持,有时候也会由于社会舆论、资金问题、社会公平问题等受到阻碍。健康促进与健康教育都具有长效性与隐效性的特点,短期回报率低。因此,如何不只依赖国家福利,而是发挥家庭、企业、社区的多方联合效应,是美国学校健康教育发展亟待研究的问题。

---

① 吴康宁. 教育社会学[M]. 北京:人民教育出版社,1998:254.

② Brunello G, Fort M, Schneeweis N, et al. (2016). The Causal Effect of Education on Health: What is the Role of Health Behaviors?. *Health Economics*, (3):314-336.

③ Belcastro P A, Gold R S. (1983). Teacher Stress and Burnout: Implications for School Health Personnel. *Journal of School Health*, (7):404-407.

一、保障健康公平与健康公正

平等,不等于平均。根据印度卡纳克邦的个案研究发现,不合理的教育与健康补贴使富裕的人群获利,却无法惠及女性、偏远地区的人民,以及健康和教育水平较低的人群。[①] 此种情况,在美国也同样存在。随着社会观念的不断革新与发展,单亲家庭与非婚生子女不断增加、种族与阶级歧视、过度贫富不均、社会与生活环境、健康知识水平与生活态度等原因,造成美国健康不公平日益严重,继而引发一系列的社会问题,令大众对于健康公平的诉求也愈发强烈。[②]

尽管学校健康教育与健康促进作为一种补偿性手段,对于促进人口健康,改善差异起到了促进作用。但事实上其对于真正弱势人群的帮扶有限,尤其在于无法惠及辍学的适龄儿童青少年,以及因早孕问题等依靠社会福利保障收入在家看护孩子的未婚女性。而这部分女性的健康生活质量将直接影响下一代的健康收益与学业成就等,她们无法得到帮助就无法改变代际间贫困、疾病、低受教育水平等不良因素的传递,达到学校健康促进的最终目的。这些问题,是美国简单地通过健康教育与学校健康促进无法回避与最终未能得到解决的问题。

二、平衡健康投资与收益关系

学校健康教育,具有隐效性和长效性的特点。出于经济发展的考虑,从短期来看,投资医疗卫生的收益大于教育,但综合过去和当下的研究,不难看出,通过投资教育而改善人口寿命及生命质量的手段更为有效。然而,学校健康教育项目的特殊性,以及教育与健康之间关系的复杂性,使得成本收益分析与成本效果分析在决策过程中虽然都很有用,但是在教育干预措施的健康影响方面,它们所能提供的信息却十分有限。[③] 一旦学校健康服务占用了有限的资源,在教育与医疗健康之间就难以做出选择。目前,美国学校健康教育的主要资金来源分别为医疗补助、校方健康保险及学校健康中心的支持,承包服务的

---

① 杜方冬,王瑞珂.美国卫生公平社会决定因素分析与对策[J].中国卫生政策研究,2012,5(12):34 - 39.

② 吴康宁.教育社会学[M].北京:人民教育出版社,1998:254.

③ 徐以骅.林登·约翰逊"伟大社会"述评[J].世界历史,1986(3):23 - 32.

非营利性中介以及其他资助策略。以上资助来源多为短暂的专项拨款且相互分离,而学校健康服务需要的是具有一致性的、充足的与持续性的资金作为基础。

三、发展可持续的健康学校

以综合性学校健康促进计划(CSHP)为代表的美国学校健康促进创新项目,很好地体现了健康实现需要学校的整体系统集成,包括健康教育、体育锻炼、健康服务、营养服务、心理咨询和社会服务、学校健康环境、教职工的健康促进以及家庭和社区参与等8项要素形成体系。如何更有效地推进美国学校健康促进效果?学校在学校文化、校长管理者的能力、教师素质、课程设计及学生自身的认知能力等方面,依然是需要努力改进的。其中,学校校长对于学校健康促进项目的实施和可持续发展至关重要。有研究指出,小学的校长通常缺乏行政支持,学校管理团队规模较小,教学职责众多,与学生和教师的关系更为紧密,使他们更容易受到人际和行政问题的影响。[①]

四、培育和谐的健康教育氛围

在美国,围绕学校健康教育发展也曾有过不少争议。1906年,为学生提供扁桃体和腺样体切除手术的医生遭到"校园医生在做手术时如同犹太人的大屠杀前奏一般"的谣言困扰,起因是从事同样工作的医生憎恨提供免费医疗的校园医生。1915年,纽约教育委员会出台了所有入学儿童必须裸体接受体检的规范,却遭到部分人的抵制,认为儿童裸体接受强制体检是不道德的,侵犯其人身自由,并违背自由政府原则。

除受传统观念的影响外,媒体带来的压力也不容小觑。以20世纪初美国纽约的午餐计划为例,被媒体评价为对儿童的关注"过度敏感",认为有利益相关群体从中牟利,并以此为目的而争夺午餐特许经营权。《纽约时报》还认为,这种"一切免费"的政策会使美国倾向于社会主义。不仅如此,学校卫生健康工作人员的专业性也屡遭质疑,社会大众对此信心不高。同时,尽管对于教育与

---

① Dadaczynski K, Paulus P. (2015). Healthy Principals-Healthy Schools? A Neglected Perspective to School Health Promotion. In: Simovska V, Mannix McNamara P. (Eds.). *Schools for Health and Sustainability*. Dordrecht: Springer, pp.253-273.

健康二者之间的关系可以通过数据分析加以论证,但仍有一些研究者质疑教育是否真的能够改善健康状况,且受实用主义影响,利益相关者过度关注学校健康促进项目带来的现实性而非长久性收益,这些都直接或间接影响着美国学校健康教育的持续与系统性开展。

第七章

西班牙"学校健康与健康生活方式战略计划"

西班牙教育文化和体育部于 2017 年颁布了"学校健康与健康生活方式战略计划"(Plan estratégico de salud escolar y estilos de vida saludable),该计划旨在通过综合性的学校健康教育,为学校所有成员提供充分培训,帮助他们从身体、心理、社会及环境四个方面培养健康的生活方式。该计划以教育部与卫生部等跨部门的合作为基本原则,以培养健康师资为首要目标,从州、自治市、地方三个层级的教育中心出发,根据不同层级的具体需求采取相应的措施与监测评估,从而实现西班牙整个教育系统的深刻变革。

西班牙"学校健康与健康生活方式战略计划"的出台,旨在建立一个综合性的学校健康教育体系,为学生的健康成长和未来生活奠定坚实的基础,体现了社会对加强健康教育的共识,凸显了政府对学生健康的高度重视。中国现有学校健康促进计划项目尚未成熟,学习西班牙学校健康教育相关的项目与计划,将为我国学校健康促进提供现实启示。

第一节 "学校健康与健康生活方式战略计划"的背景

一个国家的教育制度往往会受其政治、经济制度及社会历史文化背景的制约。西班牙自弗朗哥政权之后,进入一个现代化的民主与法治时代。其 1978 年宪法所确立的自由、公正、平等、和平共处等价值观念深刻地影响着西班牙的教育制度。与此同时,健康权和受教育权作为基本的人权受到宪法保障。

2009 年,西班牙教育部和卫生部联合出版了《学校健康状况指南》,提出了"学校健康与健康生活方式战略计划"的诸多主要概念框架。为了将这种综合全面的学校健康促进模式在全国推广,西班牙教育部部长于 2017 年 3 月 30 日在马德里举行的部长会议上发布了"学校健康与健康生活方式战略计划"(简称

"计划"),以便为学生、教师和家庭提供相关健康信息和培训,使他们能够在身体、心理、社会和环境等不同方面养成健康的生活习惯。

一、学校健康促进在国际范围的广泛倡导与推广

就教育系统而言,学校与家庭共同在塑造儿童、青少年的价值观及社会行为方面发挥着关键性的作用。[1] 自发行为并不能确保人们达到最佳健康状态,儿童和青少年时期是适应新生活模式的最佳时机。大量研究表明,健康导向行为与教育成果之间存在着密切的关系,健康状况不佳妨碍学习,健康教育是学校必不可少的要素。[2] 学校健康教育被视为一种包含各种知识、信念、态度、价值观、技巧和能力的学习与教导,针对个别特定主题的沟通过程。但单纯的学校健康教育存在一定的局限性,学生的健康成长仅仅依靠学校的健康教育课程是不够的,还必须为学校在创造健康环境和获取社区支持方面提供更广泛的社会支持。与此同时,为了尝试改变学校健康教育单一的局面,世界卫生组织(WHO)、联合国教科文组织(UNESCO)、儿童基金会(UNICEF)、欧洲委员会(EC)等机构都建议将《渥太华宪章》中提出的健康促进的思维模式和工作方法引入学校健康教育之中,并在一些国家和地区开始了创建健康促进学校试点的工作。

学校健康促进,被定义为任何有助于改善和保障学校成员健康的举措,是一种比健康教育更为宽泛的概念,包括以下相关的各种配套和活动:学校健康政策、学校物质与社交环境、课程、社区联系及健康服务。与此同时,上述机构一致认为,学校健康促进是青少年长期健康生活方式养成的最有效途径,而无关其社会阶层、性别或父母所达到的教育水平的差异。[3] 为此,包括西班牙在内的许多国家,积极推进学校健康促进模式,强调通过学校、家长和学校所属社区内所有成员的共同努力,为学生提供完整的、积极的经验和知识结构,包括设置正式和非正式的健康教育课程、创造安全健康的学习环境、提供有针对性的

---

[1] Cala V C., Soriano-Ayala E, González A J. (2016). Adolescents Perceptions of Health Education in Secondary Schools: The Need for a Dialectical, Practical and Transcultural Proposal. *Practice & Theory in Systems of Education*, (1):27 – 35.

[2] Ince Whitman C, Aldinger C. (2009). *Case Studies in Global School Health Promotion*. New York: Springer, p.XVII.

[3] Young I. (2005). Health Promotion in Schools—A Historical Perspective. *Promotion & Education*, (3 – 4):112.

健康服务、增加家庭和社区参与、促进师生共同健康等。[1]

二、欧洲健康促进学校网络的影响

欧洲共同体、欧洲委员会和世界卫生组织欧洲地区办事处 3 个国际机构经过协商，于 1992 年建立了欧洲健康促进学校网络（European Network of Health Promoting Schools，简称 ENHPS）。[2] 该网络旨在支持并组织专业人员开发和维护所有欧洲国家的健康促进学校，且被公认为是目前最先进的学校健康促进计划之一。申请加入欧洲健康促进学校网络的国家，必须对达成健康促进学校作出承诺，并支持开展高层次的教育部门和卫生部门的健康合作。ENHPS 的要求包括：①在学校生活的各个方面及所在社区关系的大背景中展开健康教育，而不仅仅将健康教育局限在课堂活动中；②建立一个包括身体、心理、社会和环境等方面相互作用的综合性健康模型；③认识到态度、信念、价值观对学生健康的影响，培养学生的健康技能，鼓励学生成为积极的健康代理人；④明确健康改善技能及实施策略；⑤帮助学生建立健康积极的自身形象，提高自我控制能力；⑥认识到自然环境和社会环境对所有学校成员健康的重要性；⑦鼓励教师参与健康促进项目，使其认识到成人陪同孩子玩耍中发挥的健康榜样作用；⑧将学生的父母视为学校促进健康不可或缺的支持者；⑨开发学校健康促进项目，并帮助学生更有效地利用医疗和教育资源。有充分的证据表明，按照 ENHPS 的标准和要求，将学校纳入健康促进学校网络对改善学生健康具有积极影响。[3]

欧洲健康促进学校网络将健康促进学校定义为"关心其所有成员健康的人类社区（包括学生、教师、非教学人员以及与学校社区有关的所有人），而不仅仅作为生产教育的有效系统"。[4] 该网络成立至今已有 45 个成员国，每个成员国有一名国家协调员且每年至少开会一次以交流经验与讨论相关健康问题。西班牙自 1993 年开始与 ENHPS 相链接，目前有两类自主参与网络的方式：一类

① Young I. (2009). Creating the Document' Promoting Health in Schools: from Evidence to Action. *Global Health Promotion*, (4):69.

② 余昭，徐水洋. 欧洲健康促进学校网络[J]. 中国健康教育, 2000(1):45-46.

③ Garcíavázquez J. (2014). Effects of the School for Health Network on Students' Behaviour in Asturias (Spain). *Health Promotion International*, (2):271.

④ Young I. (2005). Health Promotion in Schools—A Historical Perspective. *Promotion & Education*, (3-4):112.

是在一些地区如阿拉贡、加那利群岛、坎塔布里亚和埃斯特雷马杜拉,建立自己的健康促进学校网络;另一类是直接加入 ENHPS,如阿斯图里亚斯、瓦伦西亚和纳瓦。结果显示,在西班牙目前有 400～450 所健康促进学校成为该网络的一部分,最活跃的地区是阿拉贡、加那利、坎塔布里亚和纳瓦拉。[①]

三、西班牙学龄儿童健康行为研究提供的健康信息

学龄儿童健康行为研究,是由世界卫生组织发起展开的一项国际研究。该研究始于 1982 年,由芬兰、挪威和英国三国首倡,到目前为止参与的国家包括欧洲、北美洲和亚洲的 45 个国家,通过四年一次的统一国际标准问卷收集数据,获得青少年生活方式的全球视野并制定促进这一特定人群健康的指导方针。该研究的国际准则规定,每个参与国家以 11 岁、13 岁、15 岁学龄儿童为对象开展相关问卷调查,涉及的健康领域包括家庭关系、同伴关系、学校环境、社会与心理调整、社会经济条件、食物与饮食、口腔卫生、睡眠时间、身体活动与久坐不动行为、药物使用、暴力与伤害等主题板块。[②]

自 2002 年以来,西班牙公共卫生总局与塞维利亚大学签署了连续合作协议,对本国青少年的健康行为和生活方式进行了多年的跟进。结果显示,西班牙青少年存在很多健康隐患。例如,很多青少年学生存在体重超标状况、青少年群体周平均睡眠时间少、烟草消费年龄提前且呈上升趋势、购买力低的家庭中青少年有较高的精神不适比例等。西班牙教育文化和体育部对 2002、2006、2010、2014 版本的学龄儿童健康行为数据进行了比较分析,结果表明,西班牙亟须更新当前教育背景下的学校健康促进方针,以制订符合西班牙国情的学校健康与健康生活方式战略计划。

四、西班牙学校健康教育的发展现状与挑战

尽管在不同的自治区其发展程度可能存在较大差异,但总体而言,西班牙学校健康教育取得了长足的进步。目前,在西班牙的 17 个自治区和 2 个自治市中,除阿拉贡、巴利阿里群岛和梅利利亚以外,其余地区都建立了健康教育促

[①] Gavidia C V. (2003). Health Education in the Spanish School Manuals. *Revista Española De Salud Pública*, (2):275-285.

[②] 顾彬彬,黄向阳. 校园欺凌的真相:基于学龄儿童健康行为国际调查报告的分析[J]. 教育发展研究,2017,37(20):23-30.

进协调机构，并制定了健康协调合作协议，例如：阿斯图里亚斯教育部与卫生服务部之间的合作协议、安达卢西亚的联合战略、加那利群岛和加利西亚的理事会、埃斯特雷马杜拉的联络委员会、瓦伦西亚的混合学校委员会等。[①] 大多数地区都获得了财政补贴，其中加那利群岛的补贴来源是欧洲健康促进学校网络的健康改善项目预算，加泰罗尼亚的补贴来源是教育公共竞赛创新项目。除梅利利亚以外，每个地区都有自己的健康培训项目。例如：安达卢西亚开展了针对某些特定领域的健康干预、阿斯图里亚斯建立了专门负责培训的健康委员会网络、巴利阿里群岛实施了特定的教师培训计划。除梅利利亚、阿拉里奥、巴斯克巴利阿里群岛，其他 15 个地区都不同程度地建立或者纳入了健康促进学校网络，其中，加利西亚参与了健康促进学校网络的第一阶段，瓦伦西亚和穆尔西亚的网络属于西班牙国家学校健康促进网络的一部分。

然而，西班牙学校健康教育也面临着各种各样的障碍和挑战。教育政策决定着教育部门工作的核心与优先级，西班牙教育相关法令未明确提出学校健康促进议题，因而各部门缺乏明确的共同工作框架。教育界缺乏参与健康教育的动力，大多数教师不承认教育者对健康的重要作用，也不愿承担健康教育的额外工作。此外，学校健康促进项目评估多为过程评估，且评估内容具有不平衡性；在评估支持性资源方面，某些地区存在具有针对性的评估指南，而一些地区只有专业人员本身或现有的协调基础设施是仅有的评估支持资源。

第二节 "学校健康与健康生活方式战略计划"的内容

一、"计划"的基本目标

"计划"旨在促进整个教育界在有利于健康的环境中养成健康的生活方式。它指出了在教育系统中应如何营造一个有利于健康和安全的学校环境，包括健康的学校政策、物质和社交环境、与个人健康技能实践获得相关的健康课程、社

---

① Suelves Joanxich J M, Puigdollers Muns E, Martínez Higueras I M, et al. (2009). Informe: *diagnóstico de situación sobre avances conseguidos, necesidades y retos en promoción y educación para la salud en la escuela en España.*

区联系及健康服务等。

为实现上述总目标,"计划"提出了三大基本目标:①建立有利于教育界整体健康的教育模式;②为教育界所有成员提供充分培训;③从身体、心理、社会及环境四个角度促进健康生活方式的养成。具体涵盖以下基础健康促进领域:食物和饮食;体育活动和减少久坐行为;健康生活方式和避免药物滥用、预防依赖性;情感性教育;学校背景和家庭背景;业余时间和平等;学校共存;社会情感教育;心理健康;可持续的环境;安全和风险预防等。"计划"还包括两个附件,一个提供现行法规中开发的学校健康课程;另一个提供学校健康相关信息和教育资源,以帮助更多人深化兴趣主题。

二、"计划"的行动方针及措施

"计划"从州、自治市、地方教育中心三个层级出发,提出五项行动方针,根据不同层级的行动方针和具体实施目标而采取相应的措施并对其进行监测评估。行动措施是为实现目标而定,并渗透在具体健康促进行动之中,而一系列的健康行动又伴随着相关的监测评估指标。该计划的五项行动方针和具体措施如下。

(一)设计健康教育策略,激励整个教育界的广泛参与

该行动方针包含两个方面的实施目标。一方面,鼓励整个教育界和地方资源参与学校健康教育。根据专家建议,设计国家级的优质健康教育课程;增加教职工作为健康代理人的健康知识,发挥对学生的模范作用;赋予教师健康促进、健康教育的权利,并鼓励他们与教育系统其他成员进行合作;鼓励学生参与学校健康项目,培养他们积极参与活动的能力;加强家庭与学校在健康方面的合作,为家庭和学校制订健康参与沟通计划,并在学校宣传;在学校举办健康讲习班,鼓励家庭参与,增加家庭健康知识与技能;帮助家庭转变为积极的健康代理人,发挥父母的模范作用;鼓励教育系统与议会、卫生中心及社区合作;积极参与网络平台开发;积极参与地方媒体活动;提供针对健康问题学生(如食物过敏、糖尿病等)的护理策略。另一方面,在关键纲领性文件中整合健康教育,具体措施包括:将教育系统中心项目要素纳入学校环境中,预防性地解决医疗保健问题;将健康问题融入教育系统的年度总体规划;在不同学科课程中整合健康教育课程及教学;将健康促进教育纳入行动教材,包括价值观转变、社交技能促进活动等;改善健康生活方式促进的时间和空间组织,优先考虑那些将健康

促进教育融入生活的行动。

（二）加强部门合作，促进教育领域健康生活方式养成

该行动方针包含三个实施的目标。首先，建立主管部门间的合作机制，具体措施包括：深化国家总局不同部门之间的合作，特别是教育文化和体育部与社会卫生保障部之间的合作；在不同主管部门之间制定共识文件；建立健康教育混合委员会；向教师传播健康知识，制定健康管理文件，建立健康教学资源平台；开发学校健康状况评估模型，提供教师培训信息。其次，制定国家健康促进学校网络协调策略，具体措施包括：将学校健康促进网络纳入 ENHPS；参加欧洲层面举行的年度大会；促进不同健康促进学校网络师生间的学习交流、制订区域合作计划；从不同层面为计划贡献创新举措。最后，通过为优秀健康项目授予"质量认证"，促进学校教育领域健康生活方式的养成。

（三）增加与 ENHPS 的联系，建立国家健康促进学校网络

该行动方针包含六项实施目标。①建立国家健康促进学校网络。制定国家支持中心、任命国家协调员、编制"国家学校健康促进网络"框架文件、注重西班牙国情与 ENHPS 文件的结合。②促进教育部门与自治社区的协调。主要是根据各地区特点及需求设计学校健康促进项目，传播有关国家学校健康促进网络信息，支持自治区网络与国家学校网络的黏合并提供持续的通信信息技术，加强各州教师和学生间的健康交流，鼓励教师参与学校健康促进中心项目，参与国家学校健康促进网络框架组织的网络规划及评估。③促进教育系统中的健康教育。主要采用国家及自治地方统一框架指南，设计符合各教育系统特点的学校健康促进项目，鼓励教师参与项目设计，传播学校的健康生活理念，明确评估教育界整体实施健康计划的目标、手段及标准等。④在学校健康促进网络中关注学生的身体健康。具体内容包括：在学校健康促进中增加身体活动和运动实践；使整个教育界内化健康的生活习惯；增加健康饮食知识；制定安全和预防基本准则。⑤在促进网络中培养学生健康的社会交往及情感。具体手段包括：实施影响整个教育社区福祉和健康情感的计划，培养他们的社交技能；从积极的角度改善社会福祉和学校健康氛围；使健康课程符合学生年龄、家庭和社会特点，并围绕拒绝有害物使用（如毒品、酒精、烟草）等议题来提高学生健康技能；采用民主的方法帮助学生在社会和个人健康问题上作出承诺；关注跨文化、公平、性别平等、情感教育等；鼓励课外健康休闲活动及团结共存的价值观。⑥关注健康促进学校的整体环境健康。具体措施包括：有意识地创造维护学校健康环境(如垃圾回收、节能、节水等);采用可持续的交通方式(如步行、自行车等),加强道路安全知识教育;增加可持续性商品消费,培养批判意识及培养团结、尊重人权等方面价值观。

(四)制订健康教师培训计划,培养健康协调员

该行动方针包含四个实施目标。第一,在教育领域设计健康促进策略,具体措施包括:建立教师培训中心、加强教师和卫生部资源之间的协调机制以确保健康方案适合学校需要;为初级保健团队或人员制定促进策略。第二,创建并发展国家健康促进学校网络,具体措施包括:开发一个框架文件,该文件需包含项目开发的必要步骤;创建州与地区福祉相关的特定培训线;制订教师培训计划周期及创建自主健康促进网络;在教师中培训健康协调员;保证健康促进学校的基础师资培训;鼓励发展西班牙健康大学网络。第三,推动健康领域的教师培训和资格认证,具体措施包括:将教师培训课程及函授硕士纳入健康促进和教育的核心课程;使健康相关科目(如医学、护理、社会工作、心理学、教育学和体育科学等)成为院系课表中的核心或选修科目;发布学校健康促进的研究生学费信息、大学院系级职业培训周期;在不同机构实习的官方培训课程中增加学校健康促进相关内容;加强教师间健康促进信息交流;提供公共管理部门的特定培训课程;开发充分认识教师为健康代理人的全新教师培训体系;为教师提供有关学校健康促进的优质资源,以便他们能够通过计划、项目、课程、研讨会、指南、手册、虚拟平台与感兴趣的机构进行合作并开发他们的课程;奖励教师良好的健康促进及教育行为。第四,协调教育领域的教师培训计划,具体措施包括:自主协调教育培训中心及战略计划衍生工具的培训;制订健康促进领域的培训计划。

(五)建立评估模型,监测健康促进行为的有效性

该方针包含两个实施目标:第一,促进健康生活方式行动研究,具体措施包括:州、自治市和地方协调委员会调查健康生活方式的成功经验;组织与健康行动领域相关的会议以促进学校健康经验交流;鼓励研究并创新健康教育经验;促进学校健康生活方式获得成就的研究。第二,协调评估计划发展及程度,具体措施包括:建立衡量健康生活方式的指标;设计恰当的评估工具以衡量计划在健康生活方式行动方面的有效性;建立公共行政部门评估模式;建立由国家协调员组成的评估委员会;审查并选择最恰当的指标来衡量健康的生活方式;审查现有程序,根据其有效性评估健康习惯获得;建立一个评估模型,以评估健康促进行为的有效性。

三、"计划"的评估方法

"计划"的评估,被认为是对信息的收集和系统分析,可以评估和监测"计划"的实施(包括初步诊断评估、过程评估和年度最终评估)情况,其目的是实现"计划"的目标、提醒"计划"所处的不良情况,以及评估健康促进行动的积极影响,它不仅关注"计划"执行的过程,还关注其设计和结果。

"计划"的评估方法,将基于所开展的行动以及制订"计划"时采用的协议。该程序必须考虑到所有工作人员,并要求在"计划"设计期间和"计划"结束时间编写监测报告。评估必须满足的功能包括:提供有关"计划"的信息和解读;帮助制订并拓展"计划";帮助制订与学校健康相关的教育政策;捍卫并支持与之相关的举措;帮助教育界更好地了解情况;基于资源分配决策进行修改、扩展、消除或复制"计划"的任何部分;展示该"计划"对教育界和整个社会的益处。学生健康生活方式获得程度将通过评估委员会进行,评估委员会将由以下成员组成:国家协调员,教育文化和体育部,卫生、社会事务与平等部的代表;自治协调员,由教育部或自治区卫生部的代表组成,他们将与国家协调员合作。

"计划"的评估程序将围绕三个层面建立。第一级:通过宏观调查,获取有关学生健康状况演变的数据以及"计划"所设目标的实现程度。评估指标的审查及对健康促进行动有效性的分析,将由教育文化和体育部和卫生、社会事务与平等部负责。第二级:"计划"执行情况评估将通过教育部与教育中心直接协调制定。该评估将根据卫生、社会事务与平等部及教育文化和体育部提出的评估指标,通过调查进行。第三级:将通过适用于教育系统的学生个性化调查,评估学龄儿童健康生活方式的获得程度。

第三节　"学校健康与健康生活方式战略计划"
###　　　　　的启示

"计划"具有综合性、长期性、全民参与、针对性、创新性和以预防为主等特点。西班牙政府致力于通过这一战略计划的实施提高学生的健康水平和生活质量,为学生的全面成长和发展提供有力支持。

一、建立保障制度，推进学校整体变革

尽管健康权受到宪法保护，但西班牙学校健康教育一直面临着在法律上不明确的问题。最新的西班牙教育法律 LOGSE(1990)、LOCE(2002)、LOE(2006)、LOMCE(2013)没有包含专门的学校健康专题或特定的健康课程设计。[1] 西班牙"计划"的发布，是以法律制度的形式贯穿学校健康促进的方方面面，使得西班牙学校健康教育的实施受到制度保障，从而更具有权威性和实用性。"计划"以制度来规范人们的行为，促使人们自觉有效地调节自身身心，养成健康的生活方式。与此同时，这种变革全面覆盖西班牙州、自治市和地方三个层级的教育行政部门，从身体、心理、社会及环境四个方面为教育界所有成员提供充分健康培训，具有改革的系统性与整体性。

在推进健康国家战略进程中，国家、政府制订的相关联合学校健康政策或跨部门协议，在推动学校健康促进持续发展中处于领导地位。就我国而言，自创建与推进学校健康促进以来，已取得令人瞩目的发展成就。但对于政府在其中的作用，笔者认为还需要强化政府在治理中的主导性地位，完善其在学校健康教育政策与制度体系中的基础性支持和领导角色，深化学校健康教育供给侧的改革，增加具有时代特征、地方特色的健康教育资源的多元供给，并积极向学校推荐使用，推动学校健康教育的全面发展。

二、加强机构协调，促进广泛合作

一直以来，西班牙教育部与卫生部之间在健康促进领域的合作很少，卫生部门主要是传统的疾病预防模式，学校所使用的方法是在教室中直接传播健康知识。[2] 然而，为实现"计划"所制定的目标，西班牙通过中央政府、教育部和自治区卫生部、市政当局、地方实体、基金会、协会、联合会及其他有关机构的合作来发展教育领域健康促进相关的所有计划、方案和资源。鉴于中央政府内部采取的健康促进举措和行动多种多样，需加强所有代理人之间的协调、合作，如教育文化和体

---

[1] Cala V C, Soriano-Ayala E, González A J. (2016). Adolescents Perceptions of Health Education in Secondary Schools: The Need for a Dialectical, Practical and Transcultural Proposal. *Practice & Theory in Systems of Education*, (1):27 – 35.

[2] Pedrero-García E. (2017). *Health Education in the Spanish Education System*. SHS Web of Conferences, 37(01066):1 – 6.

育部、卫生、社会事务与平等部的不同秘书处、农业食品和环境部、内政部、自治区、休达和梅利利亚省办事处、私营部门、非政府组织、基金会和其他机构的相应理事会。为实施"计划",教育、文化与体育部建立了一个由所有机构组成的多学科专家小组。

放眼未来,我国促进学校健康教育的发展方法可以采取广泛的措施,鼓励校外代理人(包括家庭、卫生系统和其他社区等)的参与与合作。通过加强学校与家庭成员之间的合作,使家庭成为对健康起积极作用的场所;通过学校教职工之间的合作,增强他们在学校健康促进中的主导作用,并为他们提供充分的培训;通过设计适应儿童发展阶段的健康促进活动,增强学生的兴趣,采用积极的方法,鼓励学生广泛参与;将课堂作为实验室,传授学生工作技能,提高学生的能力,赋予其权利而不仅仅是向其传递信息,并将应用成功的经验,在日常生活中推广;与地方政府或其他社会服务部门合作,增加与社会的信息交流,协调不同地区、不同学校、不同年级、不同发展阶段的学生获取健康知识,创造一个支持学校健康促进的社会大环境。

三、加强国际交流,建立国家健康促进学校网络

健康促进学校网络,是目前最先进的国际学校健康促进计划之一,其倡导的包容多样性、自由、民主、人人平等享有健康权的价值观,符合西班牙的宪法精神。西班牙自 1993 年起,与欧洲健康促进学校网络(ENHPS)相联系,目前已有 400~450 所健康促进学校成为该网络的一部分。西班牙根据 ENHPS 精神及每个自治区或教育中心的需求、特点,建立国家健康促进学校网络,设计健康促进学校项目,并注重与网络中其他国家教师、学生的交流合作。

我国自 1995 年开始展开健康促进学校试点工作。结果显示,健康促进学校的创建推动了学校各方面的工作。目前,我国大多数省份都创建了健康促进学校。但是,我国健康促进学校发展过程中还存在"健康第一"理念无法被学校完全理解、学校健康物质环境不达标、青少年疾病预防不到位、当前健康促进学校的评价体系不能适应我国不同地区推广需要等诸多问题。为了使学校健康促进工作能在我国持续深入开展,必须结合我国具体情况和特点,在遵循世界卫生组织健康促进学校原则的基础上,努力创造我国健康促进学校经验。譬如,鼓励学校与教师、卫生工作人员、地方领导进行广泛讨论,制定自己的规章及学校奖励制度;建立国家健康促进学校网络以交换学校健康教育的信息、经验与资源。

四、强调教师培训,培养健康促进大师

早期,西班牙教育系统对学校健康促进的研究不足,且有研究表明教师在学校健康促进方面的作用低于卫生机构,教师未受到必要的健康培训。[①] 而"计划"以健康师资培训为优先目标,开发健康师资培训课程,制订教师健康培训计划,保证健康促进学校的基本教师培训并在教师中培养健康促进员,从而为西班牙学校健康促进的发展提供充足的师资保障。

需要指出的是,我国在学校健康促进师资培训及相关课程开发上,依然存在着很多不足。目前,很多中小学校教师缺乏健康教育所需的专业技能,即实现健康教育任务所必需的知识、技能、态度、价值观和信仰。今后,我国需在学校健康教育教师、保健教师、校医等人员编制、职称晋升、工资待遇等方面落实国家相关政策并给予倾斜,组织专家开发教师健康教育课程,落实健康教育师资配备要求,加强对专兼职健康教育教师的培养培训,在广大教师中培养"健康促进大师"。

五、建立评估体系,监测健康促进项目

"计划"根据不同层次的具体需求和行动方针,采取相应的措施并对其监测评估。"计划"的评估体系是对信息的收集和系统分析,它不仅关注"计划"执行行动的过程,还关注其设计和结果,包括初步诊断评估、过程评估和年度最终评估三个阶段。通过评估和监测"计划"的实施,提醒"计划"所处的不良情况并评估健康促进行动的积极影响。

无论是西班牙、美国、还是前文提到的国际组织,其在参与学校健康教育治理实践中,都注重对健康促进工作的监测与评估。在推进健康中国战略的背景下,我国应结合国际先进经验和国内具体情况建立具体、有效的学校健康教育与健康促进评估体系,如制定衡量健康生活方式的指标、设计适当的评估工具、建立公共行政部门评估模式等可操作性强的评估措施。通过建立由国家协调员组成的学校健康促进评估委员会,在评估程序中考虑到所有工作人员,并要求将相关学校健康促进计划的初步诊断评估、过程评估和年度最终评估写入监测报告。

---

① Davä M C, Gil-Gonzä l D, Vives-Cases C, et al. (2008). Research on Health Education and Promotion in Spanish Nursery and Primary Schools. A Systematic Review of Studies Published between 1995 and 2005. *Gaceta Sanitaria*, (1):58-64.

下 篇

我国学校健康教育的现实问题与治理路径

》 本篇内容概要

在推进健康优先的健康中国战略进程中，必须看到当前我国学校健康教育发展的不平等与不平衡的现实。本篇将焦点指向我国学校健康教育现实，这是促进新时代我国学校健康教育治理体系与治理能力现代化的基本依据。本篇重点关注了贫困家庭儿童的健康教育状况，分析了我国高中生对目前学校健康服务的需求与支持表现，探讨了信息技术促进儿童青少年健康教育的进展，以及校园欺凌与校园道德健康环境构建等主题，从不同视角反映了当前我国学校健康教育发展的状况。

基于前面的理论分析、国际比较与现实调查，本篇提出健康中国战略下学校健康教育治理的实现路径。首先，要确立学生为本和公平可及的学校健康教育治理目标，努力保障每个学生公平享受健康教育的权益。其次，"将健康融入所有政策"的治理理念与政策价值，应体现在我国学校健康教育治理体系之中。一方面，学校健康教育应涵盖学校健康课程、学校健康服务、学校健康环境等多种内容及形式；另一方面，加强学校健康教育的协同治理，与政府和社会的医疗卫生、公共管理机构、家庭以及社区组织形成多元主体参与的治理体系。

》 本篇讨论的重点问题

● 贫困家庭儿童健康教育与学校健康教育支持
● 高中生学校健康服务需求与学校健康教育支持表现
● 信息技术促进青少年儿童健康教育发展的现状与存在的问题
● 中小学生校园欺凌现状与校园道德健康环境建设
● 健康中国战略下学校健康教育治理的实现路径

第八章

城市低收入家庭儿童健康与学校健康促进

儿童是家庭与民族的希望,其健康水平决定着国家未来的人口素质。受不同社会经济状况、性别与种族等相关因素的制约,儿童群体中存在着显著的健康差异与健康不公现象。城市低收入家庭儿童是城市贫困人群中的一类代表性群体,鉴于其较低家庭社会经济地位的窘迫处境,在他们的成长发展过程中面临着日益突出的健康威胁问题。学校是有效的健康教育与健康促进的重要场所。通过有针对性的学校健康促进计划或项目的教育介入与干预,学校健康教育将在塑造城市低收入家庭儿童健康理念,传递其健康知识技能,改善其健康态度与行为等方面发挥重要作用。

第一节　关注城市家庭儿童健康教育问题的背景

一、城市贫困儿童的健康生存状况引发国际关注

由联合国儿童基金会(UNICEF)发布的,以"城市化世界中的儿童"为主题的《2012 世界儿童状况报告》指出,全球目前有约一半的儿童生活在城市中,预计到 2050 年其规模将达到 66% 左右,而城市贫困儿童已经成为世界上最脆弱的群体之一。[①] 他们不但无法获取基本的社会服务,而且极易遭受来自暴力和剥削等危险因素的侵害。此外,居住在垃圾场或危险的铁轨旁还可能导致他们面临更严重的伤害、疾病和死亡风险。然而,他们的真实境况和需求往往被汇总数据所掩盖,这些数据大多显示城市儿童的生活状况优于农村儿童,从而掩

---

① 人民日报. 世界儿童生存现状及发展问题[EB/OL]. (2012 - 06 - 04)[2018 - 10 - 21]. http://www. age06.com/Age06.Web/Detail.aspx?InfoGuid=785ED402-218F-4F7B-8180-E20B3A1DCB46.

盖了城市中处于不同环境下儿童之间的差异,[①]如图8-1所示,在城市地区,家庭越贫穷,5岁以下儿童的死亡率就越高。

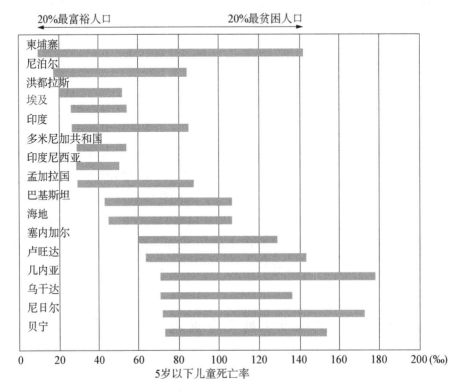

(注:条形块右端表示20%最贫困人口家庭的5岁以下儿童死亡率的平均值,左端表示20%最富裕人口家庭的5岁以下儿童死亡率的平均值)

图8-1　16国不同收入家庭5岁以下儿童死亡率(每1000名活产的比率)

(资料来源:世界卫生组织估计数和2005—2007年《人口统计与健康调查》)

当前社会正处于一个绝大多数儿童都生活在城镇化的时代,得益于城市高水平的医疗保健、教育和卫生设施,城市儿童的生存状况往往优于农村儿童。但城市的发展并不均衡,生活在城市边缘的数百万儿童无法获得充足的安全饮用水和公共卫生服务,日复一日地面临着各种挑战和权利缺失。从儿童健康状况分类数据中,我们可以清楚地看到,生活在城市贫困区域的儿童仍面临着巨

---

① UNICEF. (2012). *The State of the World's Children 2012: Children in an Urban World*. New York: UNICEF, 60(100):438.

大的健康风险,有些时候,此类风险甚至超过了农村地区儿童的平均水平。[①] 研究证实,在许多国家,城市贫困家庭 5 岁以下儿童死亡率以及身高体重状况甚至比农村贫困儿童更为糟糕。[②] 恶劣的公共卫生条件、通风设备的匮乏、过度拥挤以及自然光线不足是城市贫民家庭的常见问题,这些状况导致儿童极易染上慢性疾病。[③]

联合国儿童基金会(UNICEF)发布的《2012 世界儿童发展:城市化世界中的儿童》报告显示[④]:①与农村同龄人相比,城市儿童和青少年有更多机会接触到酒精和违禁药物。当缺少工作、无法开展体育运动、前往青年俱乐部娱乐时,他们就会将此作为一种减压方式,以消磨时间或者排遣沮丧情绪。②城市生活也会对儿童和青少年的心理健康产生负面影响,城市贫困地区的儿童遭受抑郁和焦虑的程度高于城市平均值。儿童研究专家认为,"被视作社会下层人加之于他们的耻辱"是造成其心理疾病的一个重要因素。③揭开被统计数据掩盖的城市面纱,与人们以往的认知不同,城市贫困地区已逐渐取代农村,成为儿童慢性病与营养不良问题的高发区,甚至有些问题增长的速度也高于农村,换而言之,城市中儿童营养不良的可能性更大。④来自城市贫困家庭与富裕家庭的儿童健康存在着极大的不平等现象,在一些发展中国家这种不平等性往往更加突出,如在印度、孟加拉国等 10 个国家城市最贫困的人口中 5 岁以下儿童发育迟缓率平均高出最富裕人口 20% 左右。⑤低收入城市社区的儿童健康还受到空气污染的严重影响,包括呼吸道感染、哮喘和铅中毒。每年,有近 200 万 5 岁以下儿童死于室内空气污染,其中近半数死于肺炎。

这些数据,充分说明了城市化进程中贫困儿童面临的严峻生存状况。儿童和青少年一向是社区中最脆弱的群体,他们总是遭受了更多的贫困和不平等造成的健康不利影响。但一直以来,各界未能对生活在城市贫困环境中的儿童给予充分关注,最贫困和脆弱的儿童常常被排除在发展进程之外,无法获得其应

---

① Hewett M P C. (2005). Urban Poverty and Health in Developing Countries: Household and Neighborhood Effects. *Demography*, 42(3):397-425.

② Hussey L K, Malczewski J. (2016). *Housing quality evaluation using Analytic Network Process: a case study in the Ashanti Region, Ghana*. African Geographical Review, 1-20.

③ UNICEF. (2012). *The State of the World's Children 2012. Children in an Urban World*. New York: UNICEF, 60(100):438.

④ UNICEF. (2012). *The State of the World's Children 2012. Children in an Urban World*. New York: UNICEF, (100):438.

有的权利。对城市中贫困儿童健康发展给予特别关注,保护儿童应有的生存发展权益,是当前国际社会亟须解决的问题。

二、我国城市低收入家庭儿童健康问题日益突出

儿童,是一类特殊群体。一方面,他们是最易遭受意外风险的人群,需要国家和成人的特殊保护;另一方面,儿童是一个国家和地区的未来,是家庭的希望,儿童健康状况决定着一个国家未来的人口质量,被视为衡量一个国家或地区居民健康状况与生活水平的重要的指标。

城市低收入家庭儿童属于城市贫困家庭儿童中的相对贫困群体,限于其低家庭社会经济地位的窘迫处境,在生活中更容易遭受生存与健康风险:一方面,城市低收入家庭儿童仅能满足基本的衣食住行,营养和健康则维持在较低水平;另一方面,由于经济上的贫困及家庭教养方式的粗暴,很多城市低收入家庭儿童的社会交往非常匮乏,问题行为突出,在成长过程中易出现自我价值感低、成就动机低、自尊心强、承受能力弱等心理健康问题。[①]

从以往研究可以看出我国城市低收入家庭儿童健康问题日益突出,而改善城市低收入家庭儿童健康状况,既有利于维护健康公平,也有利于提高我国未来劳动力的素质,进而从根本上打破中国的贫困代际传递,缩小贫富差距,维护社会稳定,促进经济发展。与此同时,《中国 21 世纪城市反贫困战略研究》指出儿童应成为贫困人口中最受关注的群体。因此,探索城市低收入家庭儿童现阶段健康状况如何,具有怎样的表现特征,背后有哪些深层次的影响因素具有重要的价值与现实意义。

三、学校健康教育干预对儿童健康具有重要作用

一直以来,学校通过为学生提供健康营养膳食和建立社会支持来改善学生出勤率和使来自弱势背景的年轻人受惠于教育。健康的青少年求学时期往往会取得更加优异的学业成绩,而良好的教育又会培养健康的下一代,虽然两者的因果关系有时非常复杂[②],但总的来看,良好的教育不仅从宏观上有利社会

---

① 陶传进,栾文敬. 我国城市贫困儿童的现状、问题及对策[J]. 北京行政学院学报,2011(3):103-106.

② Young I. (2009). Creating the Document' Promoting Health in Schools: From Evidence to Action. *Global Health Promotion*, (4):69.

经济的发展,同时也从微观上提升了人们管理生活的能力,从而帮助个人享有更理想的健康状态,即良好的教育能改善健康。

学校教育系统和家庭在塑造儿童青少年的价值观与社会行为方面发挥着关键作用。自发性行为并不能确保人们达成最佳健康状态,而儿童和青少年时期是个体适应新生活模式的最佳时机。健康教育是学校必不可少的要素,健康导向行为与教育成果之间存在着密切关系,健康状况不佳会妨碍学习行为。改善城市低收入家庭儿童健康状况,需要充分发挥学校场域内健康教育与支持对儿童健康的促进作用。因此,调查分析我国学校健康促进现状及强化对城市低收入家庭儿童健康的关注与有效干预,建立适合我国国情的面向城市低收入家庭儿童健康的学校健康促进体系或计划,具有紧迫的现实研究需要。

第二节　城市低收入家庭儿童健康发展的量化分析

城市低收入家庭儿童虽然拥有居民户口,但由于处于低收入阶层,家庭成长环境较一般城市家庭儿童而言较为窘迫与恶劣,其在成长发育过程中很容易产生身体、心理、社会交往等方面的健康问题。

本节将对城市低收入家庭儿童健康现状进行调查,并且通过数据对比,探究城市低收入家庭儿童与非低收入家庭儿童的健康差异(在下文中将非低收入家庭儿童统称为一般收入家庭儿童)及其健康特征。综合中国健康与营养调查(CHNS)样本数据情况及学界对低收入家庭的界定,这里使用 CHNS 中样本户家庭收入的平均值百分数表示贫困状况,并将 CHNS 中居民户人均收入位于平均收入 50% 以下的家庭界定为低收入家庭。

一、量化研究方法的设计与实施

(一) 研究目标

借助面板数据分析法,基于中国健康与营养调查(CHNS)数据,把握我国城市低收入家庭儿童健康现状及主要特征。

(二) 数据来源

20 世纪 90 年代,原中国预防医学科学院营养与食品卫生研究所与美国北卡罗来纳大学合作开展了大型开放式队列研究项目"中国健康与营养调查（CHNS）"，该项目针对同一人群分别于 1989 年、1991 年、1993 年、1997 年、2000 年、2004 年、2006 年、2009 年、2011 年、2015 年进行了十次追访调查，形成了对卫生服务、社会经济状况、居民膳食结构与营养状况等内容进行追踪调查的优质数据库。[①] 这项调查旨在探讨中国计划生育政策、经济转型对人口健康、营养状况的影响，不仅为相关研究人员提供了丰富的健康、膳食营养数据，同时也为政府政策制定提供了科学依据。

1989 年，中国健康与营养调查（CHNS）调查了 3 795 个家庭和 15 907 名个人，仅对学龄前儿童和 20～45 岁的成年人收集健康和营养数据。1991 年 CHNS 仅调查了属于原始样本数据的个人，共计 3 619 个家庭和 14 778 名个人。1993 年，居住在样本区的新家庭亦被添加到数据中。1997 年，居住在样本区域的新家庭与社区取代不再参与的家庭及社区，并增加了黑龙江省。2011 年，CHNS 新增了北京、重庆和上海。2015 年以来，中国低收入家庭合作伙伴中国疾病预防控制中心增加了陕西、云南和浙江。

该调查目前涉及中国 15 个省市，包括山东、河南、黑龙江、陕西、辽宁、江苏、浙江、湖北、湖南、贵州、广西、云南 12 省及北京、上海、重庆 3 个直辖市。由于这些省市在地理位置、经济发展、公共资源及健康指标方面差异较大，调查采用多阶段随机抽样的方法在每省市各抽取 4 个县的样本。每一年度调查覆盖了城乡约 4 400 个家庭 19 000 人，具体调查研究样本数如表 8-1 所示。

表 8-1　研究样本数量分布情况

调查年份	社区数量	家庭数量	个人数量
1989	180	3 795	15 907
1991	189	3 619	14 797
1993	181	3 456	13 895
1997	191	3 875	14 441
2000	215	4 396	15 831
2004	216	4 387	12 308

---

① The China Health and Nutrition Survey [EB/OL]. [2017 - 06 - 04]. https://www.cpc.unc.edu/projects/china.

续　表

调查年份	社区数量	家庭数量	个人数量
2006	218	4 467	11 860
2009	217	4 517	12 178
2011	289	5 923	15 725
2015	360	7 319	20 914

　　CHNS 以问卷的形式，对我国家庭各项情况进行了详细的调查。2004 年以来，包含个人活动、生活方式、健康状况、婚姻、出生信息、体型等信息的问卷被分为两类：一类是针对 18 岁及以上的成年人的调查问卷；另一类是针对 18 岁以下的儿童的调查问卷。其中，儿童问卷的内容包括：①家庭基本的人口学背景资料（如出生年月日、性别、父母的相关信息）；②父母工作情况（如主要职业、第二职业、工资、家庭畜牧养殖情况等）；③家务和儿童照料（包括家务时间分配、儿童看护地点及时长等）；④家庭烟、茶、水、咖啡、酒类和软饮料的消费情况（包括饮水习惯、吸烟史、茶及咖啡饮用史、饮酒史、软饮料及含糖果汁饮料的消费等）；⑤家庭活动偏好（包括喜爱的运动类型及时长等）；⑥卫生服务的使用情况（包括相关的医疗保险信息及就医情况）；⑦家庭成员健康状况（包括疾病史以及饮食失调症等）。在营养与体检数据方面，CHNS 收集了相关家庭三天的详细食品消费及每个家庭成员连续三天的个人膳食摄入量信息。成人和儿童接受包括身高、体重、三围、血压等项目在内的详细的身体检查。

　　从上述介绍可以看出，CHNS 数据收集了大量关于我国儿童饮食偏好、健康观念等方面的信息，可以为研究我国城市低收入家庭儿童健康状况与相关因素提供可靠样本。

（三）数据选择

　　本研究与 CHNS 的调查一致，选取 18 岁以下（0～17 岁）儿童为研究对象，以样本户家庭收入的平均值百分数表示贫困状况，同时将居民户人均收入位于平均收入 50% 以下的家庭作为本研究中的低收入家庭。通过数据处理，得出表 8-2 的儿童家庭背景变量的描述性统计结果。总样本数为 2 475，其中低收入家庭样本 963 个，占样本总数的 38.91%。

表8-2 儿童家庭背景变量描述性统计

变量	值	样本数	百分比(%)	变量	值	样本数	百分比(%)
儿童年龄(岁)	0	98	3.96	家庭收入	一般收入	1512	61.09
	1	95	3.84		低收入	963	38.91
	2	139	5.62	医疗保险	缺失	68	2.75
	3	131	5.29		没有购买	905	36.57
	4	132	5.33		购买	1502	60.69
	5	157	6.34	父亲是否在家中	缺失	28	1.13
	6	157	6.34		不在家中	412	16.65
	7	145	5.86		在家中	2035	82.22
	8	147	5.94	母亲是否在家中	缺失	28	1.13
	9	141	5.70		不在家中	254	10.26
	10	149	6.02		在家中	2193	88.61
	11	163	6.59	儿童受教育程度	没有上过学	492	19.88
	12	121	4.89		小学毕业	433	17.49
	13	116	4.69		初中毕业	389	15.72
	14	150	6.06		高中毕业	154	6.22
	15	133	5.37		中等技术学校	34	1.37
	16	141	5.70		大专或大学毕业	1	0.04
	17	160	6.46		不知道	972	39.27
儿童父亲的受教育程度	没上过学	82	3.31	儿童母亲的受教育程度	没上过学	120	4.85
	小学毕业	166	6.71		小学毕业	276	11.15
	初中毕业	717	28.97		初中毕业	763	30.83
	高中毕业	382	15.43		高中毕业	299	12.08
	中等技术学校	216	8.73		中等技术学校	254	10.26
	大专或大学毕业	333	13.45		大专或大学毕业	391	15.80
	硕士及以上	31	1.25		硕士及以上	12	0.48
	不知道	548	22.14		不知道	360	14.55

本研究从 CHNS 数据库中,提取出与城市不同收入家庭儿童健康状况相关数据,根据调查问卷筛选,得出表 8-3 所示的指标体系。考虑到数据的可用性,本书使用的是 CHNS2006 年、2009 年、2011 年以及 2015 年的数据。

表 8-3　儿童健康相关的指标体系

类别	问卷中编号	问卷问项	变量值
身体状况	HEIGHT	身高	
	WEIGHT	体重	
饮食观	U389	快餐(肯德基、比萨、汉堡包等)的喜欢程度	1. 很不喜欢;2. 不喜欢;3. 中立;4. 喜欢;5. 很喜欢;9. 不吃这种食物
	U390	咸的零食(薯条、炸土豆片、脆饼干等)的喜欢程度	同上
	U391	水果的喜欢程度	同上
	U392	蔬菜的喜欢程度	同上
	U393	软饮料及含糖的果汁饮料的喜欢程度	同上
运动观	U395	体育运动(乒乓球、羽毛球、网球、足球、篮球、排球等)的喜欢程度	1. 很不喜欢;2. 不喜欢;3. 中立;4. 喜欢;5. 很喜欢;9. 不参加这种活动
	U394	散步、太极的喜欢程度	同上
	U396	健身的喜欢程度	同上
健康自评	U48A	与其他同龄人相比,你认为你现在的健康状况怎么样?	1. 很好;2. 好;3. 中等;4. 差;5. 很差;9. 不知道
心理健康	U401	得到父母的表扬的重要性	1. 无所谓;2. 有时关心;3. 经常关心;4. 总是关心;9. 不知道
	U404	学校取的好成绩	同上
社会交往	U402	在受到朋友的喜欢的重要性	同上

将受教育程度与相关数据进行匹配,可得到儿童、儿童的父亲以及母亲的受教育程度。U390、U391 是根据 6 岁以下儿童父母等监护人的问询结果填写的。

二、城市低收入家庭儿童主要健康现状

(一) 身体健康现状

根据 CHNS 调查问卷的数据,我们得到了不同收入家庭儿童身高、体重数

据,利用公式身体质量数 BMI＝体重/身高的平方(单位 kg/m²),得到身体质量数。由此,得到我国城市不同收入家庭的儿童身高、体重以及身体质量数等数据(见表 8－4),之后将同一年龄的数据进行对比分析,得出相关结论。

表 8－4 我国城市不同收入家庭的儿童年龄身高体重对比

年龄	城市一般收入家庭儿童数	城市低收入家庭儿童数	身高(cm)		体重(kg)		身体质量数(kg/m²)	
			一般收入	低收入	一般收入	低收入	一般收入	低收入
0	31	16	66.95	64.24	8.46	7.42	18.43	17.36
1	35	22	79.92	78.60	11.93	10.51	18.65	17.00
2	49	34	88.81	87.18	13.99	13.26	17.84	17.72
3	49	27	99.15	95.01	16.10	15.09	16.50	16.88
4	43	24	106.43	99.60	18.38	18.67	16.30	19.43
5	47	36	111.84	110.58	18.83	18.44	15.03	14.94
6	44	43	118.89	117.05	23.18	24.27	16.30	18.98
7	54	33	120.11	121.43	23.76	23.62	16.53	16.11
8	54	38	129.64	126.43	28.27	28.28	16.72	17.68
9	53	37	134.65	132.75	30.05	27.82	16.45	15.67
10	50	42	141.41	136.31	37.51	31.49	18.66	16.85
11	52	53	148.01	144.88	41.84	36.56	19.00	17.34
12	45	37	154.89	151.09	44.62	41.99	18.48	18.16
13	37	34	157.07	152.81	49.38	41.20	19.84	17.57
14	59	38	160.27	155.39	49.55	43.45	19.18	17.98
15	44	39	165.23	163.06	55.16	48.73	20.10	18.30
16	52	39	165.08	161.13	52.77	52.81	19.36	20.23
17	65	50	167.76	165.03	56.04	57.26	19.80	20.88

将一般收入家庭儿童的平均身高与低收入家庭儿童的身高的差值通过图表呈现出来,具体结果如图 8－2 所示。

为了更加直观地分析不同收入家庭的儿童年龄身体质量数,将一般收入家庭儿童与低收入家庭儿童的平均身体质量数绘制在柱状图中,得到如图 8－3 所示的结果。

由表 8－4、图 8－2 与图 8－3 看出,低收入家庭儿童各年龄段平均身高(除 7 岁略高于一般收入儿童外)较一般收入家庭儿童而言低 2～3 cm,并且

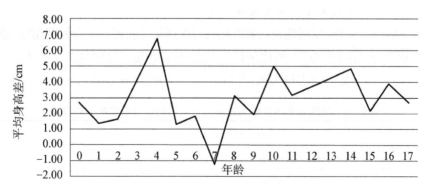

图 8-2　我国城市不同收入家庭儿童各年龄平均身高差距

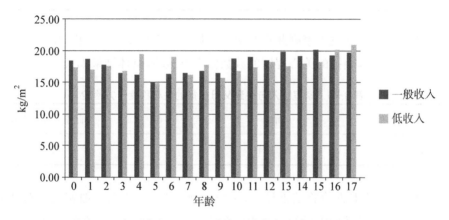

图 8-3　我国城市不同收入家庭儿童各年龄身体质量数比较

在 4 岁时,低收入家庭儿童身高比一般收入家庭儿童低接近 7 cm,差距巨大。低收入家庭儿童各年龄段平均体重(除 4 岁、6 岁、8 岁、17 岁轻微高于一般收入儿童)总体都低于一般家庭儿童,且 13 岁低于一般收入儿童约 8 kg。低收入家庭儿童的平均身体质量数与一般收入家庭差距不大,且基本都在正常指标范围内。

(二) 心理健康现状

结合 CHNS 调查问卷,研究者认为儿童对得到父母表扬的关心程度、对在学校取得好成绩的关心程度可以较好地反映出儿童性格、上进心等心理健康问题。

1. 儿童对得到父母表扬的关心程度

由表8-5分析，发现低收入家庭儿童对得到父母表扬的关心程度在"总是关心、经常关心、有时关心"上的比例比一般收入家庭儿童分别低3.7%、12.9%、4.8%，而对获得父母的表扬无所谓的比例则是一般收入家庭儿童的2倍多。

表8-5　我国城市不同收入家庭儿童对得到父母表扬的关心程度

家庭收入	得到父母的表扬的关心程度					总计
	无所谓	有时关心	经常关心	总是关心	不知道	
一般收入	15.5%	44.5%	25.6%	11.6%	2.8%	100.0%
低收入	38.4%	39.7%	12.7%	7.9%	1.4%	100.0%
总计	24.3%	42.7%	20.6%	10.2%	2.2%	100.0%

为了探究不同收入家庭儿童对父母表扬的关心程度的差异性，用不同收入家庭儿童对父母表扬的关心程度的频数做卡方检验，具体结果如表8-6所示。

表8-6　家庭收入与得到父母表扬的关心程度卡方检验

	值	df	渐进 Sig.（双侧）
Pearson 卡方	58.184	4	0.000

表8-6的卡方检验结果显示，$p=0.000<0.05$，表明一般家庭儿童和低收入家庭儿童对父母表扬的关心程度在95%的置信水平下存在显著性差异。

2. 儿童对在校获得好成绩的关心程度

由表8-7分析，低收入家庭儿童对在校获得好成绩的关心程度在"有时关心、经常关心"上的比例低于一般收入家庭儿童。但是，对成绩"总是关心、无所谓"的比例却高于一般收入家庭儿童。其中，对成绩"无所谓"的比例几乎是一般收入家庭儿童的4倍。

表8-7　我国城市不同收入家庭儿童对取得好成绩的关心程度

家庭收入	在学校取的好成绩的关心程度					总计
	无所谓	有时关心	经常关心	总是关心	不知道	
一般收入	8.0%	35.1%	32.9%	21.5%	2.6%	100.0%
低收入	31.5%	24.0%	19.5%	22.6%	2.4%	100.0%
总计	17.0%	30.8%	27.7%	21.9%	2.5%	100.0%

为了探究不同收入家庭儿童对取得好成绩的关心程度的差异性,用不同收入家庭儿童对取得好成绩的关心程度的频数做卡方检验,具体结果如表8-8所示。

表8-8　家庭收入与取得好成绩的关心程度卡方检验

	值	df	渐进 Sig.(双侧)
Pearson 卡方	77.232	4	0.000

表8-8的卡方检验结果显示,$p=0.000<0.05$,表明一般家庭儿童和低收入家庭儿童对取得好成绩的关心程度在95%的置信水平下存在显著性差异。

(三) 儿童社会适应性的现状

根据 Achenbach 的观点,儿童的社会适应情况模块包括社交情况等部分。结合 CHNS 的调查问卷,研究者认为儿童对"受到朋友的喜欢"的关心程度,能较准确地测量儿童社会适应的情况。

由表8-9的数据分析,城市低收入家庭儿童对获得朋友喜爱表现为"无所谓"的比例是一般收入家庭儿童的3倍多,对获得朋友喜爱关心程度为"有时、经常、总是"的比例则都低于一般收入家庭儿童,其中对获得朋友喜爱"无所谓"的比例也高于一般收入家庭儿童。总体上看,低收入家庭儿童中对受到朋友的喜欢,态度比较冷淡的,表明低收入家庭儿童可能不太喜欢交朋友,而一般收入家庭儿童中对受到朋友的喜欢,态度比较积极的,表明一般收入家庭儿童可能喜欢交朋友。

表8-9　我国城市不同收入家庭儿童对受到朋友喜欢的关心程度

家庭收入	受到朋友喜欢的关心程度					总计
	无所谓	有时关心	经常关心	总是关心	不知道	
一般收入	8.6%	31.2%	42.6%	14.6%	3.0%	100.0%
低收入	30.8%	28.4%	26.7%	11.0%	3.1%	100.0%
总计	17.2%	30.1%	36.5%	13.2%	3.0%	100.0%

为了探究不同收入家庭儿童对受到朋友喜欢的关心程度的差异性,用不同

收入家庭儿童对受到朋友喜欢的关心程度的频数做卡方检验,具体结果如表8-10所示。

表8-10　家庭收入与受到朋友的喜欢的关心程度卡方检验

	值	df	渐进 Sig.(双侧)
Pearson 卡方	66.234	4	0.000

表8-10的卡方检验结果显示,$p=0.000<0.05$,表明一般家庭儿童和低收入家庭儿童对受到朋友喜欢的关心程度在95%的置信水平下存在显著性差异。

(四) 儿童健康自评的现状

对 CHNS 中儿童健康自评数据进行分析得到表8-11所示的结果。

表8-11　我国城市不同收入家庭儿童健康状况自评情况

家庭收入情况	健康状况自评				总计
	很好	好	中等	差	
一般收入	24.2%	53.3%	22.0%	0.5%	100.0%
低收入	16.0%	49.1%	32.6%	2.3%	100.0%
总计	20.2%	51.3%	27.2%	1.4%	100.0%

由表8-11可看出,低收入家庭儿童自评健康为"很好、好、中等"的比例均高于一般收入家庭儿童,且自评健康为"差"的比例高于一般收入儿童。这与前文反映两组不同收入儿童群体生长发育及营养状况的身高、体重差几乎一致。

用不同收入家庭儿童健康自评结果的频数做卡方检验,结果显示,p 值=$0.031<0.05$,表明一般家庭儿童和低收入家庭儿童的健康自评在95%的置信水平下存在显著性差异。具体结果如表8-12所示。

表8-12　家庭收入与健康自评卡方检验

	值	df	渐进 Sig.(双侧)
Pearson 卡方	8.862	3	0.031

三、影响低收入家庭儿童健康现状的自身因素

（一）健康行为

为了探究不同收入家庭的儿童吸烟、饮酒健康危害行为习惯，以家庭收入为自变量，是否吸烟、是否喝酒为因变量，进行独立样本 t 检验，具体结果如表8-13所示。

表8-13　我国城市不同收入家庭儿童吸烟喝酒行为差异性检验

类别	分组	均值（Mean）	标准差（SD）	t 值	p 值
是否吸烟	一般收入	0.04	0.19	−5.47	0.00
	低收入	0.17	0.38		
是否喝酒	一般收入	0.09	0.29	−5.07	0.00
	低收入	0.24	0.43		

由表8-13可以看出，低收入家庭儿童吸烟的概率比一般收入家庭儿童高出13%，并且 p 值为0.00，小于0.05，差异显著。低收入家庭儿童喝酒的概率比一般收入家庭儿童高出15%，且 p 值为0.00，小于0.05，差异显著。

（二）饮食习惯

为了探究不同收入家庭的儿童饮食习惯差异性，以家庭收入为自变量，是否喝过软饮料以及喝软饮料的频率，吃麦当劳、肯德基的次数为因变量，进行独立样本 t 检验（见表8-14）。

表8-14　我国城市不同收入家庭的儿童饮食习惯差异性检验

类别	分组	均值（Mean）	t 值	p 值
是否喝过软饮料	一般收入	0.37	2.83	0.00
	低收入	0.31		
喝软饮料的频率	一般收入	1.05	−6.74	0.00
	低收入	1.03		
吃麦当劳、肯德基的次数	一般收入	4.41	7.78	0.00
	低收入	2.11		

由表8-14可以看出，一般收入家庭儿童喝饮料、吃麦当劳等的频率都高

于低收入家庭,考虑与经济条件有关。

(三) 运动习惯

以家庭收入为自变量,在校外是否参加体育活动、参加体育活动的次数以及每次运动的平均时间为因变量,进行独立样本 t 检验,具体结果如表 8-15 所示。

表 8-15　我国城市不同收入家庭儿童在校外运动情况差异性检验

类别	分组	均值(Mean)	标准差(SD)	t 值	p 值
是否参加体育活动	一般收入	0.49	0.50	0.42	0.68
	低收入	0.48	0.50		
参加体育活动的次数	一般收入	3.68	2.44	−1.73	0.08
	低收入	4.04	2.56		
每次运动的平均时间	一般收入	54.07	33.13	0.58	0.56
	低收入	52.50	33.06		

通过表 8-15 可以发现,一般收入家庭中有 49% 的儿童在校外参加体育活动,高于低收入家庭,但是 p 值为 0.68,大于 0.05,表明差异不显著;一般收入家庭的儿童在校外平均每周参加 3.68 次体育活动,低于低收入家庭的 4.04 次,但是 p 值为 0.08,大于 0.05,表明差异不显著;一般收入家庭的儿童在校外每次运动的平均时间为 54.07(min),高于低收入家庭的 52.50(min),但是 p 值为 0.56,大于 0.05,表明差异不显著。以家庭收入为自变量,以在学校期间是否参加体育活动、参加体育活动的次数以及每次运动的平均时间为因变量,进行独立样本 t 检验,具体结果如表 8-16 所示。

表 8-16　我国城市不同收入家庭儿童在校内运动情况差异性检验

类别	分组	均值(Mean)	标准差(SD)	t 值	p 值
是否参加体育活动	一般收入	0.87	0.34	−0.91	0.37
	低收入	0.88	0.32		
参加体育活动的次数	一般收入	7.55	9.97	1.97	0.05
	低收入	6.56	6.64		
每次运动的平均时间	一般收入	38.56	22.27	2.91	0.00
	低收入	34.63	21.67		

由表 8-16 的数据可知,一般收入家庭中有 87% 的儿童在学校期间参加体育活动,低于低收入家庭的 88%,并且 p 值为 0.37,大于 0.05,表明差异不显著;一般收入家庭的儿童在学校期间平均每周参加 7.55 次体育活动,高于低收入家庭的 6.56 次,并且 p 值为 0.05,等于 0.05,表明差异显著;一般收入家庭的儿童在学校期间每次运动的平均时间为 38.56(min),高于低收入家庭的 34.63(min),并且 p 值为 0.00,小于 0.05,表明差异显著。

综上分析,低收入家庭儿童与一般收入家庭儿童校外锻炼情况不存在差异。但是,城市低收入家庭儿童的学校体育活动次数与平均时间低于一般收入家庭儿童,且差异显著。

(四) 健康观念

1. 饮食观念

根据 CHNS 的调查问卷,儿童对快餐的喜欢程度,对咸零食、水果、蔬菜、软饮料的喜欢程度等几项能较好地测量儿童的饮食观。

由表 8-17 可以看出,低收入家庭儿童不吃快餐的比例、与不喜欢吃快餐的比例都高于一般收入家庭儿童。为了探究不同收入家庭儿童对快餐的喜欢程度的差异性,用不同收入家庭儿童对快餐的喜欢程度的频数做卡方检验,具体结果如表 8-18 所示。

表 8-17　我国城市不同收入家庭儿童对快餐的喜欢程度

家庭收入	快餐的喜欢程度						总计
	很不喜欢	不喜欢	中立	喜欢	很喜欢	不吃这种食物	
一般收入	4.7%	18.9%	18.5%	38.7%	16.6%	2.6%	100.0%
低收入	4.1%	24.0%	15.9%	28.7%	17.2%	10.1%	100.0%
总计	4.4%	20.9%	17.5%	34.9%	16.8%	5.5%	100.0%

表 8-18　家庭收入与快餐的喜欢程度卡方检验

	值	df	渐进 Sig.(双侧)
Pearson 卡方	27.401	5	0.000

表 8-18 的卡方检验结果显示,p 值=0.000<0.05,表明一般家庭儿童和

低收入家庭儿童对快餐的喜欢程度在95％的置信水平下存在显著性差异。

由表8-19分析,低收入家庭儿童对咸零食"很喜欢"的比例高于一般收入家庭儿童8.8％,且"很不喜欢"的比例低于一般收入家庭儿童,总体对咸零食更加喜欢。

表8-19　我国城市不同收入家庭儿童对咸零食的喜欢程度

家庭收入	对咸零食的喜欢程度						总计
	很不喜欢	不喜欢	中立	喜欢	很喜欢	不吃这种食物	
一般收入	1.1％	9.8％	24.7％	48.9％	15.1％	0.4％	100.0％
低收入	0.3％	9.5％	22.3％	43.2％	24.3％	0.3％	100.0％
总计	0.8％	9.7％	23.8％	46.7％	18.7％	0.4％	100.0％

为了探究不同收入家庭儿童对咸零食的喜欢程度的差异性,用不同收入家庭儿童对咸零食的喜欢程度频数做卡方检验,具体结果如表8-20所示。

表8-20　家庭收入与咸零食的喜欢程度卡方检验

	值	df	渐进 Sig.（双侧）
Pearson 卡方	11.238	5	0.047

表8-20的卡方检验结果显示,$p=0.047<0.05$,表明一般家庭儿童和低收入家庭儿童对咸零食的喜欢程度在95％的置信水平下存在显著性差异。

由表8-21分析,低收入家庭儿童喜欢吃水果的比例低于一般收入家庭儿童。为了探究不同收入家庭儿童对水果的喜欢程度的差异性,用不同收入家庭儿童对水果的喜欢程度频数做卡方检验,具体结果如表8-22所示。

表8-21　我国城市不同收入家庭儿童对水果的喜欢程度

家庭收入	对水果的喜欢程度						总计
	很不喜欢	不喜欢	中立	喜欢	很喜欢	不吃这种食物	
一般收入	0.4％	4.9％	13.0％	54.3％	27.2％	0.2％	100.0％

续　表

家庭收入	对水果的喜欢程度						总计
	很不喜欢	不喜欢	中立	喜欢	很喜欢	不吃这种食物	
低收入	0.3%	3.7%	7.1%	48.3%	40.2%	0.3%	100.0%
总计	0.4%	4.4%	10.7%	52.0%	32.2%	0.3%	100.0%

表8-22　家庭收入与水果的喜欢程度卡方检验

	值	df	渐进 Sig.（双侧）
Pearson 卡方	17.294	5	0.004

表 8-22 的卡方检验结果显示，$p=0.004<0.05$，表明一般家庭儿童和低收入家庭儿童对水果的喜欢程度在 95% 的置信水平下存在显著性差异。

由表 8-23 可以看到，低收入家庭儿童不吃蔬菜的比例更高，且对蔬菜喜欢的比例低于一般收入家庭儿童。

表8-23　我国城市不同收入家庭儿童对蔬菜的喜欢程度

家庭收入	对蔬菜的喜欢程度						总计
	很不喜欢	不喜欢	中立	喜欢	很喜欢	不吃这种食物	
一般收入	3.0%	18.5%	38.9%	21.7%	15.7%	2.1%	100.0%
低收入	2.4%	16.6%	37.2%	20.6%	17.2%	6.1%	100.0%
总计	2.7%	17.8%	38.3%	21.3%	16.3%	3.7%	100.0%

为了探究不同收入家庭儿童对蔬菜的喜欢程度的差异性，用不同收入家庭儿童对蔬菜的喜欢程度频数做卡方检验，具体结果如表 8-24 所示。

表8-24　家庭收入与蔬菜的喜欢程度卡方检验

	值	df	渐进 Sig.（双侧）
Pearson 卡方	8.904	5	0.113

表8-24的卡方检验结果显示，$p=0.113>0.05$，表明一般家庭儿童和低收入家庭儿童对蔬菜的喜欢程度在95%的置信水平下不存在显著性差异。可能是由于无论是一般收入家庭还是低收入家庭，大部分儿童对蔬菜的喜欢程度偏中性，没有差别。

由表8-25分析，低收入家庭儿童对果汁"很喜欢"比例更高，对果汁"不喜欢"的比例更低。为了探究不同收入家庭儿童对含糖的果汁饮料的喜欢程度的差异性，用不同收入家庭儿童对含糖的果汁饮料的喜欢程度的频数做卡方检验，具体结果如表8-26所示。

表8-25　我国城市不同收入家庭儿童对果汁的喜欢程度

家庭收入	对含糖果汁饮料的喜欢程度						总计
	很不喜欢	不喜欢	中立	喜欢	很喜欢	不吃这种食物	
一般收入	2.8%	9.1%	23.8%	45.7%	16.8%	1.7%	100.0%
低收入	1.4%	11.5%	21.6%	40.5%	22.3%	2.7%	100.0%
总计	2.2%	10.1%	23.0%	43.7%	18.9%	2.1%	100.0%

表8-26　家庭收入与果汁的喜欢程度卡方检验

	值	df	渐进 Sig.（双侧）
Pearson 卡方	7.896	5	0.162

表8-26的卡方检验结果显示，$p=0.162>0.05$，表明一般家庭儿童和低收入家庭儿童对含糖的果汁饮料的喜欢程度在95%的置信水平下不存在显著性差异。可能是由于无论是一般收入家庭还是低收入家庭，大部分儿童对甜食很喜爱。低收入家庭儿童比一般收入家庭儿童有着更不健康的饮食观。

2. 运动观念

根据 CHNS 的调查问卷，研究者认为儿童对散步的喜欢程度、对体育运动的喜欢程度以及对健身的喜欢程度这三项能较好地测量儿童的运动观。

由表8-27发现，低收入家庭儿童不参加散步活动的比例高达27.2%，高出一般收入家庭儿童17.0%，对散步"喜欢、很喜欢、中立"的比例都低于一般收入家庭儿童。为了探究不同收入家庭儿童对散步的喜欢程度的差异性，用不同收入家庭儿童对散步的喜欢程度的频数做卡方检验，具体结果如表8-28所示。

表 8-27　我国城市不同收入家庭儿童对散步的喜欢程度

家庭收入	对散步的喜欢程度						总计
	很不喜欢	不喜欢	中立	喜欢	很喜欢	不参加这种活动	
一般收入	10.6%	43.0%	20.4%	12.8%	3.0%	10.2%	100.0%
低收入	6.4%	33.2%	17.4%	10.4%	5.4%	27.2%	100.0%
总计	9.0%	39.2%	19.3%	11.8%	3.9%	16.8%	100.0%

表 8-28　家庭收入与散步的喜欢程度卡方检验

	值	df	渐进 Sig.（双侧）
Pearson 卡方	43.745	5	0.000

表 8-28 的卡方检验结果显示，$p=0.000<0.05$，表明一般家庭儿童和低收入家庭儿童对散步的喜欢程度在 95% 的置信水平下存在显著性差异。

通过表 8-29 分析，低收入家庭儿童不参加体育运动的比例高出一般收入家庭 3.1%，且对体育运动表示喜欢的比例也低于一般收入家庭儿童。

表 8-29　我国城市不同收入家庭儿童对体育运动的喜欢程度

家庭收入	对体育运动的喜欢程度						总计
	很不喜欢	不喜欢	中立	喜欢	很喜欢	不参加这种活动	
一般收入	1.3%	12.6%	21.5%	39.1%	21.9%	3.6%	100.0%
低收入	1.7%	11.7%	17.1%	33.2%	29.5%	6.7%	100.0%
总计	1.4%	12.2%	19.8%	36.8%	24.9%	4.8%	100.0%

为了探究不同收入家庭儿童对体育运动的喜欢程度的差异性，用不同收入家庭儿童对体育运动的喜欢程度的频数做卡方检验，具体结果如表 8-30 所示。

表 8-30　家庭收入与体育运动的喜欢程度卡方检验

	值	df	渐进 Sig.（双侧）
Pearson 卡方	11.682	5	0.039

表 8-30 卡方检验结果显示，$p = 0.039 < 0.05$，表明一般家庭儿童和低收入家庭儿童对体育运动的喜欢程度在 95% 的置信水平下存在显著性差异。

由表 8-31 可看到，低收入家庭儿童不参与健身的比例高达 25.8%，高出一般收入家庭儿童 14.5%，且对健身表示"喜欢"的比例也低于一般收入家庭儿童。为了探究不同收入家庭儿童对健身的喜欢程度的差异性，用不同收入家庭儿童对健身的喜欢程度的频数做卡方检验，具体结果如表 8-32 所示。

表 8-31　我国城市不同收入家庭儿童对健身的喜欢程度

家庭收入	对健身的喜欢程度						总计
	很不喜欢	不喜欢	中立	喜欢	很喜欢	不参加这种活动	
一般收入	3.0%	29.0%	29.4%	21.5%	5.8%	11.3%	100.0%
低收入	4.4%	22.1%	24.2%	16.8%	6.7%	25.8%	100.0%
总计	3.5%	26.3%	27.4%	19.7%	6.1%	16.9%	100.0%

表 8-32　家庭收入与健身的喜欢程度卡方检验

	值	df	渐进 Sig.（双侧）
Pearson 卡方	31.161	5	0.000

表 8-32 的卡方检验结果显示，$p = 0.000 < 0.05$，表明一般家庭儿童和低收入家庭儿童对健身的喜欢程度在 95% 的置信水平下存在显著性差异。

综上分析，在对散步的喜欢程度、对体育运动的喜欢程度以及对健身的喜欢程度等方面，一般收入家庭的儿童与低收入家庭的儿童存在差异，并且差异显著，低收入家庭儿童运动观念差于一般收入家庭儿童。

四、城市低收入家庭儿童健康表现的主要特征

（一）生长发育与营养状况较差

由前文研究数据可知，低收入家庭儿童各年龄段平均身高都较一般收入家庭儿童低 2~3 cm，并且在 4 岁时，低收入家庭儿童身高比一般收入家庭儿童低接近 7 cm，而身高反映了儿童长期的生长发育状况，这说明低收入家庭儿童的生长发育状况较一般收入家庭儿童差，且差距明显；低收入家庭儿童各年龄段

平均体重总体都低于一般收入家庭儿童,而体重反映的是儿童的营养状况,这说明低收入家庭儿童的各年龄段营养状况较一般收入家庭儿童也更差。

(二) 冷漠消极等心理问题明显

通过前文分析,低收入家庭儿童对得到父母表扬表示"无所谓"的占38.4%,较一般收入家庭儿童高出22.9%,而对获得父母表扬"有时关心、经常关心、总是关心"的比例都明显低于一般收入家庭儿童。研究表明,表扬会影响儿童的心理认知及自尊、动机水平。而儿童对获得父母表扬的关心程度反映了儿童的性格发展、自尊及其与父母的关心互动。城市低收入家庭儿童更大比例地对获得父母表扬"无所谓"的态度反映了其较为冷漠的性格特征。而低收入家庭儿童对在校获得好成绩的关心程度也都低于一般收入家庭儿童,更多呈现出无所谓的倾向,这反映城市低收入家庭儿童较一般收入家庭儿童而言缺乏上进心。

(三) 社会交往与适应性不良

由前文的数据分析可知,低收入家庭儿童对获得朋友喜爱表现为无所谓的比例是一般收入家庭儿童的3倍多,而对获得朋友喜爱关心程度为"有时、经常、总是"的比例则都低于一般收入家庭儿童。这反映了低收入家庭儿童较差的社会交往状况与不良社会适应性。

(四) 健康状况自我评价较差

通过分析发现,低收入家庭儿童健康自评为"很好、好"的比例都低于一般家庭儿童,而自评健康结果为"差"的比例则高出一般收入家庭1.8%,与前文研究成果保持一致,即说明低收入家庭儿童身体及心理、社会问题较多。

(五) 不良生活行为习惯突出

通过前文分析,低收入家庭儿童的吸烟喝酒不健康行为都高出一般收入家庭儿童10%以上,低收入家庭儿童喝软饮料的频率高于一般收入家庭儿童0.45次,低收入家庭儿童的运动锻炼频率与时间都低于一般收入家庭儿童,但差异不显著。

(六) 健康观念相对匮乏

由前文研究数据可知,低收入家庭儿童不吃水果的比例与不吃蔬菜的比例都高于一般收入家庭儿童,且不吃蔬菜的比例高出一般收入家庭儿童4%,与此同时低收入家庭儿童对咸零食和果汁的喜爱程度更高,这表明低收入家庭儿童与一般收入家庭儿童相比,缺乏健康的饮食观;由前文研究数据可知,低收入家庭儿童对散步、体育运动、健身等的喜爱程度低于一般收入家庭儿童,缺乏健康的运动观念。

五、城市低收入家庭儿童的学校健康促进问题

（一）体育教学的忽视

中共中央、国务院《关于深化教育改革全面推进素质教育的决定》指出："健康体魄是青少年为祖国和人民服务的基本前提，是中华民族旺盛生命力的体现。学校教育要……切实加强体育工作。"但我国公立学校由于场地限制、体育设施不足、体育师资不足以及运动中出现的体育伤害会给学校带来麻烦等原因，存在着对体育忽视的现象。学校对体育的这种忽视将影响城市低收入家庭儿童的身体锻炼及体育知识的获得，从而影响他们的健康。

（二）营养教育与服务供给不足

学校午餐是学校健康服务的一部分。充足、均衡的营养是中小学生健康生长发育的物质基础。[①] 丰富、可口的学校午餐，可以保证学生良好的营养摄入，从而使他们更好地生长发育，更加精力充沛地学习。目前学校午餐虽然有肉、蛋以及青菜，但其数量极其有限，无法为学生提供成长发育的充足营养。同时，一些食堂工作人员的态度也比较恶劣。这些都将影响到孩子的健康成长，甚至造成孩子挑食、厌食、营养不良的现象。

（三）教师缺乏健康知识与技能

教师是学校里对孩子各方面影响最大的角色，只有教师对健康的价值与概念有着充分全面的认识，牢固掌握学生健康教育必需的知识技能，学校健康教育效用才能够发挥到最大。调查也发现，很多教师（包括班主任）都没有接受过职前职后的健康培训，学校也没有专门针对教师的健康教育课程。没有接受过健康培训的教师可能就无法了解城市低收入家庭儿童因家庭物质条件匮乏存在的内向、自卑等性格特点，无法对他们的健康成长提供有针对性的教育与帮助。

（四）专业的健康教育师资短缺

专业的健康教育师资，是科学促进低收入家庭儿童全面健康发展的保证，但是限于经济、区域重视程度等因素，目前各学校专业专职的健康教育师资非常匮乏，现实中学校经常让班主任或其他老师来承担健康教育任务，学生健康教育的质量无法得到保证。

---

① 马冠生，胡小琪，鲁扬，等. 我国 8 城市学校午餐现状分析[J]. 中国食物与营养，2003(1):53-55.

（五）贫困儿童健康社会支持不足

家庭教育是学校教育的基础。而学校教育则更能够凭借其专业性、系统性、组织性优势弥补家庭教育的不足。学校目前仅仅通过短暂的家长会时间对家长进行健康观念、知识的传递是不够的。导致低收入家庭儿童出现健康问题的原因不仅仅在于家庭物质条件，与之更相关的往往是：较差的家庭文化条件、父母淡薄的健康意识和匮乏的知识。要想实现孩子真正的健康成长，学校应该为城市低收入家庭父母提供必要的健康教育课程，帮助家庭提高健康教育的能力。

（六）相关社会部门与学校合作缺乏

随着经济的发展，社会上出现了许多新型的威胁儿童健康与生命安全的因素。为保障儿童的健康与安全，学校应提升对儿童的健康教育，增强与医院、公安等社会部门的合作，增加儿童的社会经验。然而现实中由于经济、协调难度等的限制，学校缺乏与其他相关社会部门的合作。

（七）学校面临健康教育经费压力

为了促进学生的健康，学校应加强与卫生、公安等的合作，定期举办一些健康讲座，开办一些健康课程，但目前学校往往存在经费不足等困难。此外，由于社会舆论对学校的过高关注，学校的健康促进工作掣肘难行。

第三节　建立城市低收入家庭儿童学校健康促进计划

一、低收入家庭儿童学校健康促进计划的内涵

学校健康计划是指在一定社会条件下，学校通过健康政策、规章、策略等综合方式，促进学生健康发展的服务模式。在不同的社会历史时期，学校健康计划的具体内涵、目标会有所变化。学校健康服务、学校健康环境（物质环境和社会心理环境）与学校健康教育是传统学校健康计划的三个主要内容。[①] 但是，无论在理论还是实践中，学校健康计划要素间的联系都未被充分考虑、重视。

---

① Summerfield L. （1992）. *Comprehensive School Health Education*. ERIC Digest. ERIC Clearinghouse on Teacher Education Washington DC., (11):1-6.

学校健康促进，是当代教育理念与健康促进理论的完美融合，是对经济学、社会学、传播学等学科理论的综合运用，是全面综合性的学校健康计划。学校健康促进可定义为任何有助改善或保障学校成员健康的举措；是一种通过各种学校教学活动来提升儿童健康教育成效的全校策略；是一个比学校健康教育更为宽泛的概念。[①] 学校健康促进计划在不同区域所采用的名称有所不同，例如美国有综合性学校健康促进计划（Comprehensive School Health Promotion Plan）、协作性学校健康计划（Coordinated School Health Plan），欧洲有健康促进学校（Health Promoting Schools）等。其实质都是采用健康促进方法的学校健康计划。

为改善城市低收入家庭儿童健康，在充分考虑前文研究成果，即"由于家庭教养方式粗暴、家庭健康教育能力匮乏、父母不健康行为习惯、家庭氛围不良、家庭收入限制、家庭与外部互动缺乏等原因造成城市低收入家庭儿童营养不良及幸福感缺乏、自卑等身心健康问题"的前提下，尝试构建城市低收入家庭儿童学校健康促进计划，即面向学校及社区的所有成员采用整体与全面的战略，努力为学生提供综合性的健康支持，包括提供正式和非正式的健康课程，打造有利于健康的学校社交与物质环境，提供适当的健康服务，并且使政府、社区、家庭都更广泛地参与到学生健康促进活动中来，以促进学生的健康。

二、低收入家庭儿童学校健康促进计划的目标

城市低收入家庭儿童学校健康促进计划目标的构建，将充分考虑前文研究的城市低收入家庭儿童面临的健康问题，并结合我国儿童身心发展的特点，旨在营造一个有利于城市低收入家庭儿童整体健康发展的大校园社区环境。具体来说包括以下基本目标。

（一）以将低收入儿童培养成有民主意识的公民为根本目标

城市低收入家庭儿童学校健康促进计划，旨在为低收入家庭儿童建立一个更好的学习、社交、游戏场所，尽最大努力协调人力、物力、财力以满足低收入家庭儿童健康方面的独特需求，其根本目标是：通过赋权与学校健康促进将城市低收入家庭儿童培养成为积极的有民主意识的、充分享受健康权利的公民。

---

① Organization W H. (1986). Ottawa Charter for Health Promotion: First International Conference on Health Promotion. *Canadian Journal of Public Health-Revue*, (6):425.

(二) 以解决城市低收入家庭儿童健康问题为首要目标

由前文的 CHNS 调查数据分析可知，当前我国城市低收入家庭儿童主要面临着身体素质差、生活习惯不良、自信心幸福感低、社会交往和适应性差等突出性健康问题。城市低收入家庭儿童学校健康计划的首要目标必须放在这些突出性儿童健康问题的解决上，把他们培养成身心健康、社会适应性良好和道德健康的健全公民。

(三) 以为城市低收入家庭提供健康支持为重要目标

由前文对低收入家庭的调研可知，家庭是造成城市低收入家庭儿童健康问题的根源，我国城市低收入家庭由于教养方式粗暴、健康教育能力匮乏、家庭氛围不良、不健康行为习惯的存在、家庭收入的限制、与外部互动的缺失等，儿童健康观念意识淡薄、健康知识技能不足、健康习惯不良，最终出现严重的身心问题。城市低收入家庭儿童学校健康促进计划要以为低收入家庭提供健康支持为重点，增加家庭与学校的联系，提高家长对健康价值、概念的认识及健康教育的能力。

(四) 以突破学校健康促进面临的主要问题为基本目标

由前文可知，目前我国处于由传统的学校健康教育向学校健康促进的过渡阶段，存在着对体育忽视、健康服务亟须改善、健康教育师资匮乏、学校对家庭的健康支持不足、学校经费与社会舆论的压力及缺乏政府主导的监督评价指标体系等问题。我国城市低收入家庭儿童学校健康促进计划须以学校健康促进面临的主要问题为基本突破点，充分调动学校所在社区的所有成员共同努力，为城市低收入家庭儿童创设有益于儿童健康发展的物质环境和社交环境，提供必要的健康服务，促进其养成良好的卫生习惯，形成健康的生活方式。

三、低收入家庭儿童学校健康促进计划建立的原则

(一) 合作性原则

传统的学校健康教育，焦点只在学校。而城市低收入家庭儿童学校健康促进，需要聚焦地方社区大背景中的学校，提供一个与提升低收入家庭儿童健康水平相关联的集政策、环境、文化、自我意识、知识技能于一体的计划。城市低收入家庭儿童学校健康计划的制订，必须超越传统的卫生领域，建立一个包括个人、家庭、学校、社区、各类组织、政府部门等在内的强有力的社会支持体系。

（二）参与性原则

赋权理论，倡导采用参与式的工作方法进行健康干预活动。而参与，是赋权策略的支柱。利益相关方参与到项目策划、开发和实施、评估阶段，会使健康项目产生更好的效果。城市低收入家庭儿童学校健康促进计划涉及儿童、家长、学校、社会组织、政府等广泛的利益相关者，在计划执行中遵循参与性原则，既可以充分调动儿童、家长的主观能动性，让他们有机会为自己的生活方式作出选择，使他们控制自己生活的能力得到提高，同时也可以让健康促进的专业人员激发自我价值肯定，发挥专业潜能。尽管健康促进在我国已经逐渐得到政府、学术界的重视和推广，但在学校健康计划执行时，仍以"自上而下"的传统思路为主。在城市低收入家庭儿童学校健康促进计划实施时，应特别注意在项目策划、开发、实施、评估阶段加强所有利益相关者"自下而上"的参与性。

（三）持续性原则

传统的学校健康举措常常仅以短期计划形式进行，而没有采取长期、持续的健康促进策略。儿童的健康影响因素涉及生物遗传、家庭、学校、社会等多方面，健康促进的成果，往往在健康促进计划的中长期才会出现。城市低收入家庭儿童学校健康促进计划，在规划与实施时应遵循持续性原则，保证学校健康促进工作在学校中不可替代的独特地位。

（四）系统性原则

只有系统地集中、协调和分配资源，才能有效地促进城市低收入家庭儿童健康问题的解决与发展。传统的学校健康计划缺乏系统性，学校及社会各机构运作时是相对孤立的，进而导致资源浪费与效率低下现象的产生。城市低收入家庭学校健康促进计划强调系统性原则，只有由片面、个别、分式服务向系统综合式的服务转变，才能更好地促进城市低收入家庭儿童的健康发展。

四、低收入家庭儿童学校健康促进计划的具体策略

（一）为低收入家庭儿童提供针对性营养与心理咨询服务

由前面的调查研究可知，一方面，城市低收入家庭儿童存在营养不良的状况，另一方面，一些学校提供的午餐，营养无法得到保证且工作人员服务态度不佳。学校必须制订针对性的营养服务计划，改善营养服务质量，以保障城市低收入家庭儿童的营养摄入，并帮助他们养成健康的饮食生活习惯。学校在饮食营养健康促进方面的具体实践策略如下：第一，聘请营养专家根据儿童生长发

育与营养状况制订充裕、合理的饮食计划;第二,班主任及健康教育教师对儿童进行营养健康教育,帮助其掌握必要的营养健康知识,养成良好的饮食习惯;第三,对食堂工作人员进行培训、工作评估,建立良好的饮食环境、氛围;第四,加强与家长、社区的合作,促使家长及学校教职工养成健康的饮食习惯,使他们能够更有效地传授营养教育知识,并且成为学生的榜样。

一些城市低收入家庭儿童由于有限的家庭收入、粗暴的家庭教养方式及不良的家庭氛围的影响存在着严重的心理和社会适应性障碍,表现出自卑、冷漠、缺乏上进心等倾向。而在调查中我们同样发现低收入家庭儿童对班主任、任课教师普遍比较信任,同时学校的心理咨询室由于学生不熟悉存在使用率较低等问题。

基于以上现实情况,在心理及社会交往健康促进方面的具体实践策略可以关注以下几方面:第一,学校建立低收入家庭儿童心理发展问题档案,系统、持续地记录、追踪儿童的心理发展;第二,将有多年教学经验、深受学生信赖喜欢的班主任及任课老师纳入学校心理咨询队伍,为低收入家庭儿童提供缓解心理压力与情绪问题的合适通道;第三,选择通过国家资格认证的专业心理咨询教师为低收入家庭儿童提供1对1的专门性服务;第四,通过家访的形式,深入了解低收入家庭儿童的成长环境及隐藏的心理问题,并定期与家长进行沟通。

(二) 为低收入家庭儿童提供针对性健康教育与体育教学

城市低收入家庭有时无法为其儿童提供必要的健康教育,导致儿童自身健康观念意识淡薄,健康知识技能匮乏,并养成诸多不良的生活行为习惯。城市低收入家庭儿童学校健康促进计划所提供的健康教育,将其目的明确于规避健康危险因素,使儿童养成健康的生活方式和习惯,习得保持一生健康所必需的知识和技能。为此,要制作关于健康饮食,不吸烟饮酒,不早恋,建立自信心等方面的健康主题课程,为城市低收入家庭儿童提供各方面的教育知识;为低收入家庭儿童提供一些有利于展示自我及自信心建立的学校项目;班主任在日常工作中要对低收入家庭儿童给予更多的关注与关怀,帮助他们打开心结,并与其他学生建立友好关系。

学校体育在促进儿童体质、精神和社会性情感发展方面一直发挥着重要作用,对儿童的健康成长是必不可少的,由前文研究可知,学校体育课弥补了城市低收入家庭儿童家庭锻炼的不足,增加了其体育健康知识,对城市低收入家庭儿童的健康促进有着巨大的积极作用,但是目前学校由于场地受限、师资不足、体育伤害等存在着对学校体育教学的忽视现象。为此我们可以做出如下努力:

第一,政府须根据具体情况扩大学校的体育运动场地,增加学校体育运动基础器材、设施,对运动中的体育伤害制定出统一的、具体可量化的伤害标准及处理措施;第二,要培养充足的学校体育师资;第三,由于城市低收入家庭普遍存在运动观念缺乏的现象,可以对自愿参加的家长进行培训;第四,体育作为城市低收入家庭儿童学校健康促进的一部分,必须与计划中的其他部分进行融合、合作。

(三) 为低收入家庭儿童提供针对性健康师资与家庭支持

对教师进行足够的、连续性的职业培训是确保城市低收入家庭儿童学校健康促进计划实施效果的关键所在。教师只有真正理解健康的价值及内涵,掌握低收入家庭儿童身心健康特点及在成长中遇到的各种健康问题,才能胜任健康促进的任务。针对专业健康教育教师不足及在职教师健康教育培训匮乏的现实,首先,大学应开设健康教育专业,培养健康师资。中小学健康教师必须由在学校健康教育领域获得任职资格的专业健康教育教师担任。其次,对所有在职教师进行健康培训。不仅要对专业的健康教育教师培训,还要对其他的普通任课老师也进行健康教育培训。在教师的职业培训中要注意运用新的教学方法和技术,合理调节教师的人员流动。需要特别指出的是,为教师开展的职业培训活动的重点必须放在:培养教师掌握既能让学生积极参与又能让学生掌握关键健康知识技能的教学策略上。

城市低收入家庭父母大多学历较低,健康观念淡薄,缺乏必要的健康知识、技能,生活习惯不良,家庭教养方式粗暴,给儿童带来了大量的身心健康问题。仅仅通过家长会短暂的时间对家长进行健康观念、知识的传递是不够的。首先,学校应该为城市低收入家庭提供健康教育课程,以帮助低收入家庭父母掌握儿童身心发展的特点与规律,增加必要的健康知识技能;其次,学校可以通过家委会、家访等形式加强与低收入家庭的交流、联系;最后,鼓励家长参与到儿童的健康促进活动中来。

(四) 为低收入家庭儿童提供"校本"促进计划与评价机制

任何一所学校都具有其独特性,其内部情况的复杂性是其他学校的经验不能完全重合,理论亦无法充分概括、诠释的。"校本"关注学校管理者及教师们日常遇到的亟须解决的实际问题,而不是宏观层面的一般问题。各个学校由于地理区域、儿童家庭经济背景、地方政策等的不同,其儿童面临着不同的健康问题,学校除了依从政府的政策法规外,还要根据本校的情况和特点,在校内制定和执行"校本"健康计划,开发"校本"健康课程与健康促进活动。

评价机制直接影响着城市低收入家庭儿童学校健康促进计划的实施效果。建立与城市低收入家庭儿童健康学校健康促进计划相适应的评价机制对保证计划实施的质量极为重要。首先,采用初步诊断评估、过程评估和年度最终评估相结合的方法,监测健康促进计划目标的实现情况、提醒计划所处的不良状况及评估健康促进行动的积极影响,不仅关注计划执行的结果,还监督计划实施的过程。其次,引进世界卫生组织的"奖励计划"。1995 年世界卫生组织为健康促进学校在西太平洋地区的发展制定了区域性奖励方针,此方针被证明对学校健康促进工作有较大促进作用。城市低收入家庭儿童健康学校促进计划可以引进世界卫生组织的奖励方针,当学校在规定领域达到相应的标准和指标后,可被授予金奖、银奖和铜奖等多种奖励。最后,城市低收入家庭学校健康促进计划的评价程序应围绕三个层级建立,第一级,由国家通过宏观调查,获取有关城市低收入家庭儿童健康状况的数据,设置计划应该达成的国家目标及评估标准;第二级,由地方政府、教育、卫生等部门通过地方调查,获得地方性评估指标;第三级,由学校通过对城市低收入家庭儿童的个性化调查来获得初步评估数据。

(五)为低收入家庭儿童提供针对性政策保障与资金支持

WHO 西太区制定的《健康促进学校发展纲领》指出,"各级政府对健康促进学校起着关键的作用"。根据前文的调查研究,学校管理者认为缺乏行政与资金支持是学校健康促进面临的一大阻碍。城市低收入家庭儿童健康促进计划的实施,必须由政府主导。政策的支持和干预是城市低收入家庭儿童学校健康促进计划得以贯彻执行的保证。首先,政府应发挥主导作用,对城市低收入家庭儿童学校健康促进计划做出明确规划,并建立监督及评价指标体系;其次,政府应为城市低收入家庭儿童学校健康促进提供政策、法律、资金、技术支持;最后,政府要促进学校、家庭与其他社会部门(教育、卫生、社会福利及其他)的合作,共同创设一个对城市低收入家庭儿童健康有着促进作用的支持性、安全性环境。同时,城市低收入家庭儿童由于家庭经济影响,其在成长过程中可能会出现营养不良、自卑、社会适应性不良等健康问题,而学校健康教育也同时面临着资金不足的压力。为此,社会各界包括政府、各社会公私部门应该共同对学校健康促进计划给予资金支持,政府可以提供城市低收入家庭儿童学校健康促进专项基金,教育等部门可积极拓宽低收入家庭儿童健康资金融资渠道等。

第九章

高中生健康教育服务需求与社会支持体系

高中作为青少年世界观、人生观与价值观形成的重要阶段,其身心的健康发展关系着国家与民族的未来。学校是有效的健康教育与健康促进的重要场所,在高中生健康理念的塑造、健康知识技能的传递与健康行为的形成等方面扮演着专业的健康服务提供者与实施者的角色。同时,家庭、社区与其他社会组织向学校健康服务提供广泛的社会支持,也对高中生的健康发展具有重要影响。

深入探究当前我国高中生对学校健康服务的需求表现及其影响因素,分析高中学校健康服务面临的现实问题,建立有针对性的与整合性的高中学校健康服务的社会支持体系,将丰富高中学校健康服务的理论研究,有助于提升我国现有学校健康服务供给质量与优化学校健康教育的社会支持体系,并可以从中了解我国学校健康教育服务的基本发展状况。

第一节　高中生学校健康服务问题的研究缘由

一、应对我国高中生健康问题日益凸显的现实需要

高中生的健康问题日益成为世界关注的主题,它将对个人及其家庭、社区和国家的发展带来重要影响。根据世界卫生组织发布的数据:2020年全球共有12亿青少年,占世界总人口的六分之一;2020年,全球每天有近5 000名10～24岁青少年死亡,交通事故、溺水、青春期暴力、抑郁症、传染性疾病、过早生育、营养缺乏、肥胖是青少年死亡和残疾的重要原因,其中10～14岁少年死亡风险最低,15～19岁青少年面临的风险较高,主要原因是饮酒和不安全性行为,妊娠并发症和不安全人工流产是15～19岁少女死亡的主

要原因。① 而大多数青少年死亡和发病是可预防或可治疗的，15～19 岁正处在高中阶段，因此关注我国高中生日益凸显的健康问题，做好预防是很有必要的。

《2022 年国民心理健康调查报告：现状、影响因素与服务状况》显示，青年为抑郁的高风险群体，18～24 岁年龄组的抑郁风险检出率高达 24.1%。② 我国青少年研究中心对韩国、日本、美国以及我国高中生的健康问题进行比较研究发现，我国高中生面临较为严峻的健康问题，具体情况如图 9－1 所示。从数据可以看出，目前我国高中生的健康问题主要体现在：高中生肥胖及体重过轻；近视率高达 78.5%，居四国之首；存在睡眠质量差和睡眠时间严重不足的状况，熬夜的学生占 72.1%；饮食习惯不合理，缺餐问题突出；每年一次的体检意识不够强烈；积极进行身体锻炼的习惯较差；常常出现疲劳的身体状况。

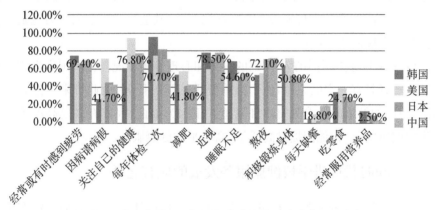

图 9－1　中国与韩国、美国、日本高中生健康基本状况分析

（数据来源：中国青少年研究中心四国高中生比较研究课题组. 中国高中生健康问题需高度重视［EB/OL］.［2018－04－02］. http://epaper. gmw. cn/gmrb/html/2018-09/01/nw. D110000gmrb_20180901_1-06. htm.）

且有研究表明，我国近视人口显著增加，视力健康问题带来一些特殊要求的岗位劳动力的短缺。③ 上述数据充分说明，我国青少年的健康问题需要引起

① 世界卫生组织. 青少年和青年健康［EB/OL］.［2023－08－06］. https://www. who. int/zh/news-room/fact-sheets/detail/adolescents-health-risks-and-solutions.

② 傅小兰、张侃、陈祉妍，等. 2022 年国民心理健康调查报告：现状、影响因素与服务状况［M］. 北京：社会科学文献出版社，2023：1－29.

③ 李玲. 若无有效政策干预 2020 年中国近视患病者或达 7 亿［EB/OL］.［2018－04－02］. http://www. chinanews. com/jk/2017/05-24/8232501. shtml.

社会各界的高度重视,关注我国高中生的健康是实施健康中国战略要努力的一个重要方向。

同时,高中生不论是在个人生活规划,还是在对人生和社会的看法上,都有其自身的独特认识,受到高中阶段生理心理发展的重要影响。表现在,首先,高中生的生理发展迅速走向成熟,他们的心理发展相较于生理发展而言,呈现出较大的不平衡性,容易缺乏理智,意志比较薄弱,无法正确面对成功与失败,没有正确的成败归因,容易引发心理问题。处在这一阶段的学生,容易呈现出逆反心理,很容易对小时候形成的权威观念予以强烈的否定而走向另一个极端。其次,这一阶段的学生存在"追星"现象,很容易形成个人崇拜和偶像崇拜,在树立健康的榜样意识上存在问题。同时,高中阶段学生交友热情高涨,迫切需要情感力量的支持,社会交往和人际关系面临着重要的挑战。最后,高中生在高三这一阶段面临着升学与未来职业定向的问题,其造成的一系列压力也是影响他们健康发展的重要因素。

可以看出,我国高中学生面临的身体和心理健康状况与我们国家当前所处的社会背景具有一定的关系,他们面临繁重的学习任务,由此带来不健康行为频出,他们的健康问题尤为突出和紧迫。正因为如此,我们有必要高度关注高中生的健康问题,为他们提供高质量、高水平的健康服务。

二、新时代推进学校健康服务发展的应有之义

改革开放40多年来,中国社会结构的转型使得社会形态不断转变,在重大社会变迁背景下社会服务的主体、资源和途径也越来越受到政府部门的广泛关注。在我国社会转型时期,一些学校只顾及学校升学利益和短期收益,在提高高中生体质营养健康教育方面呈现弱化态势。高中阶段教育仍然是以应试教育为主,对学生的健康教育大多集中在基础的体育锻炼上,没有形成系统和专门的健康教育课程,学校健康服务处于边缘化态势。随着社会变革进程的加速与日益复杂的国际境遇,青少年对学校提供的健康服务的需求是否发生变化?中小学生针对学校的健康服务需求具有什么样的时代特征?以促进学生健康发展为根本任务的学校及社会应该提供何种社会支持才能有效满足当前青少年的需求?这都是进入新时代后应当研究和关注的重要现实课题与任务。

当前阶段,我国对健康服务体系的研究主要集中在基础的公共医疗卫生健康服务上,对基础性学校健康服务体系的建设还需要不断重构和完善。如

何促进中小学生的健康成长,回应中小学生的健康需求,推进学校健康治理体系建立,实现充分而均衡的健康服务供给,也是全面建设健康中国的重要举措。因此,从学校的角度出发,构建基于学校的健康服务体系,以此来推动和丰富我国青少年公共健康服务体系的建设,是需要认真思考与解决的主要问题。

三、实施健康中国战略与全民健康发展的必然要求

2016 年,我国提出了新时代的健康中国战略和"全民健身计划"。国家对健康的重视彰显了实现全民健康生活是大势所趋,是国家战略的重要一步。而实施健康中国战略的重要一步,就是要坚持以中小学作为健康阵地,在学校中实施健康促进,建立健全学校健康教育推进机制,这也是我国"健康中国 2030 规划纲要"中明确提出的目标,为我国实现健康中国战略和全民健康发展提供了新的实践思路。

通过健康中国建设规划纲要可以看出,我国将中小学校作为推进健康中国战略实现的重要阵地,以中小学生的健康发展作为实现国家健康战略的重要抓手。促进中小学生的健康成长,回应中小学生的健康需求,推进学校健康治理体系建立,构建基于学校的健康服务体系,实现充分而均衡的健康服务供给,推动和丰富我国青少年公共健康服务体系的建设,也是全面实施健康中国战略的重要举措与内在要求。

第二节 高中生学校健康服务需求现状与表现特征

一、高中生学校健康服务需求问卷的编制

(一) 问卷设计的目的

编制出信度、效度符合测量要求的高中生健康服务需求问卷,力图通过量化分析,把握高中生学校健康服务需求的现状和影响因素。

(二) 问卷设计的理论基础

问卷主要在格罗斯曼(Grossman)健康服务需求理论和罗鸣春的青少年心理健康服务需求模型的理论基础上进行编制。根据罗鸣春的观点,若要考量中

学生的健康服务需求,可以建设中学生的健康服务需求类型框架模型(见图9-2),从客观健康、健康生活方式、生活质量、服务可得性这几个方面考量影响中学生健康服务需求的因素。初步确定健康服务需求包含以下几个方面的内容:①对健康服务的态度,即是否需要健康服务;②希望由什么机构、人员提供何种健康服务? 即健康服务的专业性和非专业性;③健康服务内容,即高中生需要的健康服务内容包含哪些方面;④健康服务途径和方式,即高中生希望通过何种途径和方式向他们提供服务。

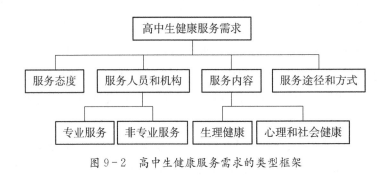

图9-2 高中生健康服务需求的类型框架

首先,对健康服务内容而言,健康包括身体、心理与社会性健康。就心理健康的实质而言,心理健康具有个体性和社会性的双重属性,而个体社会适应能力主要包括人际关系的健康程度,且有研究表明改善人际关系因素和心理健康会提高社会适应能力,可以看出社会适应和心理健康之间具有一定的相关性。[1] 对于高中生而言,其产生的社会适应主要是人际交往,因此此处将心理健康和社会适应整合为心理和社会健康。其次,格罗斯曼健康服务需求理论模型指出,影响受服务人群的健康服务需求因素主要来自社会学变量和经济学因素。问卷设计的人口学变量包含地区、年龄、性别、年级、受教育程度、家庭组成、家庭经济状况等。同时,格罗斯曼健康服务需求理论模型指出基本健康行为、行为习惯、饮食习惯、生活方式也会影响健康需求。因此,本书在问卷中结合我国高中生的生活方式和习惯设计编制了涉及生活方式的简单量表。[2]

① 李艺敏,李永鑫.青少年人际关系能力对社交自卑感和心理健康的影响:社会适应性的作用[J].心理科学,2015,38(1):109-115.
② 张琳.我国中老年人健康需求实证研究:基于性别和城乡的分析[J].财经问题研究,2012(11):100-105.

(三) 问卷的初步编制

1. 高中生健康服务需求结构的初步构想

本研究使用调查问卷是在参考借鉴西南大学罗鸣春博士编制的《中学生心理健康服务需求调查问卷》、国家卫生健康委员会在 2018 年 4 月发布的《学生健康状况及影响因素调查表》，以及阅读大量文献、通过对多名高中生进行访谈和实地调研的基础上，以针对高中生健康服务需求的特定研究视角编制而成。

2. 问卷结构与题项的初步构成

问卷的形成建立在阅读大量文献综述基础之上，并通过对高中生和教师进行访谈，根据访谈结果和所阅读文献，初步编制问卷，共计 68 道题。之后请教育学的 6 名研究生及教育学教师对问卷题项进行专家评议，根据评议结果对其中的部分题项进行修改，编制出 51 个题项的初试问卷。初试问卷包括四个部分，第一部分为基本人口学变量，第二部分为基本健康状况，第三部分为基本生活方式，第四部分为健康服务需求。其中第四部分采用 Likert4 点量表进行测量，共计 31 道题目。

3. 初测样本的取样及回收

本研究在安徽省淮南市、安徽省蒙城县、江苏省无锡市、江苏省徐州市、江苏省宜兴市选取 5 所高中的一、二、三年级进行随机抽样调查。同时，通过在线方式面向山东、江西、浙江、江苏调查对象发放问卷，收回有效问卷 412 份。通过排除漏填问卷、逻辑有明显出入的现象、漏选的现象，删除问卷 23 份，最后得到有效问卷 389 份，有效回收率达 94.4%。此部分回收的问卷主要用于对编制问卷的试测，主要对问卷进行项目分析、探索性因素分析和验证性因素分析。

(四) 问卷的测试结果分析

1. 项目分析

项目分析主要是为了验证问卷中各个项目的鉴别度。本研究主要通过 SPSS 20.0 进行项目分析，通过独立样本 t 检验和相关分析得出各个维度的均值和标准差，以及相关的系数。

首先，进行了独立样本 t 检验。本研究通过独立样本 t 检验进行分析，发现各个项目的高低分组差异性均显著，说明各个项目都具有很强的鉴别力，予以保留。其次，进行了相关分析，结果发现除了 b9 外，各项目与总分的相关系数均在 0.4 以上，具有很好的鉴别力，具体结果如表 9-1 所示。

表 9-1 题项与总分的相关分析结果

题项	a1	a2	a3	a4	b1	b2	b3	b4	b5	b6	b7
相关系数	0.537	0.535	0.557	0.529	0.560	0.619	0.635	0.601	0.485	0.484	0.552
题项	b8	b9	c1	c2	c3	c4	c5	c6	c7	c8	c9
相关系数	0.503	0.154	0.549	0.512	0.555	0.524	0.519	0.510	0.579	0.536	0.440
题项	c10	c11	d1	d2	d3	d4	d5	d6	d7		
相关系数	0.499	0.553	0.568	0.576	0.567	0.609	0.609	0.506	0.463		

2. 探索性因素分析

(1) KMO 和 Bartlett 的检验。通过 KMO 和 Bartlett 的检验,发现 KMO 为 0.903,大于 0.6,sig 值为 0.000,达到显著水平,说明适合进行因素分析。

(2) 因素解释率。根据具有共同特质的因素应至少包括三个项目,本研究中只有 b8,b9 在同一维度,删除 b8,b9。d6 题项跨多维度,且在维度间解释率无较大差异,予以删除。

(3) 旋转成分矩阵结果。根据以上筛选标准,删除 b8,b9,d6 三个题项后,对剩余的题项进行探索性因素分析,结果如表 9-2 所示。

表 9-2 探索性因素分析结果

题项	因素 1	因素 2	因素 3	因素 4	因素 5	因素 6	共同度
c1	0.816						0.728
c2	0.796						0.693
c4	0.793						0.679
c3	0.772						0.669
c5	0.680						0.579
d3		0.796					0.688
d4		0.675					0.611
d7		0.641					0.486
d5		0.590					0.532
d1		0.556					0.475
d2		0.510					0.472
b2			0.734				0.696
b3			0.720				0.677
b1			0.703				0.613

续　表

题项	因素1	因素2	因素3	因素4	因素5	因素6	共同度
b4			0.671				0.627
c7				0.803			0.729
c6				0.792			0.686
c11				0.558			0.507
c9				0.553			0.462
c8				0.477			0.468
c10				0.371			0.313
a2					0.735		0.646
a3					0.698		0.639
a1					0.659		0.577
a4					0.523		0.443
b5						0.837	0.759
b6						0.818	0.749
b7						0.686	0.637
特征值	8.525	2.638	1.892	1.408	1.369	1.005	
贡献率	13.157%	23.954%	9.785%	9.626%	8.706%	8.061%	
累计贡献率	13.157%	23.954%	33.739%	43.366%	52.071%	60.132%	

由表9-2可以看出6个因素的特征值均大于1,6个因素的累计贡献率超过50%,为60.132%,各题项的共同度均在0.4以上。通过运用探索性因素分析,结合碎石图,确定选取6因素较为合理。因此,高中生健康服务需求具体包括6个维度:健康服务态度、专业人员服务需求、非专业人员服务需求、生理健康服务需求、心理健康服务需求、服务途径和方法。高中生健康服务需求及其各因子的具体内涵如表9-3所示。

表9-3　高中生健康服务需求及其各因子的具体内涵

维度	具 体 内 涵
健康服务态度	学生对学校健康服务的关注态度,是否存在健康意识
专业人员服务需求	学生对提供健康服务的人员有何需求,是否需要专业人员提供相关服务
非专业人员服务需求	学生对提供健康服务的人员有何需求,是否需要非专业人员提供相关服务

续 表

维　度	具 体 内 涵
生理健康服务需求	学生生理健康需求内容
心理健康服务需求	学生心理健康需求服务内容
服务途径和方法	学生希望学校以何种方式提供健康服务

3. 信度分析

通过对问卷整体和各个维度的内部一致性系数鉴别量表的信度,得到 6 个维度及总项目的总信度值如表 9-4 所示。

表 9-4　高中生健康服务需求问卷的信度系数

高中生健康服务需求内容分类	具体题目划分	克隆巴赫系数
健康服务态度	a1—a4	0.759
专业人员服务需求	b1—b4	0.820
非专业人员服务需求	b5—b7	0.801
生理健康服务需求	c1—c5	0.871
心理健康服务需求	c6—c11	0.772
服务途径和方式	d1—d6	0.812
总项目	C1—F6	0.915

通过表 9-4 可以看出各个项目的克隆巴赫系数均在 0.6 以上,健康服务需求总项目的克隆巴赫系数为 0.915,说明问卷具有很好的信度。

4. 问卷的组成

通过对问卷进行初测、修改,本问卷最终包括四部分。第一部分为人口学变量,意在了解高中生的基本情况,共计 9 道题目;第二部分着重了解研究对象的基本健康状况;第三部分在于了解研究对象的基本生活方式。第二、三两部分共计 11 道题目,其中 10 道单选题,1 道多选题(详见表 9-5)。第四部分为研究重点,也就是高中生健康服务需求方面的内容。主要采用 Likert4 点量表进行测量,按照"毫无必要、可能有必要、有必要、十分有必要""不希望、很少希望、希望、十分希望""毫不关心、有点关心、关心、非常关心"的强度排列。主要包括 6 个维度,共计 28 道题目(见本书的附录 1)。

表9-5 高中生健康基本现状的内容维度

内容分类	高中生基本情况
人口学信息	年级、学校性质、性别、民族、家庭区域、独生子女情况、生活环境、家庭人均收入、以何种方式上学
健康基本情况	患病情况、就医情况、慢性病情况
生活方式	饮食、作息、抽烟、饮酒、锻炼、网络、体检、校园欺凌

（五）正式问卷的发放与回收

本研究采用上述自编问卷，问卷的实施主要分为发放、回收和分析三个阶段。研究中对问卷共进行了三次发放，第一次在安徽省不同城镇随机抽取了一所省重点高中和市重点高中学生为主要调查对象，并在学校中随机抽取了高一、高二、高三年级的学生；第二次随机抽取了江苏省无锡市三个年级的高中生为调查对象，第三次以江苏省宜兴市的高中生为调查对象。三次共发放问卷850份，回收807份，回收率为95.0%，剔除少填、漏填等67份无效问卷，有效问卷为740份，有效问卷回收率为87.1%。

二、高中生学校健康服务需求的现状

（一）需求整体情况

表9-6数据表明，高中生具有较强的健康服务需求：6维度需求均值在2.67~3.27之间，需求总均分为2.84分，介于有点关心（2分）和关心（3分）之间，更倾向于关心，也就是说高中生的健康服务需求强度较高。其中需求强度排在前三位的依次是：生理健康服务需求、心理健康服务需求和非专业人员服务需求。即高中生需求强度最高的为健康服务的内容。

表9-6 高中生健康服务需求的总体情况（N=740）

维度	均值	标准差	项目数	项目均值	排序
健康服务态度	10.87	2.89	4	2.72	4
专业人员服务需求	10.81	2.97	4	2.70	5
非专业人员服务需求	8.40	2.30	3	2.80	3
生理健康服务需求	16.35	3.13	5	3.27	1

续　表

维度	均值	标准差	项目数	项目均值	排序
心理健康服务需求	17.18	4.07	6	2.86	2
服务途径和方式	16.01	3.94	6	2.67	6
需求总分	79.63	14.43	28	2.84	

（二）健康认知行为需求

1. 健康知识

由表9-7可以看出,68.0%的高中生认为学习健康知识是有必要的,高中生对获取健康知识的需求程度较高。

表9-7　高中生对学习健康知识的频次统计(N=740)(%)

项目	毫无必要	可能有必要	有必要	十分有必要
学习健康知识对我而言是否重要	6.4	25.7	40.8	27.2

2. 健康信念

根据表9-8可以看出,超过四分之一的学生不确定"向我及身边的人提供健康服务"是有必要的,超过10%的高中生认为"有固定机构向我提供健康服务"并不是必要的。可以看出,高中生对待健康服务的需求程度是不同的,整体来看,高中生认为提供健康服务是有必要的,但是只有56.1%的学生认为有固定机构提供持续的健康服务是有必要的。

表9-8　高中生对提供健康服务的需求频次统计(N=740)(%)

项目	毫无必要	可能有必要	有必要	十分有必要
向我及身边的人提供健康服务	6.4	25.7	40.8	27.2
有固定的机构向我提供健康服务	12.6	31.4	34.2	21.9

3. 健康行为

由表9-9可以看出,接近一半的高中生并不认为当自己,或者周围的人出现心理问题时,需要向心理医生求助。这也从侧面反映出,高中生对何种行为是健康行为的判断是模糊的,因为在现实生活中,很多高中生认为心理健康问题属于个人隐私，求助心理医生或者心理咨询师这一方式并不是最优选择。

表9-9　高中生健康行为需求频次统计表(N=740)(%)

项目	毫无必要	可能有必要	有必要	十分有必要
与心理医生讨论自己或身边人的心理健康问题	12.6	31.4	34.2	21.9

(三) 健康人力资源

高中生对健康服务人员的需求维度被划分为两个，分别是专业人员的健康服务和非专业人员的健康服务，其中专业人员的健康服务主要包括医生、心理健康专家、精神卫生和疾控预防人员、校医和心理咨询师，非专业人员健康服务包括父母家人、老师、同学朋友。对高中生健康服务人员需求的频率进行统计发现，高中生对非专业人员的需求略高于对专业人员的需求，需求频率排序为父母家人＞医院或诊所医生＞心理健康专家＞同学朋友＞班主任或学校老师＞校医和校心理咨询师＞精神卫生或疾控预防中心人员。

1. 卫生部门或医疗人员

对高中生健康服务人员需求的频率进行统计发现(见表9-10)，高中生普遍希望医院或医生提供健康服务。高中生希望提供的专业服务人员中医生排在第一位，心理健康专家次之，有68.3%的高中生希望心理健康专家提供健康服务。但是希望精神卫生或疾控预防中心人员提供健康服务的比例不足50%，在所有的服务人员中排到最后一位。说明高中生在精神疾病和疾控预防中心健康方面问题较少，同时也从侧面反映了高中生及其身边重要人物在精神疾病和常见传染性疾病方面需求较少或者高中生对精神卫生和疾控预防中心人员的职责了解不够，并不清楚可以获得何种针对性健康服务。

表9-10　高中生对卫生部门或医疗人员的需求频次统计(N=740)(%)

项目	不希望	很少希望	希望	十分希望
医院或诊所医生	6.4	20.5	51.2	21.9
精神卫生或疾控预防中心人员	21.8	28.9	36.6	12.7
心理健康专家	8.9	22.8	43.8	24.5

2. 校医和学校健康专业教师

通过对高中生健康服务非专业人员需求现状分析发现(见表9-11),高中生对校医或心理健康咨询师的需求程度仅高于疾控预防中心人员,61.8%的高中生表示希望由校医或心理健康咨询师提供健康服务。希望班主任和学校教师提供健康服务的人员略高于校医和校心理咨询师。

表9-11 高中生对校医和学校健康专业教师的需求频次统计(N=740)(%)

项目	不希望	很少希望	希望	十分希望
校医或校心理咨询师	12.2	26.1	42.6	19.2
班主任或学校教师	12.8	25.1	43.9	18.1

3. 家人朋友

通过表9-12可以看出,高中生希望父母和家人提供健康服务的占75.4%,在所有服务人员中排在第一位,这反映了当高中生出现健康问题时,最为依赖的还是亲近的家人,会首先向父母家人反映个体的健康状况。高中生希望由同学和朋友提供健康服务的占64.9%,略高于对学校教师的需求。

表9-12 高中生对家人朋友的需求频次统计(N=740)(%)

项目	不希望	很少希望	希望	十分希望
父母家人	6.9	17.7	46.6	28.8
同学朋友	8.9	26.2	45.3	19.6

(四) 健康服务内容

1. 生理健康

通过对高中生生理健康服务需求内容的频率进行统计发现(见表9-13),高中生对身体健康问题最为关注,表示关心身体健康问题的占88.1%。器官保护主要指身体重要器官,例如眼睛、牙齿、耳朵等的保护,有83.7%的高中生较关心器官保护问题,81.7%的学生关注身体发育与适应问题。

表9-13　高中生生理健康服务内容的需求频次统计(N＝740)(%)

项目	毫不关心	有点关心	关心	非常关心
身体健康	1.8	10.1	40.3	47.8
器官保护	1.6	14.7	37.3	46.4
身体发育与适应	3.9	14.5	41.8	39.9

2. 校园安全

高中生对校园安全问题最为关注,占89.2％(见表9-14)。安全问题是高中生最为关注的健康问题,也就是说生命安全至上是社会各界人群普遍持有的理念。

表9-14　高中生校园安全需求频次统计(N＝740)(%)

项目	毫不关心	有点关心	关心	非常关心
校园安全问题	0.9	9.9	42.0	47.2

3. 营养健康

对高中生营养健康需求进行统计发现(见表9-15),有80.3％的学生关注营养健康问题,其中40.8％的高中生非常关心营养健康问题。

表9-15　高中生营养健康需求频次统计(N＝740)(%)

项目	毫不关心	有点关心	关心	非常关心
营养健康	1.8	18.0	39.5	40.8

4. 物质依赖和精神疾病预防

物质依赖问题主要指酗酒、吸烟、上网成瘾、吸食违禁药品等。精神疾病,主要指抑郁、人格障碍和精神分裂问题。对高中生物质依赖和精神疾病预防需求调查发现(见表9-16),高中生关心物质依赖问题的比例为63.4％,表明超过一半的高中生能够看到物质依赖影响着健康,对物质依赖问题的重视程度较高。高中生对精神疾病预防的关心比例为58.1％,低于对物质依赖的关心程度,说明在高中生群体中,抑郁和人格分裂等健康问题并没有被普遍关注。

表9-16　高中生物质预防和精神疾病预防需求频次统计(N=740)(%)

项目	毫不关心	有点关心	关心	非常关心
物质依赖	17.2	19.5	34.9	28.5
精神疾病预防	17.0	24.9	31.5	26.6

5. 学业压力和危机干预

高中生的主要任务是学习,其学业压力也是社会各界普遍关注的话题。调查表明(见表9-17),有82.3%的高中生关注学业压力问题,其中接近40%的学生非常关注学业压力问题,可以看出学业压力是社会各界应当关注的话题。危机干预中的危机主要是指欺凌和家暴类的问题,调查发现,63.3%的学生关注到危机干预问题,这说明高中生有关注危机的意识和需要,危机干预中的欺凌和家暴等问题应当被社会关注。

表9-17　高中生学业压力和危机干预需求频次统计(N=740)(%)

项目	毫不关心	有点关心	关心	非常关心
学业压力	3.6	14.1	43.1	39.2
危机干预	15.3	21.4	33.2	30.1

6. 人际关系和两性交往

随着高中生生理和心理年龄的成熟,高中阶段的学生交友热情高涨,迫切需要情感力量的支持,社会交往和人际关系都面临着重要的挑战。在对高中生的人际关系和两性交往问题进行研究时发现,接近90%的高中生关注人际关系问题,说明人际交往是高中生社会交往健康的重要话题。研究发现,高中生对恋爱和两性交往的关心比例接近60%(见表9-18)。

表9-18　高中生人际关系和两性交往需求频次统计(N=740)(%)

项目	毫不关心	有点关心	关心	非常关心
人际关系	3.6	10.9	48.9	36.5
恋爱和两性交往	18.8	25.5	31.5	24.2

(五) 健康信息的获取途径

1. 科普与医生宣传

对高中生获取健康知识的需求途径分析发现,高中生认为十分有必要进行科普宣传的占 20.4%,认为有必要进行科普宣传的占 64.9%,认为有必要和健康专家进行面对面咨询的仅占 58.7%(见表 9-19)。可以看出,高中生还是期望通过科普宣传获得健康知识和健康信息。国家可以加大健康知识的宣传力度,确保高中生获得更多的相关知识和信息。

表 9-19　高中生对科普和医生宣传的需求频次统计($N=740$)(%)

项目	毫无必要	可能有必要	有必要	十分有必要
科普宣传	6.6	28.5	44.5	20.4
面对面咨询健康专家	9.6	31.6	38.2	20.5

2. 网络通信技术

随着互联网信息技术的不断发展,社会各行各界都运用到互联网技术。在调查健康信息的获取途径时发现(见表 9-20),有 52.6% 的高中生认为有必要通过网络查询健康知识,高于认为有必要通过电话咨询健康知识的学生。主要原因在于当前网络信息较为发达,但如何从中筛查出正确的信息是当前网络环境下的重要难题。而健康问题又关系着生命安全,因此有必要加强这方面的指导。

表 9-20　高中生对互联网和信息技术的需求频次统计($N=740$)(%)

项目	毫无必要	可能有必要	有必要	十分有必要
电话咨询	16.3	38.1	32.8	12.8
网络查询	10.6	36.8	37.6	15.0

3. 健康课程资源

对高中生获取健康信息的途径进行调查发现,高中生最希望获得健康信息的方式是通过健康教育课程,这一比例达到 68.5%。高中生通过书本或者网络查询的比例不足 60%(见表 9-21)。可以看出,高中生期望获得健康知识的途径是通过课程的形式,这一方式很符合高中生的现实状态。

表9-21 高中生对课程资源的需求频次统计(N=740)(%)

项目	毫无必要	可能有必要	有必要	十分有必要
通过书本或网络课程查询	9.1	31.4	40.4	19.2
健康教育课程	8.5	23.0	44.9	23.6

三、高中生学校健康服务需求的基本特征

(一) 对学校健康服务需求强度较高

对高中生健康服务需求强度进行调查发现,高中生群体有较强的健康服务需求,介于关心和有点关心之间。从学校健康服务需求的维度来看,高中生的需求主要集中在健康服务内容上,其中需求强度排在前三位的依次是:生理健康服务、心理健康服务和非专业人员的健康服务需求。可以看出,学校作为提供健康服务的场域,高中生最关注还是其提供的健康服务内容。提高学生的健康水平,仰赖于学校提供的健康内容是否能满足学生的需求、是否能够引起学生的关注和信任。因此,提升学校健康服务水平就要从丰富学校健康服务内容出发,深入了解和剖析高中生的健康服务需求。

(二) 对学校健康专业教师缺乏信任

对高中生对健康服务人员的需求进行分析发现,高中生更倾向于获得非校内专业人员的服务需求。当高中生出现健康问题时,其最为需要的是父母家人,其次为医生和心理健康专家、同学和朋友。可以看出,父母家人在高中生成长阶段扮演着重要的角色,信任感是高中生与健康服务人员之间建立关系最基本的准则。数据表明,来自家庭之外和家庭之内的支持都对人们的心理健康具有显著的积极影响。朋友是家庭之外支持的重要来源。对高中生健康需求现状的数据分析发现,高中生对学校健康专业教师的需求程度不高,这从侧面反映了学生对健康专业教师的信任程度不高,不愿意将隐私与教师进行交流。因此确保高中生在学校能获得赖以信任的健康服务人员是需要学校高度关注的内容。

(三) 学校对两性健康交往教育缺失

随着身体和生理各项指标不断成熟,高中生对待恋爱和两性交往都有着一

定的好奇，但在实际调查中发现，高中生对恋爱和两性交往毫不关心的占据20％。结合高中学校的现实情况，发现很多高中生在内心悄悄地关注着恋爱和两性交往问题，随着西方文化的不断渗入，我国高中生的两性思想也逐渐开放。但是，我国对两性交往的教育较为缺失，缺少专门的课程或者教材对高中生进行相关教育。因此，学校应为高中生树立正确的恋爱和两性健康交往观念，引导高中生对恋爱和两性交往树立正确认知，以保证高中生的健康交往。

（四）重点关注人际健康与学业压力

研究发现，超过80％的高中生高度关注人际关系和学业压力问题。高中生作为一个特殊的群体，其学生身份和所处的社会环境决定了学业成就是其关注的焦点问题。在以往研究中，高中生的学业压力与健康之间的关系也有所涉及，但是如何平衡学业压力和健康需要不断探索。此外，高中生随着年龄的不断增长，其生理和心理在走向成熟，已有强烈的"成人感"，对自由的渴望愈发强烈，与父母、教师、同学、异性之间的关系相较之前都发生了很大的变化。越来越多的研究关注到高中生由于面临升学考试的压力而产生的身心健康问题，我们需要重点关注高中生的学习动机、学习压力，关注高中生的学业发展和健康成长。[①] 而良好的人际关系对于高中生的健康成长也具有一定的正向作用。

（五）通过健康教育课程获取健康知识

在上述调查中可以发现，高中生更倾向于通过健康课程获取健康信息，通过科普宣传的方式获得健康知识。高中生需求最低的健康服务途径类型是电话咨询。可以看出，高中生对健康信息的筛选还是比较慎重的，更希望通过学校内部的支持，获取健康知识。但是，无论是通过健康课程，还是通过科普宣传的方式向学生提供健康信息，都需要向学生传递健康知识。健康课程的开展需要相应的健康教材，而健康教材也是进行科普宣传的一种方式，高中学生也很乐意通过书本进行自我健康教育。

---

① 王田，刘启蒙，罗海风，等. 高中生学习动机、学习压力与主观幸福感的阈值研究：以我国东部 S 省的测评结果为例[J]. 华东师范大学学报（教育科学版），2021，39（3）：59 - 70.

第三节　高中学校健康服务面临的主要现实问题

一、学校对改变高中生健康认知行为的教育不够

（一）高中生个体的健康认知行为较低

分析发现，经济发达地区的学生更为关注学校健康服务，而经济不发达地区的学生对学校能否提供健康服务反而不关心，他们对于当前的学校健康服务现状的态度，主要表现为难以理解进行学校健康服务的目的，表现出事不关己的态度："这是我能评判的吗？我觉得不好，会有什么改善吗？"而发达地区的学生，则很明显地表示希望获得学校健康服务。同时，对未来学校提供更多的健康服务充满期待。可以看出，学生对健康服务需求的态度与其所处生活环境有关。如果学生所处的社会环境注重对健康服务的需求，或者学生通过已惠及的健康服务获取到实际的健康利益，那么他们会希望获得更具实在意义的健康服务。学生所处社会环境的不同，导致他们在认知上表现出巨大的差异。经济条件越发达，他们对健康的关注与对健康服务的需求程度越高。但是，即使在经济较发达地区的学生，他们关注的内容也仅仅是最基本的生活住宿条件，对更深层的心理、营养健康服务等，关注度不高。高中生的健康意识水平有待加强。此外，经济的影响也造成高中生所能接受到的健康服务呈现不平衡发展状态。因此，针对高中生学校健康服务的理论研究和实践研究都有待加强。

（二）学校对健康教育的重视程度不够

学校的健康教育主要包括青春期生理卫生、营养和健康、学校环境卫生、常见疾病的预防、心理卫生、体育锻炼和体育健康、性健康与卫生、用药知识、行为环境与健康等。[①] 青少年通过健康教育获取基本的健康知识提升对健康的认知，改变个体的健康行为，养成健康的生活方式，从而促进个体的健康。随着社会转型期一些社会因素的改变，我国青少年心理健康特征呈现以下特点：竞争意识不断增强、自我意识不断强化、参与意识不断增强、宽容心态普遍增强、公

① 张菊林，徐丽娜，邓家平．体育教程［M］．上海：上海交通大学出版社，2004：18-19．

关意识日益增强、性意识趋向开放。[①] 但是，由于受到传统文化的影响，我国学生仍然存在传统封闭的思想，很多学生无法打开自己的心怀，对现代的心理健康咨询存在游移和排斥，仍然存在不信任的态度。造成这一结果的原因在于整个社会文化实体仍然是以儒家文化提供的立身处世体系为主导的。[②]

（三）社会各界对健康的价值认识不足

长期以来，社会上流行着"一考定终身"的说法，因为社会各界将高考作为评价一个人能力的重要标准。学校将升学率作为提升学校声誉的重要途径，教师在以学生成绩为主要评价标准的教育体系下，过度关注教学成绩，很少考虑学生德智体美劳全面发展。家长为了孩子能够考上名牌大学，将对孩子的家庭教育过度集中在考试成绩上，不考虑培养孩子的健全人格。高中生正处在面向高考的重要阶段，政府、学校、教师、家长等对其的影响使得其也高度关注高考，过度关注学习成绩。这些因素一定程度上导致社会对于健康教育课程的忽略。

二、中学生享有的学校健康教育资源较为匮乏

（一）健康课程的边缘地位明显

1. 心理健康课程开设缺乏规划

在课程资源配置上，学校心理健康课程的开展主要以校本课程的方式进行，在高一和高二期间每两周会提供一次心理健康教育课程，高三则取消了心理健康课程。对于一些教育资源配置薄弱的学校，甚至没有开设心理健康教育课程，仅仅以班会的形式对学生进行心理健康教育。

2. 体育健康课程开设流于形式

学校体育改革也是教育改革的重要内容之一，确立了学校体育新理念和"健康第一"的指导思想，我国对体育教育高度重视，使得青少年体育有了长足的进步，青少年的体育活动广泛开展，体育组织显著增加，体质健康明显上升，青少年对体育锻炼的关注程度明显增加。[③] 高中生普遍赞成和喜爱体育课程，认同体育课程存在的必要性。高中生喜欢体育课的原因往往在于体育课没有压力，可以放松心情，比较自由，也有自己安排的独立时间。同时，很多学生希

---

① 孙宏艳，徐文新. 社会转型期我国青少年心理健康特征分析[J]. 中国青年研究，2004(12)：46-54.
② 罗鸣春. 中国青少年心理健康服务需求现状研究[D]. 重庆：西南大学，2010.
③ 柳鸣毅，丁煌. 我国体教融合的顶层设计、政策指引与推进路径[J]. 上海体育学院学报，2020，44 (10)：13-27.

望丰富现有学校的体育课程内容与形式,不局限于田径和篮球、足球、乒乓球等球类运动,希望增添自主选择体育项目,扩大体育场所,构建青少年体育俱乐部。

与此同时,随着生活水平的不断提高和全球化进程的加快,越来越多的健康锻炼方式涌入人们的生活,国际上的先进体育健康锻炼方式也在不断涌入我国。高中生是接触新事物的前沿人物,在国外文化影响下,传统的体育锻炼方式与内容已经很难满足当代高中学生的需求。

3. 校医室服务不够、卫生健康讲座缺乏吸引力

一些学校的医疗室常年不开放,学生都是到学校门口的小诊所看病。一些学校虽开设医疗室,但医疗室主要提供一些常见疾病的药物治疗,即只提供药物,并不提供输液或打针的治疗。有一些学校虽然会为学生提供预防传染性疾病的健康讲座,但是这些讲座效果不佳无法吸引学生,针对性不强。

(二) 健康教师的专业素养不高

1. 心理健康服务专业人员配比率低

调查显示,资源配置较好的学校,比如30个班级也只有2名心理健康教师且专业背景为教育学和心理学,心理健康教师和学生的比例接近1:900。有些学校则没有专业的心理健康教师,学生的心理健康教育都是班主任通过班会进行,即由班主任在班会上对学生出现的人际关系问题、学习压力问题进行疏导,而没有专业教师开展心理健康教育课程。心理健康服务开展较好的学校,心理健康教师不仅会在学生入校之初对其进行心理测量,还会建立学生心理健康档案;而学生也可以便利地使用学校相关的课程资源、设施资源、教师资源。除此之外,在高考前夕,一些高中学校会邀请心理健康讲师为高三年级学生开展心理健康讲座。

2. 校医务人员的健康服务职责有待明确

据访谈了解,目前很多学校没有配备校医务室,即使配备了校医务室的学校,校医和学生的配比也基本达到600:1。一些学校医务室不仅要进行基础的医疗保健服务,传染性疾病、突发性疾病的预防、上报,还肩负着学生的请假、食堂的卫生和饭菜质量、学校环境卫生等的监管职责。一些学校周一到周五会为住宿的学生提供校医务室就诊服务,如果是基本的疾病,会让他们在学校医务室处理;如果是重大疾病,会及时通知家长接回家诊治。高中学校的门诊量会视情况而定,若处在流感高发期,每天30~100人都是常见的,提供的只有急救

药物,不会提供特殊疾病的药物。

(三) 健康设施资源配置不充分

1. 心理健康咨询室配置不合理

健康教育发展较好的学校建设了专门的心理咨询室,且受访教师表示心理健康咨询室利用的效率很高,学校领导也十分重视学生的心理健康问题。但是,教师在开展心理健康课程时,并没有专门的教材,一般只会通过学生的实际需求开展心理健康教育。没有配备心理健康教育设施资源的学校每学期会至少开展一次心理健康教育活动讲座,并为教师提供校外心理健康相关的培训和交流。

2. 体育场地和器材设施落后

很多学生和教师热爱体育活动,喜欢体育课程,但是由于财政资源紧缺,学校体育设施种类单一。一些学校的体育课对于学生过于无聊,基本上是教师带领大家做个准备活动,然后跑步两圈,进行自由活动。一些学校的体育课对女生不公平,很多都是和男生们一起打篮球或者踢足球,老师偶尔教一些球类运动技能。一些学校可供开展体育锻炼的设施太少,不足以满足高中学生对健康锻炼的需求。

三、社会为学校健康服务提供的支持体系有待完善

(一) 学校的健康环境与健康管理需提升

目前,大多数学生对学校提供的膳食搭配较为满意,但是,学生的营养健康行为还需要不断改善。学生对饮食健康服务的需求主要集中在饮食卫生方面,即学生希望加强对学校食堂安全卫生的监管。学校需要建立持久有效的监测哨点,为学生提供与卫生服务人员平等对话的空间。此外,学校高中生的住宿条件有待加强。一些欠发达地区学校住宿条件差,与学生身体发展相适应的合理生活条件、休息、饮食和营养得不到保证。

(二) 对高中生家庭缺乏针对性的健康指导

现阶段高中生的家庭结构多为独生子女家庭,他们往往受到家庭的过分关注,很多家长认为孩子学习辛苦,会搜集各类营养补品给他们,但是营养过剩也会造成身体的不健康。此外,很多家长为了孩子学习成绩的提高,给孩子报了很多辅导班。孩子得不到休息,每天被繁重的学校任务、辅导机构的补习负担压着。这样的学习压力给孩子造成太大的心理负担,造成焦虑、抑郁、生命安全

问题频出。而单亲家庭的孩子，由于家庭结构不完整，很多学生缺乏父母的双重引导，心理不健全，需要倾诉和被关爱。一些农村家庭的学生，父母在外打工，作为留守高中生在学校寄宿，虽具有较强的独立性，但日常的饮食起居很少有人提醒，膳食搭配常以个人喜好为主，很少注意平衡营养与科学饮食。

在日益全球化的今天，东西方文化不断交融，不仅使我国高中生的思想意识发生变化，同时使得高中生的饮食观念也发生了改变。例如肯德基、麦当劳等休闲餐饮进入我国市场，赢得了很多高中生的青睐。大量的油炸食品、高脂肪食物、高热量的快餐进入高中生日常生活中，使肥胖成为一大健康问题。而针对肥胖的各类不健康减肥方式，也成为影响高中生身体健康的重要因素。另外，西方文化中对性教育比较普及。我国由于传统文化的影响，高中学生缺乏有关性健康的教育，很多高中生开始接受西方开放的文化，并通过电视、电影获取一些碎片化的性教育相关信息，性健康教育在学校并未被置于突出而重要的地位。

（三）政府对于学校健康服务支持还不够

一般来说，政府的健康教育政策可能对高中生的影响主要表现在两个方面：一是可能会影响到高中生对学校健康教育的态度。当国家以政策文件的形式下达给各个学校开展健康促进或者健康教育时，相关的学校会加大健康教育宣传，并采取措施推进学校健康教育工作力度，这样会在高中生中间倡导一种健康生活和养成健康行为的理念，间接地影响高中生关于健康的态度变化并且促进健康知识技能的获得。二是相关的政策与制度将直接影响到学校的健康服务的实施过程与结果。

当前，我国各级政府逐步意识到学校健康教育的重要性，开始加强关于学校健康教育政策的供给。作为国家基本公共教育服务体系的组成部分，学校卫生与健康服务应该成为各级政府重点关注的工作任务。通过资源的优化与组合，加大对学校健康教育的财政支持，倡导积极的健康生活方式等，将有力促进学校健康教育服务的效果。2023年6月，中共中央办公厅、国务院办公厅印发《关于构建优质均衡的基本公共教育服务体系的意见》，将健康教育作为基本公共教育服务的重要组成内容，持续完善学生的健康服务体系。但是，目前各级政府在满足学校健康服务需求方面，仍然存在地区、城乡、群体间存在学校健康教育和服务覆盖不均衡的情况，在政策支持的力度与服务的方式内容方面还不够充分，在一定程度上影响了我国学校健康教育与健康促进工作的整体成效。

第四节　优化高中学校健康服务的社会支持对策

我国高中生健康服务需求意识有待提升,高中生所享有的健康教育资源呈现不均衡发展的态势。关注学生的健康服务需求,应当从健康意识的角度出发,着眼于学生健康服务需求的内容打造,优化现有的健康服务形式和途径,形成系统的学校健康服务支持网络,帮助学校克服健康服务发展中的困境和不利因素。因此,从提高高中生健康认知行为、均衡分配健康资源、建构协同社会支持网络出发,建立优化高中生学校健康服务的社会支持治理体系显得十分重要。

一、学校树立健康第一理念,改变高中生健康认知行为

(一)建设高中生健康教育认知体系

健康教育也有其特殊的逻辑话语,如何形成一个科学系统的健康教育认知体系,对实现全社会乃至整个健康教育的改革有一定的意义。有研究指出,学生的体质健康与锻炼习惯、早餐情况、睡眠质量呈现显著相关,[1]即学生经常锻炼会促进体质健康,从来不吃早饭的学生会偏重,睡眠质量不好也会影响学生的体质健康。在实际教育中,让学生认识到这一逻辑关系,让高中生乐于注意到生活的规律性,合理规划学习和休息时间,同时教会他们脑力劳动与体力劳动结合的方法,避免持续紧张的学习,维护大脑的健康,都是促进学生实现健康行为的重要途径。

(二)创设高中生健康教育支持环境

社会认知理论强调若要改变目标人群的健康行为,就需要先改变目标人群的健康信念、健康认知的构成,再改变目标人群所处的学习环境。若要改善高中生的健康状况,就需要改变高中生所处的环境。我国学校健康促进工作可以从以下几个角度展开:一是改革"体育与健康"国家课程,重新确立学生体育教学和健康教育之间的关系,明确健康教育课程和体育课程之间的差异性,确立

---

① 汤林春,铁口宗弘,刘红.上海与大阪 11 岁和 15 岁中小学生体质健康比较研究[J].比较教育研究,2016,38(3):96-102.

专门的健康教育课程以促进健康教育发展。二是注重健康教育与健康评价相结合,建立学生体质和心理健康监测,全面开发和落实健康评价制度。三是建立和完善各级协同推进机制,积极促进各相关部门之间的密切合作,通过在身体健康、心理健康、营养健康等方面开展跨部门行动,共同提出干预对策,形成维护学生健康的合力。

(三) 营造高中生健康社会生活文化

公共精神作为现代公民的核心品质,是个体在社会公共生活的实践中沉淀和积累的个人主观精神下的社会公共伦理,而公共精神的发展状况直接决定着未来社会的公共生活品质。[①] 高中生作为未成熟的社会公民,其最重要的公共生活平台是校园,若要实现青少年从公共意识到公共理性再到公共责任感的转变,需要为他们营造健康的生活文化。现阶段,高中生的社会交往主要包含朋友之间的友情、师生之间的师生情、父母子女之间的亲情等情感意义上的私人交往关系。健康知识和健康行为就可以在朋友、家人、师生之间进行循环传播,即教师可以通过传递有效信息给学生,学生之间或者学生和家人之间再进行互相交流传递,以此互相劝诫和告慰,实现健康知识和健康信息的公共传播。同时,健康教育公共精神,也包含着一种无差别的平等文化,处在这一阶段的学生要营造一个平等无差别的健康教育氛围,从而保障学生个体的平等健康权益。

二、政府均衡分配健康资源,促进学校健康教育公平

(一) 提高高中生自我健康管理的能力

根据健康自评指标体系和生活方式评价指标体系,高中阶段的学生对个人健康的管理指标内涵要从个人的健康认知、健康技能、行动力、意志品质四个方面进行自我管理。健康认知是个体进行自我健康管理最基础的部分,个体只有清楚地了解自我健康水平的高低及潜在的健康隐患,明确自身所肩负的健康维护责任,才能积极探索维护和管理个体健康的方式和行为技能。高中生只有掌握了基本的自我健康管理的技能,才能有效地规避不健康信息和不健康行为,积极寻求实现个体健康的策略和方式,提高自我管理水平。

(二) 推进对落后地区学生的健康援助

不同地区学校对学生提供的医疗健康服务存在很大差异性。其中经济发

---

① 杨淑萍.公共精神的生发逻辑及青少年公共精神的培育路径[J].教育研究,2018,39(3):27-34.

展水平的不对等使得地区之间教育发展呈现巨大的差异,造成不同地区之间的学校健康服务呈现巨大的差异,高中生的健康服务需求也表现出差异。因此,促进公平的健康教育权益,一直是当前社会高度重视的议题。美国政府为了保证处于困难情况下的儿童能够享受正当的权利而实施"补偿教育计划",这一计划突出的表现就在于实现儿童享受平等受教育、平等接受健康服务的政策支持。我国可以借鉴西方国家的经验,对经济发展落后的地区实施健康援助,确保健康资源分配的公平。

(三) 创立优质健康教育网络资源平台

依托现代网络信息技术,提升学校健康服务的现代化水平。随着信息化时代的到来,大量涌现的健康信息知识席卷而来,那么,对这些知识有效筛选、科学、高效地管理和利用,创设以现代信息技术为传播主体的治理主体势在必行。具体而言,通过开发建设青少年健康信息技术平台,为不同地区的高中生提供经严格甄选的科学健康公共服务信息。通过信息共享的技术进行跨部门合作,应对现有社会的健康问题,建立符合学生需求的健康服务新途径与新方式。

三、立足高中生健康需要,建构多元的社会支持协同网络

(一) 自我支持体系的建构

高中阶段是青少年身心发展的重要时期,是青少年思想品质、人生观、自我意识、情绪情感、个性、人格等形成的关键时期。有研究表明,处于这个时期的高中生,随着理想和现实自我差异的增大,其抑郁水平会随着年龄的增长而增加,但是增强高中生的自我效能感能够调节理性-现实自我差异和抑郁之间的关系。[①] 也就是说,处于这一阶段的青少年应坚定信心,树立合理的目标,通过不断强化信念,并付诸行动,形成理想型的自我。同时,这个阶段的高中生也具有自我意识、自我排解和自我解决问题的能力。首先,高中生个体要能够善于利用周围的资源,及时排解内心的苦闷,善于发现自己的优点和特长,不断增进对自己的认识和了解,学会自我鼓励。其次,研究者们发现认知灵活性对情绪调节的促进作用能够影响个体的心理健康。[②] 高中生要学会丰富个人的认知

---

① 祖雅桐,杜健.青少年自我效能感对现实-理想自我差异与抑郁间关系的调节效应[J].心理与行为研究,2016,14(3):360-366.

② 闫静怡,张雪倩,孙琦,等.非适应性认知情绪调节策略对高中生抑郁的影响:经验回避和认知融合的链式中介作用[J].中国临床心理学杂志,2022,30(6):1303-1307.

水平,培养积极、稳定的情绪,做一个具有积极情绪、乐观开朗和心情愉快的人,学会情绪的自我调节,做到合理宣泄,适当控制情绪。最后,高中生要积极参加集体活动,主动与人交往。

（二）群体支持体系的建构

高中阶段的学生,通过不同方式,可能形成正式或者非正式的群体,这对高中生的健康支持体现在健康知识和信息资源的相互分享,情感的宣泄与相互理解,互相帮助行为的实现等。构建高中生群体支持体系可以从以下几个方面出发。

首先,寻找具有共识的群体目标。在一个群体的形成之初,要有共同的目标才能够让大家聚集起来。例如,在高中学校可以建立具有共同目标的学校团体组织,这个团体的目标在于促进该群体及群体之外学生的健康发展,通过学生团体的建立,让他们了解同龄人、同层次、同阶段学生对相关健康知识的需求,以此扩散健康知识、健康技能,以此形成健康校园文化。

其次,形成健康规范的学生团体。表现为:加强学生群体的规范行为,建立具有约束力和科学有效的健康行为规范,在群体内部号召群体成员积极遵守健康行为准则,形成有约束力的健康行为团队,以此带动周围学生的共同参与,从而实现具有约束力的健康校园行为规范。

最后,有专业人员的指导培训。高中生毕竟是一个不够成熟的社会群体,在健康知识的筛选和健康知识的传播上,需要专业人员的指导和帮助。因此,在高中生群体建立之初,就需要学校提供包括医生、生理教师、心理健康教师、体育教师等专业人员的指导,教会学生群体在甄选健康信息和健康知识时应当注意的内容,同时,教会高中生通过何种渠道获取科学的健康信息。在学生群体成立之初,还可以协助他们制定恰当的健康目标,在群体运行的过程中提出相应的参考意见;在高中群体达到成熟期时,还要科学有效地评估群体的活动成效。

（三）家庭支持体系的建构

建构家庭支持体系,要从以下几方面着手。

第一,转变高中生家长的传统观念,帮助他们建立起积极健康的现代教育观念。当前社会上很多人一直要求给学生"减负",在这些"减负"的声音中不乏学生家长的声音。但是也有很多家长对"减负"不理解、不支持,尤其高中生处在由基础教育向高等教育过渡阶段,很多家长持"学习是学生的第一要务"的思想,将所有目光聚焦于学生的学习成绩,忽视了学生的生理发展、体育锻炼、心理健康等方面。因此,家长要摆脱传统的思想,通过合理渠道积极了解现代教育理念,帮助孩子提高生理健康、体质健康和心理健康水平。

第二,学校要支持家长建立和学校之间的联系。学校通过家校合作的方式建立起家长和教师、家长和学生之间的积极沟通和交流,充分发挥家校合作的积极作用,共同促进青少年健康发展。有研究表明,我国当前家校沟通主要呈现出以问题为导向的沟通,即学生家长会在学生成绩下滑时寻求与教师的沟通,而教师会在学生出现学习和心理健康问题时主动寻求沟通,相比较而言,家长主动沟通教师的行为少于教师主动沟通家长的行为。[①] 学校应当主动为家长提供相关培训,积极鼓励学生家长为学生提供优越的物质条件的同时,也关注其生理和体质健康发展的需要,教会家长与学生进行心理沟通交流的技巧,发挥家长在学生健康发展中的作用。

第三,成立家庭发展委员会商讨学生健康问题。成立家庭互助组织,促进家长群体之间对学生的健康教育。美国在 20 世纪 90 年代为了促进儿童的健康发展,成立了家长教师协会(PTA)且取得显著成效。首先,家长委员会可以通过筹措资金的方式为学校提供更多的资源,例如通过筹措的资金为学校增添体育设施、医疗设备、心理咨询室,为学生提供每年一次体检服务,招募更多的心理健康教师、营养健康师为学生的健康服务等。其次,家长委员会共同参与管理学校学生的日常生活。学生的营养、健康和安全都是家长委员会关注的重点。家长会员会可以查看学校的食堂是否符合国家规定的膳食营养健康标准,安排志愿者与学生共同就餐,了解学生的就餐感受和对膳食营养的安排;同时了解食堂人员在为学生准备食物过程中面临的挑战,与校长、总务管理人员共同商讨和改善学校的营养环境。最后,家长委员会还可以在营造安全和谐的校园环境方面做出努力。家长委员会可以通过参与校园管理,列出有关学校校园环境、影响校园安全的清单,通过家长委员会的头脑风暴,开发行动计划,阻止欺凌事件的发生,营造安全和谐的校园环境。

第四,家长参与学校健康教育的监督和决策,为学校的健康教育治理提供建议。在学校的变革中,不仅教育部门、校长、教师等对学校的变革起到重要的

[①] 邓林园,许睿,赵鑫钰,等.中国高中阶段家校合作的现状以及与高中生发展的关系[J].教育学报,2016,12(6):78-87.

作用,家长的有效参与和监督也有利于学生的健康。例如,在全国建立汇集全国家长委员会的家长委员会组织,通过开展会议交流的方式,向学校、社会和政府提出一些建议;在全国家长委员会中开展应对困扰学生的"性骚扰和校园暴力决议"等专题会议,在家长委员会中征求意见,并将这些决议反馈给学校,推动学校做出相应的变革。

(四) 社区支持体系的建构

社区是社会资源的主要聚集地,对高中生提供的社区支持主要是通过社区的力量,为学生提供健康锻炼资源,以维护学生体质健康和心理健康为核心,通过挖掘、整合和利用社区的各类资源,营造出积极健康的社区生活环境。具体可以从以下几个方面出发。

第一,努力挖掘社区各类健康资源,为学生创造良好的生活环境。社区应当努力美化、绿化和净化社区环境,加强对社区各种体育设施的建设,包括篮球场地、体育器材设施、游泳馆等的建设,同时要营造健康的社区文化氛围,合理利用小区的宣传栏,传播健康知识和信息。同时,开发和利用好社区的展览馆、文化馆、博物馆等,建设爱国主义教育基地和劳动实践教育基地等文化设施;充分加强社区居民之间的沟通,例如在全国的爱牙日、爱眼日举办健康文化节,促进社区学生和家长的共同参与。

第二,积极建立与学校之间的联系,共同完成学生的健康档案。加强社区与学校医务室之间的联系,尤其是对一些有重大疾病的学生,要做好网上的联合沟通。在网上建立共享信息系统,共同建立和管理学生的健康档案,通过社区医生和学校医务人员之间的联系,保证有特殊问题的学生在校期间的安全防护问题。

第三,加强社区参与学生心理健康教育的实践探索。学校、家庭、社区是三个不同的系统,有不同利益关系和心理健康教育资源,融合三者的力量,统筹协调好学校、社区、学生的心理健康教育资源,将更有利于学生心理健康的发展。例如,建立社区学生教育委员会,邀请专业的心理健康医生进行心理健康知识的宣传。同时,为患有和曾经患有心理障碍的学生提供良好的社区康复环境和服务,为学生心理疾病的预防和危机干预提供必要的协助。

(五) 政府组织的支持体系建构

各级政府对高中生健康服务的支持主要体现在国家的法律制定、政策支持、制度保障和物质资源的支持上。政府作为学校健康事务的管理者,是学校健康服务支持和监督的责任主体,制定适合高中生健康发展的学校健康服务政策并实施,对建设健康中国具有重要意义。

第一,建立和规范学校健康管理服务体系。根据新公共服务理论,政府应该根据当前社会条件下学生的需求建立面向以学生为核心的系统的学校健康服务体系。首先,政府应当致力于建立能够广泛覆盖和持续发展的系统的学校健康管理服务体系,这不仅要求政府对学校的健康服务管理体系做出整体规划和指导,同时要求政府组织研究人员对建立中国特色的健康服务体系进行研究,或者各级政府根据当地的实际状况组织人员研究建立适合地方特色的健康服务网络。根据健康需求模型理论,人们对健康服务的需求会随着年龄和受教育阶段的增加而增加。当前仍有一部分学生在高中阶段完成了其教育意义上的最高学历,那么政府提供的健康知识和技能应为这部分高中生成为未来健康的社会公民做好准备。

第二,完善政府监督机制,建立学校健康服务规范管理。首先,由于受中国传统应试教育制度的影响,升学率成为各个学校关注的重点。体现在健康教育现实中,很多学校的教师、学生、家长过分重视文化课程的教育,对于国家规定的体育课程和心理健康课程并不能按质按量地开展。各级政府要加强监督,确保与学生健康教育相关课程的有效实施,真正实现由应试教育向素质教育的转变。其次,各级政府要加强与学校管理者的沟通,在政府与学校之间建立监督机制。一方面,各级政府要督促学校领导提高对学校健康教育的重视度。另一方面,各级政府通过不间断的抽查和检查学校健康教育工作的完成程度,加大对学校健康服务工作的奖励和惩罚力度。

第三,建立政府与社会其他组织间的有效协作机制。根据整体政府理论,公共服务的提供需要强调公共服务供给主体的多元化。具体而言,当前政府在学校健康服务的治理过程中,应该协调好相关部门,做好学校健康服务的领导工作。此外,与学校健康教育相联系的其他政府机构,如教育部、体育部、疾病预防与控制中心等,也要发挥在学校健康服务中重要的作用,这其中的服务不仅包括政策和制度的实施,还包含对学校人员的培训等。同时,各级政府机构可以通过协同第三方非营利社会组织建立监督机制,加强对学校健康教育的监督、服务与培训工作,为学校开展健康教育提供支持。

第四,完善与学校青少年健康教育相关的法律。在国际社会,很多国家会通过相关立法或者专项计划规范治理青少年的体质健康工作。这就需要国家通过完善教育法以及制定学校健康教育条例等地方性法规,从法治建设层面加强对学校青少年公共健康教育服务的管理,如制定青少年的体质测评制度,建立青少年健康权利保护的诉讼制度,建立学校健康教育服务专业队伍的建设,通过营造保护青少年健康权获得的社会氛围与政策环境,推动学校青少年健康教育的专业化水平。

第十章
青少年健康素养发展与学校信息技术促进

儿童青少年处于身心发育与成长的关键期,其健康问题的复杂性与多样性,逐渐引起了国际组织、各国政府和社会大众的广泛关注。学校健康教育与健康促进,在提高青少年健康素养与提升青少年生命质量方面扮演着愈加重要的角色。随着全球网络通信技术的快速发展,新媒体、云计算、物联网、智能终端等现代信息技术为提升青少年的健康素养提供了更多的选择。鉴于信息技术对青少年身心健康带来的威胁,从积极视角出发,彰显信息技术在促进青少年健康发展、推动学校健康教育变革与促进个体健康权益实现中具有积极的健康教育治理意义。

第一节　青少年健康与信息技术促进的研究背景

一、青少年健康问题复杂性引起社会广泛关注

随着全球化的发展,社会日趋复杂,人类在相对平稳快速的发展中酝酿着新的历史飞跃。当代青少年健康问题常常成为新闻舆论、社交媒体的关注热点。儿童青少年人身伤害事件屡见不鲜,安全事故时有发生,他们的心理健康广受公众关切。一方面,社会的转型与变革要求儿童青少年的身体发展能够有能力、有耐力、有体力地灵活应对;另一方面,处于变革中的政治、经济、文化、社会多元环境不断地对青少年的精神世界进行冲击。然而,青少年的生理发展阶段决定了其认知能力、思维能力的发展局限,道德观、价值观还未发展成熟。儿童青少年的身体健康也面临着新的问题,如不吃早餐、不爱锻炼、健康意识差等不健康的作息与饮食习惯,同时,青少年的心理健康也正饱受孤独、焦虑、自卑的威胁,如流动青少年

的心理失衡问题,①离异单亲家庭里长大的青少年存在的社交障碍等。

自 2012 年起,网易、非政府组织救助儿童会联合中国公益研究院发起了"年度儿童权利事件"的公益评选活动,以社会关注度、影响力、涉及儿童权利的程度等三大标准评选年度儿童权利十大事件,至今已举行多届。在这些事件中,无论是教师"虐童"还是父母"虐童","虐童案"时有发生,从"毒校服"到"毒跑道",从"夺命校车"到"免费午餐计划",公众对青少年儿童的健康关注度持续升级,在社会舆论的助力下,《校车安全管理条例》得以出台,"中国乡村儿童大病医保公益项目"正式启动,《反家庭暴力法》出台并实施,政府出台新政干预校园欺凌……在国际社会中,各国政府、社会组织和学术研究机构也一直致力于促进儿童青少年的健康发展。联合国《儿童权利公约》第 24 条明确指出,儿童有权享有可达到的最高标准的健康,②这一公约得到了大多数国家的认可。2014 年世界卫生组织发布《全球青少年健康问题》报告,呼吁大众多多关注青少年健康问题,针对青少年面临的健康问题,如吸烟、饮酒、药物滥用、艾滋病、精神卫生、生殖健康和暴力问题等给予指导意见。同年,世界卫生组织发布了《世界青少年健康:第二个十年中的第二次机会》的报告,指出青少年代表了新的健康议题,与大多数慢性非传染病有关的行为或条件始于这一时期,或者在这一时期得到巩固,如饮食、体育锻炼习惯、超重和肥胖等。③ 2016 年,联合国秘书长潘基文发起"妇女、儿童和青少年健康全球战略"(Global Strategy for Women's, Children's and Adolescents' Health)的倡议,指出推动妇女和儿童权利与健康的发展即推动整个社会的发展。④ 青少年的健康问题在一个个家庭中萌芽,正得到政府、国家和世界的密切关注。

二、发展青少年健康生活核心素养的现实要求

少年强则国强。青少年是一个国家、一个民族的后备力量,其身体发育、心

① 赵晓敏,陈永进,白璐. 流动青少年心理健康状况调查[J]. 中小学心理健康教育,2018(19):4-10.

② 联合国第 44/25 号决议. 儿童权利公约[EB/OL]. [2018-08-12]. http://www.un.org/chinese/children/issue/crc.shtml.

③ 世界卫生组织. 世界青少年健康:第二个十年中的第二次机会[EB/OL]. [2018-07-05]. http://apps.who.int/adolescent/second-decade.

④ 联合国. 推动妇女和儿童权利和健康的发展就是推动整个社会的发展[EB/OL]. [2018-07-05]. https://www.un.org/sustainabledevelopment/zh/2016/03/pledges-to-improving-lives-of-women-and-girls.

智成长、能力发展、意志培养、道德形成对未来国家和社会建设具有重要意义。最早,世界经合组织针对知识经济时代的社会愿景,以及个人应对全球化生活的需求构建了"成功生活和健全社会的核心素养"的素养框架,此后,在终身学习理念下,欧盟和联合国教科文组织分别发布了《终身学习核心素养:欧洲参考框架》和《全球学习领域框架》,对以青少年为主的学习者提出了多元知识结构与技能的核心素养需求。面向21世纪、着眼未来,世界各国也相继提出具有国家特色的21世纪核心素养。2016年,北京师范大学林崇德教授课题组发布《21世纪学生发展核心素养研究》,从三大方面提出六大素养,构建了属于中国学生的核心素养体系,它以培养"全面发展的人"为核心,内含健康生活在内的六大核心素养。① 核心素养对于我们的教育培养什么样的人给出了系统而全面的解读,其中自主发展层面特别指出发展学生健康生活素养,具体包括珍爱生命、健全人格、自我管理等基本要点。可以说,健康生活核心素养的提出是国家民族对当代青少年全面发展的现实要求。

青少年的健康成长是教育发展的应有之义和实践追求。近年来,鉴于学校教育信息化的推进与成熟,终身教育理念统领了学校教育的发展。终身可持续发展的教育理念,从全生命周期的发展角度,着重强调个人的知识、能力、情感、态度、价值和身体各方面的协调发展,最终实现个体发展的整体性与全面性,把学生的学习、教育、社会、生活紧密地联系起来。可以说,培育与发展青少年正确的健康生活知识、技能与健康生活行为习惯,是摆在当前学校教育改革与发展中的重要现实问题,需要学校、家庭与社会协力推进。

三、信息技术为青少年健康改变带来的机遇与挑战

随着当今时代全球化的发展,多元化的传播内容、复合型的传播途径、虚拟性的传播过程、交互式的传播方式、娱乐化的传播环境,无处不在的信息技术正在改变人类生活的方方面面。移动学习成为青少年学习的重要方式,新媒体成为青少年的主要社会交往工具,互联网成为青少年意识培养的助推器,新媒体环境成为青少年道德理性发展的沃土。联合国儿童基金会发布的2017年世界儿童状态报告《数字时代的儿童》指出,当代儿童正处在数字时代,深受数字媒体的影响。数字技术的恰当运用与普及,对解决世界儿童因贫困、民族、种族、

---

① 核心素养研究课题组.中国学生发展核心素养[J].中国教育学刊,2016(10):1-3.

性别等因素而落后的现状从而在数字时代取得成功意义显著。

然而，数字鸿沟的客观存在若得不到改善会对青少年的成长带来更多隐性威胁。[1] 我国互联网络信息中心发布的第 52 次《中国互联网络发展状况统计报告》显示，青少年网民占 17.7%，在网民群体的结构中占有重要地位。[2] 中国青少年研究中心发布的《新媒介与新儿童》的研究报告指出，近半数儿童认为上网的最大害处是影响视力，部分儿童对网络负面消息感兴趣，八成儿童认为其对社会影响比较消极，参与网络消费的儿童存在非理性消费的行为，此外，网络不良信息和刻板印象对儿童青少年的性别社会化有一定影响。网络欺凌与暴力、不良色情信息、隐秘性的社交网络、手机依赖、电子产品攀比等对于儿童青少年的心理健康、社会交往具有多重影响。[3] 综上而言，信息技术的应用对于青少年的身心健康、社会交往、道德发展等方面影响深远。

第二节　信息时代青少年健康与健康素养发展现状

本节将针对信息时代青少年健康与健康素养发展这一主题展开研究设计，通过问卷调查、文献分析等方式把握信息时代青少年健康与健康素养发展现状，针对性地总结当前青少年健康素养发展的实践经验，充分利用信息技术工具，促进青少年健康发展。

一、问卷调查的设计与实施

（一）问卷的编制

1. 问卷题目来源与结构

本研究使用自编的《儿童青少年信息技术应用与健康素养发展调查问卷》，问卷题目的编制分为 7 个部分（见表 10-1）。

---

[1] 联合国儿童基金会. 2017 年世界儿童状况：数字时代的儿童[EB/OL]. [2018-07-05]. http://www.unicef.cn/cn/index.php?m=content&c=index&a=show&catid=226&id=4425.

[2] 中国互联网信息中心. 第 52 次《中国互联网络发展状况统计报告》[EB/OL]. (2023-08-28)[2024-02-20]. http://cnnic.cn/n4/2023/0828/c199-10830.html.

[3] 孙宏艳. 新媒介与新儿童[M]. 北京：中国青年出版社，2014.

表 10 - 1　调查问卷编制的结构与要素

分类	内 容 要 素
1. 人口学特征	性别(Q1)、年级(Q2)、城乡分布(Q3)、父亲职业(Q4)、母亲职业(Q5)、成绩自评(Q6)等
2. 信息技术支持	网络安装(Q11)、上网限制(Q12)、上网工具(Q13)、上网时长(Q14)和主要上网行为(Q15)等
3. 健康现状	健康自评(Q7)、近视与否(Q8)、体检频率(Q9)和获取健康和医疗知识的途径(Q10);睡眠(Q16)、体育锻炼(Q17)、饮食(Q18)、心理健康(Q19,Q20)、吸烟(Q21)、饮酒(Q22)等
4. 健康促进	学校健康教育(A1)、学校健康服务(A2)、学校健康传播(A3)、校园环境(A4)、家庭教育(A5)、家庭环境(A6)等
5. 信息素养	信息知识与技能(B1—B6)、媒体与制作(B7—B10)、技术与应用(B11—B14)、信息认知(B15—B20)
6. 健康素养	科学健康观(C1—C4)、合理营养(C5—C7)、疾病预防(C8—C14)、青春期发育(C15—C18)、用药常识(C19—C21)、心理健康(C22—C25)、意外伤害与急救(C26—C28)、问题解决能力(D1—D4)、健康决定能力(D5—D8)、评判性健康素养(D9—D10)
7. 信息技术支持的健康服务	健康信息服务(E1,E2,E4—E7)、健康产品服务(E3)、健康医疗服务(E8—E12)

　　第一部分为人口学特征,为了了解研究对象的基本信息,在综合考虑青少年健康影响因素的不同维度与健康发展状况后,设置了性别、年级、居住地特征、父母职业、学习成绩自评、健康自评、体检频率、获取健康和医疗知识的途径等基本信息调查;第二部分为信息技术(硬件)支持现状调查,目的在于了解青少年的信息技术应用的基本条件、设备设施、使用偏好等,设置了上网的主要行为、上网时长等具体项目;第三部分为健康现状调查,便于了解青少年当前的健康现状,设置了饮食、睡眠、运动、吸烟、饮酒等健康行为的调查;第四部分是青少年健康促进现状,从青少年对学校健康教育、健康服务、健康传播的满意度到家庭教育与家庭环境的建设等方面了解青少年健康促进的基本现状;第五部分信息素养,参考了华中师范大学汪雪威硕士论文中的中学生信息素养调查问卷,涉及青少年的信息知识与技能、媒体与制作、技术与应用和信息认知等信息素养构成的不同维度,便于客观反映青少年信息技术应用的综合素养;第六部分是健康素养现状调查,这一部分主要参考借鉴教育部印发的《中小学健康教育指导纲要》和《中国公民健康素养——基本知识与技能》的具体内容,在重庆

医科大学王翎懿硕士论文的健康素养调查问卷基础上进行删选,从功能性健康素养、互动性健康素养与评判性健康素养三个维度,展开青少年健康素养现状调查。第七部分是基于信息技术的健康服务调查,从青少年健康信息服务、健康产品服务和健康医疗服务等方面,分析青少年使用信息技术促进自身健康素养发展的具体表现。

2. 问卷信效度分析

在信息技术基础知识与技能、健康素养现状和信息技术对健康素养的影响调查中,问卷编制采用五点量表的设计。为了能够客观地把握调查结果的一致性、稳定性和数据结果的有效性和可靠性,本书针对问卷的各个组成部分进行信度和效度检验。

在信息素养部分,问卷设计了 20 项,从四大维度深入了解青少年的信息技术知识与应用能力,从信息的获取、利用、管理与加工层面把握信息知识与技能,从媒体工具的分析、利用与制作层面探究媒体与制作能力,从信息技术在学习、生活、社交与信息技术创新层面了解技术应用对青少年的全方位影响,以及窥探青少年的信息意识、信息道德和信息安全意识。这样的问卷设计符合国家对中学生信息技术课程标准的要求,同时也与信息技术的核心素养十分契合,内容效度良好。

效度分析结果发现,样本数据的 KMO 值为 0.93,在 0.90 以上,Bartlett 球形检验的近似卡方值等于 7 948.05,自由度为 190,达到 0.05 显著水平,可见该部分调查问卷的样本数据效度极佳(见表 10-2)。在可靠性分析中,克隆巴赫系数为 0.92,总体而言,这部分调查问卷的内在信度非常理想(见表 10-3)。

表 10-2　信息素养问卷的效度分析

取样足够度的 Kaiser-Meyer-Olkin 度量		0.93
Bartlett 的球形度检验	近似卡方	7 948.05
	df	190
	Sig.	0.000

表 10-3　信息素养问卷的信度分析

Cronbach's Alpha	项数
0.92	20

在健康素养现状调查中,问卷结合中学生的健康知识储备和健康生活习惯等设计了35项,其中28项为功能性健康素养维度,具体包含科学的健康观念、饮食与营养、疾病预防、青春期成长、药品常识、心理健康、意外伤害与急救等知识技能储备;互动性与评判性健康素养维度7项,包含健康问题的解决能力、健康决定能力和健康信息评判能力等。

在效度分析中,功能性健康素养部分样本数据的KMO值为0.96,Bartlett球形检验的近似卡方值等于12 518.63,自由度为378,达到0.05显著水平,互动性与评判性健康素养部分样本数据的KMO值为0.88,Bartlett球形检验的近似卡方值等于2 274.09,自由度为21,达到0.05显著水平。在合计35项的数据分析中,KMO值为0.96,Bartlett球形检验的近似卡方值为15 636.14,自由度为595,达到0.05显著性水平,可见,健康素养现状调查部分的内部一致性非常好(见表10-4)。在信度分析中,样本的可靠性指数克隆巴赫系数为0.94,信度也非常理想(见表10-5)。

表 10-4　健康素养问卷的效度分析

		功能性维度 (28项)	互动与评判性 (7项)	合计
取样足够度的 Kaiser-Meyer-Olkin 度量		0.96	0.88	0.96
Bartlett 的球形度检验	近似卡方	12 518.63	2 274.09	15 636.14
	df	378	21	595
	Sig.	0.000	0.000	0.000

表 10-5　健康素养问卷的信度分析

Cronbach's Alpha	项数
0.94	35

在信息技术支持的健康服务部分,问卷涉及的内容包括利用信息技术途径获取健康信息、向医疗人员咨询、追踪个人健康信息、阅读共享健康咨询等相关健康信息服务、健康产品服务等,这一部分有12项,样本数据的KMO值为0.96,Bartlett球形检验的近似卡方值等于8 650.25,自由度为66,达到0.05显著水平。在信度分析中内部一致性克隆巴赫系数为0.95,可见这一部分的信

效度俱佳,问卷结果具有科学意义(见表 10 - 6、表 10 - 7)。

表 10 - 6　信息技术支持的健康服务问卷的效度分析

取样足够度的 Kaiser-Meyer-Olkin 度量		0.96
Bartlett 的球形度检验	近似卡方	8 650.25
	df	66
	Sig.	0.000

表 10 - 7　信息技术支持的健康服务问卷的信度分析

Cronbach's Alpha	项数
0.95	12

3. 问卷的测试实施与回收

调查来源于江苏徐州、江苏盐城、江苏无锡、江苏苏州、安徽凤阳、山东菏泽等地 9 所中学的学生问卷。调查问卷以网上问卷和纸质问卷两大途径同时发放,网上问卷回收 297 份,由目标学生群体扫描二维码或通过网址链接自行填写。纸质问卷由任课教师于课外时间组织填写,统一回收,发放问卷 650 份,回收 586 份,回收率为 90.15%。其中有效问卷 566 份,有效回收率为 87.08%。

综合网络回收问卷和纸质问卷两种问卷分发形式,回收的有效样本数据合计 863 份,样本数据的基本人口学特征如表 10 - 8 所示。男生 471 人,女生 392 人,男生比女生多 79 人,初中生占 55.1%,高中学生占比 44.9%,其中居住在城市地区的样本人数占 48.4%,居住在乡镇地区的样本人数占 51.6%。在父母职业中,父亲主要为事业单位人员和工人,事业单位人员有 264 人,占 30.6%,工人有 191 人,占 22.1%;母亲主要为事业单位人员、商人、个体和服务业从业者,事业单位人员有 241 人,占 27.9%,商人、个体和服务业从业者 143 人,占 16.6%,相比于父亲有 13 人未就业,母亲未就业的有 151 人,占样本总量的 17.5%,可见父母在家庭角色分工方面的差异较大。在学业成绩自评中,自评优秀者占 19.0%,自评中等偏上者占 33.6%,自评中等者占 26.7%,自评中等偏下者占 16.1%,自评成绩差的占 4.6%,基本呈正态分布,符合青少年学业水平分布的特点。

表 10‐8 调查对象的基本信息分析

变量		频数	百分比/%
性别	男	471	54.60
	女	392	45.40
年级	初一	305	35.30
	初二	77	8.90
	初三	94	10.90
	高一	94	10.90
	高二	186	21.60
	高三	107	12.40
居住地	城市	418	48.40
	乡村	445	51.60
学习成绩自评	优秀	164	19.00
	中等偏上	290	33.60
	中等	230	26.70
	中等偏下	139	16.10
	差	40	4.60

4. 问卷的数据分析

研究借助 SPSS 17.0 软件进行数据整理与分析。数据整理是在回收问卷后,对问卷题目进行编码与赋值,将所得数据录入 EXCEL 表单后导入 SPSS 数据管理系统。为确保录入数据的准确无误,数据录入前对所有回收问卷进行统一编码,以便于对异常值进行复核。采用双人录入的形式,数据导入后,通过对变量进行频数分析,对异常值和缺失值进行二次检验,使问卷数据完整无缺,以不影响问卷的最终分析结果。

数据分析将遵循问卷设计的初衷,对青少年的健康、信息技术应用、健康素养现状等进行描述性分析,探索影响健康的若干因素的相关性,以及信息技术对健康素养的影响,为青少年健康素养发展策略的提出提供科学数据支持。首先,对样本数据的集中与离散趋势、数据分布等进行描述统计;其次,对样本数据的各部分维度进行因子相关性探索;最后,结合描述性统计和因子相关性探索的结果,探索信息技术对青少年健康素养的影响因子,并作回归性分析。

二、信息时代青少年健康与健康素养发展的概况

(一) 青少年健康状况的总体表现

1. 个体健康主观评价

健康自评一直被认为是把握各类人群健康现状的基本途径,在我国已有的公民健康调查中应用十分普遍。青少年健康自评部分共有 5 个选项,分别为健康状况非常好、良好、一般、有慢性疾病和有严重疾病。样本数据显示,青少年群体中认为自己健康状况非常好的有 332 人,占样本总数的 38.5%,认为自己健康状况良好的有 401 人,占样本总数的 46.5%,换句话说,超过八成以上的青少年认为自己的健康状况不错。此外,有 12.5% 的研究对象健康自评为一般,仅有 2.5% 的研究对象在健康自评中报告自己有慢性疾病或者严重疾病(见表 10-9)。整体而言,样本对象的青少年健康自评状况很好。

表 10-9 青少年健康自评状况分布

变量		频数	百分比/%
Q7 您自己的健康状况是	非常好	332	38.50
	良好	401	46.50
	一般	108	12.50
	有慢性疾病	21	2.40
	有严重疾病	1	0.10

2. 身体健康状况

身体健康作为青少年健康调查的重要指标,最能直观地反映出青少年的健康状况。研究设计从大健康的理论范畴出发,从近视率、睡眠时间、体育运动时间、饮食三餐等方面入手,结合青少年的健康生活习惯,对青少年的身体健康做了具体分析。其中,睡眠时间以每天 7~8 小时为健康标准,体育锻炼时间以半小时至一小时中强度运动为健康标准,以不偏食、三餐按时按量进食作为饮食健康标准,对青少年进行调查。调查问卷包括 5 个选项,1~5 分分别代表从未、偶尔、有时、经常、总是。数据分析发现,样本数据中青少年的睡眠时长、体育锻炼、饮食习惯等三个层面的平均得分分别为 3.16、3.09、3.71,略高于"有时",但达不到"经常"的健康标准,青少年身体健康状况和健康生活习惯还有待进一步提高(见表 10-10)。为了更加直观地进行比较,进一步的频率分析发现,青少年每天

睡眠时间达不到 7～8 小时的占 54.6%，超过 62.2% 的青少年体育运动时间达不到每天半小时以上的国家标准，38% 的青少年没有养成良好的健康饮食习惯。

表 10-10 青少年身体健康状况分析

变量	均值	标准差	最小值	最大值
Q16.健康的睡眠时间是每天 7～8 小时，您的睡眠时间是否达到标准	3.16	1.32	1	5
Q17.健康体育锻炼或中强度有氧运动时间为 0.5～1 小时，您的锻炼是否达到这个范围	3.09	1.22	1	5
Q18.健康的饮食习惯包括不偏食、一日三餐按时按量进餐，您的饮食习惯是否遵循上述规律	3.71	1.21	1	5

注：此部分包括 5 个选项，1＝从未，2＝偶尔，3＝有时，4＝经常，5＝总是。Q16 选择题项"1 从未，2 偶尔，3 有时"者记为睡眠时间不达标；Q17 选择题项"1 从未，2 偶尔，3 有时"者记为运动时间不达标；Q18 选择题项"1 从未，2 偶尔，3 有时"者记为没有养成良好的健康饮食习惯。

3. 心理健康状况

青少年群体处于青春期的特殊成长阶段，不仅身体快速发展，心理也会迎来发展的关键期。他们将会迎来角色统一和角色混乱的矛盾冲突期。本章选用青少年"社会交往、学习焦虑"和"学习压力"这两个维度作为心理健康状况的典型，对青少年的心理健康状况进行评估。样本数据表明，14.8% 的青少年经常感觉身边缺少能够交流的朋友，26.4% 的青少年经常感觉到学习焦虑与学习压力。在青少年群体中，学生的学习压力与社会交往困难并不十分突出，大多数青少年面对社会交往和学习焦虑时的态度还是比较乐观的。

4. 健康危险行为

在青少年健康发展的已有研究中，除了从青少年身体健康、心理健康和社会交往维度展现青少年健康发展的现状之外，学界还非常重视青少年健康危险行为的表现。青少年健康危险行为与健康促进行为相反，按照季成叶教授的相关研究结果，青少年健康危险行为可以分为意外伤害、故意伤害、物质成瘾行为、精神成瘾行为、未保护性行为等多个方面，以物质成瘾行为为例，又有滥用药物、吸烟、饮酒等，精神成瘾行为如赌博、色情读物成瘾、网络成瘾等。[①]

① 季成叶.青少年健康危险行为[J].中国学校卫生，2007(4)：289-291.

本研究主要从吸烟、饮酒两个方面对青少年的健康危险行为做代表性分析，调查样本对象在过去的一个月中是否有吸烟、饮酒的行为。据统计，9.8％的青少年有过吸烟经历，12.5％的青少年存在饮酒的健康危险行为。

对青少年群体健康现状的调查研究，从青少年的健康自评、身体健康现状、心理健康现状、健康危险行为等方面进行了代表性分析，问卷无法全面掌握青少年健康发展的整体情况，但从问卷设计到已有研究结果，可以归纳出以下几个方面的问题。

第一，青少年的健康自评得分虚高，未形成对健康概念的科学认知。比较青少年健康自评数据，仅有 2.5％的研究对象报告拥有慢性疾病或者严重疾病，认为自己的健康状况较好，但与之矛盾的是超过半数以上的青少年近视，能达到健康睡眠状态者仅有一半，拥有良好的健康饮食习惯者不足六成，超过60％的青少年无法保持每天中等强度体育锻炼，在青少年群体中还存在着吸烟、饮酒等健康危险行为。在青少年群体和家长的认知中，没有对健康一词形成科学、全面的认识，健康的认知还停留在没有疾病的狭隘认识中。

第二，青少年健康运动时间往往让位于学习活动。青少年学业活动与健康活动之间存在明显的时间冲突。在调查中，青少年能够保持每天中等强度半小时以上体育锻炼时间者只有 37.8％，体育教育仍然受到"边缘化"对待。

（二）青少年健康素养的发展现状

著名健康教育学者努特比姆（Nutbeam）在健康素养概念演变的分析中，提出了功能性健康素养、互动性健康素养和评判性健康素养的内涵分类，功能性健康素养是基础素养，即健康知识的阅读和写作能力，互动性健康素养具体指将已获得的健康信息应用于不断变化的环境中，而评判性健康素养指通过功能性健康素养的积累，评判性地分析信息，并利用这些信息对健康生活现状加以控制。[①] 努特比姆的健康素养分类与相关概念阐述，为健康素养测评提供了操作性论述，这一分类标准也为我国有关健康素养测评的实施提供了理论依据和指导方向。本研究所采用的青少年健康素养测评量表也从功能性、互动性和评判性等方面对健康素养进行整体把握。

1. 功能性健康素养

青少年的健康素养调查问卷中，功能性健康素养层面合计 28 项，包括科学

---

① Nutbeam D. (2008). The Evolving Concept of Health Literacy. *Social Science and Medicine*, (12)：2072－2078.

健康观、营养与饮食、疾病预防等七个层面,采用五级评分法,1~5 选项分别代表非常不同意、不同意、一般、同意、非常同意等;其中第 11 题和第 20 题为反向计分项,满分 140 分,得分越高代表样本对象的功能性健康素养水平越高。在青少年健康素养的调查量表中,一般以不同层次维度中总分的 80% 作为健康素养合格的分界点,本研究也尝试采用这一标准进行健康素养合格与否的划分。

　　样本数据的分析结果发现,青少年的健康素养水平整体表现良好,具备健康素养水平的青少年占样本总数的 72%,其中功能性健康素养水平要高于互动性与评判性健康素养水平,尤其在科学健康观、意外伤害与急救、青春期发育、饮食与营养等层面表现较好,合格率依次为 71.7%、68.6%、65.0%、64.2%,但是在心理健康和疾病预防层面的健康素养水平欠佳,合格率分别为 57.8% 和 56.2%,这一数据表明,青少年群体在心理健康、疾病预防两方面的知识储备稍有不足。在用药常识层面,样本对象的合格率只有 34%,这一数据显著低于功能性健康素养的其他层面,表现出青少年群体在医学专业知识储备上的欠缺(见表 10 - 11)。

表 10 - 11　功能性健康素养现状分析

变量		频率	百分比/%
功能性健康素养	合格	621	72.00
	不合格	242	28.00
科学健康观	合格	683	71.70
	不合格	180	28.30
饮食与营养	合格	554	64.20
	不合格	309	35.80
疾病预防	合格	485	56.20
	不合格	378	43.80
青春期发育	合格	561	65.00
	不合格	302	35.00
用药常识	合格	293	34.00
	不合格	570	66.00
心理健康	合格	499	57.80
	不合格	364	42.20
意外伤害与急救	合格	592	68.60
	不合格	271	31.40

鉴于功能性健康素养水平体现的个体的基本认知能力,根据上述研究结果,可以发现青少年用药常识方面的基本医学知识积累不足。有研究发现,专业医学知识的可读性与可理解性会限制健康素养的发展,因此,青少年基本医学知识有待进行科学化、大众化普及,应适当降低医学术语的阅读门槛,采取简单易懂的亲民方式传播专业性较强的医学知识与技能。

2. 互动性与评判性健康素养

互动性健康素养 5 项,包括健康问题解决和健康决定能力两方面,1~5 选项分别代表完全不符合、比较说不清楚、说不清楚、比较符合和完全符合,满分 25 分。与功能性健康素养水平相比,青少年群体在健康问题解决、健康决定能力两项上合格率分别为 63.6%、42.9%,特别是在健康决定能力上,合格率低于功能性健康素养的其他层面,这意味着青少年群体虽然健康知识储备良好,但是健康知识储备并没有转化成健康决定能力,换句话说,青少年良好的健康知识储备未能成功转化成影响青少年健康的行动和良好的生活习惯(见表 10 - 12)。

表 10 - 12 互动性健康素养的现状分析

变量		频率	百分比/%
互动性与评判性	合格	530	61.40
健康素养	不合格	333	38.60
健康问题解决	合格	549	63.60
	不合格	314	36.40
健康决定能力	合格	370	42.90
	不合格	493	57.10
健康评判能力	合格	452	52.40
	不合格	411	47.60

注:合格是指在样本对象在健康素养层面的实际得分大于该层面总分的 80%;不合格是指样本对象在健康素养层面的实际得分小于等于该层面总分的 80%。

评判性健康素养调查包括 2 项,指健康信息的来源和健康信息的可靠性,1~5 选项分别代表完全不符合、比较说不清楚、说不清楚、比较符合和完全符合等,满分 10 分。根据样本数据分析可知,青少年健康评判能力的合格率只有 52.4%,这一数据低于功能性健康素养和互动性健康素养的平均水平。这一数据可以说明,在健康素养发展的整体水平上,青少年的评判性健康素养发展低于功能性健康素养和互动性健康素养的平均水平,在判断健康信息的可靠性、准确性和适用性方面的表现有待提高(见表 10 - 12)。

(三)影响健康素养的因素

1. 受教育水平

受教育水平一直被认为是影响健康的重要因素。考虑到健康素养的提升对健康的意义,本研究分析了在不同受教育水平下青少年的健康素养的差异性。分析结果可见,无论是功能性健康素养,还是互动性与评判性健康素养,在健康素养的不同层面上,高中组的健康素养得分高于初中组的健康素养得分,t统计量均达到显著水平,显著性概率值 p 均小于 0.001,这表示高中组的健康素养($M=153.56$)显著高于初中组($M=144.09$)(见表 10 - 13)。

表 10 - 13　青少年健康素养的受教育水平差异

变量	年级	平均数(M)	标准差	t 值
功能性健康素养	高中	122.73	12.85	7.29***
	初中	115.76	14.81	
科学健康观	高中	18.54	2.32	6.76***
	初中	17.29	2.98	
饮食与营养	高中	13.55	1.86	6.22***
	初中	12.67	2.27	
疾病预防	高中	29.39	3.63	6.37***
	初中	27.77	3.78	
青春期发育	高中	18.09	2.39	5.43***
	初中	17.14	2.68	
用药常识	高中	12.07	1.90	5.81***
	初中	11.32	1.86	
心理健康	高中	17.39	2.49	4.65***
	初中	16.55	2.77	
意外伤害与急救	高中	13.70	1.91	4.91***
	初中	13.01	2.12	
互动性与评判性健康素养	高中	30.83	4.47	7.88***
	初中	28.33	4.76	
问题解决能力	高中	17.83	2.69	6.57***
	初中	16.57	2.89	
健康决定能力	高中	4.18	1.11	6.44***
	初中	3.64	1.28	
健康评判能力	高中	8.83	1.41	6.78***
	初中	8.12	1.61	

续　表

变量	年级	平均数(M)	标准差	t 值
健康素养总分	高中	153.56	16.02	8.03***
	初中	144.09	18.15	

注：***表示 $p < 0.001$。

2. 成绩自评

在青少年的成绩自评中,成绩自评优秀者有 164 人,占总数的 19.0%,成绩自评中等偏下和差的合计 179 人,占总数的 20.7%,两者分布均衡,因此,以青少年的成绩自评作为分类标准,分为成绩自评优秀和成绩自评中下两组,对样本数据进行重新编码,以考察成绩自评对青少年健康素养的差异(见表 10 - 14)。

表 10 - 14　青少年健康素养的成绩自评差异

检验变量	成绩自评	个数	均值(M)	标准差(SD)	t 值
功能性健康素养	优秀	164	118.59	16.74	−0.56
	中下	179	119.49	13.09	
互动性与评判性健康素养	优秀	164	30.10	4.92	1.57
	中下	179	29.24	5.22	
问题解决能力	优秀	164	17.54	2.77	1.28
	中下	179	17.13	3.11	
健康决定能力	优秀	164	4.06	1.19	2.37*
	中下	179	3.73	1.38	
健康评判能力	优秀	164	8.50	1.67	0.70
	中下	179	8.37	1.64	
健康素养总分	优秀	164	148.70	20.85	−0.02
	中下	179	148.73	16.58	

注：*表示 $p < 0.05$;成绩自评优秀代表在 Q6 成绩自评中选项为"1:优秀";成绩自评中下代表在 Q6 成绩自评中选择"选项 4:中等偏下"和"选项 5:差"。

通过研究分析发现,就成绩自评对青少年的健康素养的差异比较中,成绩自评优秀者的平均分与成绩自评中下者的平均分分别为 148.70 和 148.73,成绩自评优秀者平均分略低于成绩自评中下者,在"方差方程的 levene 检验"中,F 值未达到显著差异($F = 2.002, p = 0.158 > 0.05$),在假设方差均等的数据中,$t$ 值等于 −0.02,自由度等于 341,$p = 0.986 > 0.05$,未达到显著性水平,因此可以认为成绩自评差异中,青少年的健康素养没有显著差异。同样,在功能性健康素养、互动性与评判性健康素养的比较中,其结论是一致的。但是,在互动性健康素养的健康决定能力的比较中发现,"方差方程的 levene 检验"中 F 值达到显著差异($F=9.448$,$p=0.002<0.05$),t 值等于 2.365,自由度等于 339.695,$p=0.019<0.05$,成绩自评优秀者平均分($M=4.06$)在健康决定能力层面上得分显著高于成绩自评中下者平均分($M=3.73$),并且这一差异是显著的。

3. 城乡分布

尽管城乡发展的成就有目共睹,但是,教育发展仍然存在城乡发展不均衡的现象。样本数据中,来自城市的青少年有 418 人,来自乡镇的青少年有 445 人。分析发现,在功能性健康素养的 7 个层面,来自城市的青少年平均得分高于来自乡镇的青少年群体,但在差异检验中并未发现显著差异。在互动性健康素养的比较中,问题解决能力和健康决定能力维度上,城市青少年的得分(分别为 $M=17.63$ 和 $M=16.92$)高于乡镇青少年的得分,t 统计量均达到显著水平,显著性概率 p 均小于 0.001。在健康评判能力上,城市青少年的得分($M=8.69$)也高于乡镇青少年的得分($M=8.36$)(见表 10-15)。

表 10-15　青少年健康素养的城乡分布差异

检验变量	城乡分布	个数	均值(M)	标准差	t 值
功能性健康素养	城市	418	120.31	14.34	1.43
	乡镇	445	118.93	14.02	
科学健康观	城市	418	18.11	2.68	1.35
	乡镇	445	17.86	2.73	
合理营养	城市	418	13.25	2.05	1.25
	乡镇	445	13.07	2.10	
疾病预防	城市	418	28.86	3.93	1.51
	乡镇	445	28.47	3.63	
青春期发育	城市	418	17.68	2.51	0.24
	乡镇	445	17.64	2.62	
用药常识	城市	418	11.78	1.89	0.64
	乡镇	445	11.69	1.94	
心理健康	城市	418	17.19	2.57	1.95
	乡镇	445	16.84	2.72	
意外伤害与急救	城市	418	13.43	1.98	0.61
	乡镇	445	13.35	2.09	

检验变量	城乡分布	个数	均值(M)	标准差	t 值
互动性与评判	城市	418	30.51	4.38	4.82***
性健康素养	乡镇	445	28.96	4.99	
问题解决能力	城市	418	17.63	2.58	3.73***
	乡镇	445	16.92	3.04	
健康决定能力	城市	418	4.20	1.05	6.28***
	乡镇	445	3.69	1.32	
健康评判能力	城市	418	8.69	1.45	3.08**
	乡镇	445	8.36	1.61	
健康素养总分	城市	418	150.82	17.55	2.44*
	乡镇	445	147.90	17.62	

（注：＊＊＊表示 $p<0.001$，＊＊表示 $p<0.01$，＊表示 $p<0.05$）

在青少年健康素养发展的现状调查中，青少年群体的健康素养总体表现要高于目前已有的成人健康素养的调查情况，也高于全国城乡居民健康素养调查的数据，这与本研究采用的健康素养测评量表有关。从已有研究的数据分析结果可知，青少年群体在健康素养的不同层面上表现出不同的特征。

首先，青少年的用药常识合格率低于功能性健康素养的其他层面。用药常识相对于青少年功能性健康素养的科学健康观、合理营养、疾病预防、心理健康等层面而言，专业性和科学性要更强。其次，青少年互动性与评判性健康素养低于功能性健康素养的整体水平。互动性健康素养反映的是在功能性健康素养之上的知识应用能力，健康知识的积累和健康技能的提升，最终还要转化为健康问题的解决能力和健康决定能力。最后，青少年健康素养水平表现出受教育水平、学业成绩和城乡分布上的显著差异。

总体来说，虽然青少年健康素养合格率高于成人健康素养合格率，但是仍然有必要加强青少年用药常识、互动性与评判性健康素养的整体提升。青少年教育成果的产出对健康的促进作用也得到进一步印证，这为青少年健康素养提升策略提供了指导意见。

4. 信息技术对青少年健康素养的影响

当物联网、大数据、人工智能、虚拟现实等信息技术进军教育领域，走入学校，走近学生，传统的教育教学不断发生变革，教师角色正在转变、教室布局得到调整、教学的过程正在发生颠覆。信息技术最为致命的影响是它正悄然改变人类的生活习惯与思维方式。处于信息变革时代的青少年,学习、生活、精神世界都不断受到信息技术的影响,与此同时,信息时代也对青少年提出了多元化的发展要求,青少年信息技术应用知识与技能越来越主导青少年的个体发展。

1) 家校信息技术环境对青少年健康素养的影响

家庭和学校为青少年的学习、生活、社交提供了信息化环境。我国的《教育信息化 2.0 行动计划》中,要求学校信息技术环境建设基本实现"三全两高一大"的发展目标。[①] 这一政策环境有效地促进了学校信息技术环境的建设。青少年在家庭中的时间可能不及在学校的时间多,但是,家庭的信息化环境对青少年的影响力也是不容小觑的。

本研究对家庭信息技术与环境支持现状的调查从家庭宽带网络的接入情况、家长对上网设备的使用情况和每周上网时长等进行分析。在样本数据中,有三分之二的青少年具备上网条件,还有三分之一的青少年无法使用互联网。在青少年接触网络的过程中,83.7%的家长会限制青少年的上网时间,只有16.3%的青少年的上网时间不受家长限制(见表 10-16)。

表 10-16 家庭信息技术环境支持的现状分析

变量		人数	频率/%
Q11. 您的家庭、学校和宿舍能否上网?	是	575	66.60
	否	288	33.40
Q12. 您的家长是否限制您的上网时间?	是	722	83.70
	否	141	16.30
Q13. 您的上网工具有哪些?*	平板电脑	239	27.70
	台式电脑	277	32.10
	手机	676	78.40
	学习机	124	14.40
	没有上网工具	51	5.90
	小计	1 367	158.60
Q14. 您每周上网多长时间?	5 小时以内	420	48.70
	5—10 小时	203	23.50
	10—15 小时	93	10.80
	15 小时以上	58	6.70
	无法上网	89	10.30

① 教育部. 教育信息化 2.0 行动计划[EB/OL]. [2019-01-22]. http://www.moe.gov.cn/srcsite/A16/s3342/201804/t20180425_334188.html.

　　与这一结果形成鲜明对比的是,家长为青少年提供的上网设备是多样的,超过一半的青少年拥有电脑,接近 80% 的青少年拥有手机、平板等移动通信设备,移动通信设备是青少年上网的主要工具。就每周上网时长而言,接近一半的青少年会控制在 5 个小时之内,还有 6.7% 的青少年每周上网时间超过 15 小时。

　　事实上,关于校园手机禁令,学界还存有极大的争议。这一话题因为国情的不同随着时间的转移而不断变化,如何为青少年提供健康的信息技术环境还要因青少年的个体差异而异。

　　青少年的健康知识与技能发展,离不开互联网的影响。为了探明网络接入情况对青少年健康素养的影响,研究以家校环境下是否有网络接入作为介入条件,比较青少年健康素养的差异。家校信息环境的干扰因素很多,如家庭经济实力、学校地理位置、家庭文化环境等诸多方面,因此在数据处理中,以父亲职业和母亲职业作为主要控制变量,发现家庭中父母职业对有无网络接入的影响甚微。父亲职业与有无网络接入的相关性分析中,皮尔逊相关系数为 -0.007,母亲职业与有无网络接入的相关系数为 0.052,两者的相关性很小。此外,以公务员父亲和未就业父亲作为参照,两类家庭中青少年的健康素养差异均不显著。

　　在控制变量的基础上,分析不同网络接入环境对青少年健康素养的影响,结果发现,不同网络接入情况下青少年健康素养有显著差异。在健康素养总分上,t 值为 2.49,显著性概率 p 值等于 0.013,$p < 0.05$,家校环境中有网络接入的青少年健康素养得分($M = 150.37$)高于家校环境中无网络接入的青少年健康素养得分($M = 147.20$)(见表 10-17)。具体而言,在青少年的功能性健康素养的比较中差异更加显著,特别表现在疾病预防与用药常识层面,t 值均达到显著性水平,显著性概率值 $p = 0.000$,$p < 0.01$,家校环境中有网络接入的青少年在疾病预防($M = 29.00$)与用药常识($M = 11.92$)层面上的得分显著高于无网络接入的青少年(M 值分别为 27.99 和 11.35)。

表 10-17　不同网络接入情况下青少年健康素养的差异分析

检验变量	有无网络	个数	均值	标准差	t 值
功能性健康素养	有网络	578	120.54	14.34	2.77***
	无网络	288	117.72	13.70	

续　表

检验变量	有无网络	个数	均值	标准差	t 值
科学健康观	有网络	578	18.11	2.54	1.84
	无网络	288	17.73	2.99	
合理营养	有网络	578	13.20	2.07	0.80
	无网络	288	13.08	2.10	
疾病预防	有网络	578	29.00	3.77	3.75***
	无网络	288	27.99	3.72	
青春期发育	有网络	578	17.77	2.59	1.71
	无网络	288	17.45	2.51	
用药常识	有网络	578	11.92	1.93	4.18***
	无网络	288	11.35	2.13	
心理健康	有网络	578	17.08	2.64	1.11
	无网络	288	16.87	2.67	
意外伤害与急救	有网络	578	13.46	1.98	1.39
	无网络	288	13.25	2.13	
互动性与评判性健康素养	有网络	578	29.83	4.71	0.99
	无网络	288	29.48	4.88	
问题解决能力	有网络	578	17.37	2.75	1.49
	无网络	288	17.06	3.03	
健康决定能力	有网络	578	3.93	1.24	−0.36
	无网络	288	3.96	1.18	
健康评判能力	有网络	578	8.53	1.52	0.62
	无网络	288	8.47	1.59	
健康素养总分	有网络	578	150.37	17.85	2.49*
	无网络	288	147.20	17.03	

2）青少年信息素养现状及其对健康素养的影响

本研究从青少年信息知识与技能、媒体与制作能力、技术与应用能力、信息认知能力四个方面考察信息时代青少年信息素养的发展水平，探讨青少年信息素养对健康素养的影响。

青少年信息知识与技能发展现状，包括 6 个项目，每道题目 5 个选项，1～5 分分别代表完全不符合、比较不符合、说不清楚、比较符合、完全符合。信息知识与技能 6 个项目的平均分为 3.92，其中获取信息资源的技能得分最高，其次是对信息进行评估，选择真实可靠的信息，两者得分高于信息知识与技能层面整体的平均分。青少年利用信息技术寻求问题解决方案，用电脑存放、查找文件，信息管理、重组、加工和创造能力相对较弱，平均得分分别为3.74、3.81和3.70。此外，青少年在Office软件的应用方面表现最差，平均得分仅为3.41。由此可见，青少年的信息软件应用能力有待进一步提升（见表10-18）。

表10-18　青少年信息知识与技能发展的现状分析

变量	均值	标准差	最小值	最大值
B1. 您能够熟练使用下载工具、搜索引擎获取所需的信息资源	4.12	0.94	1	5
B2. 在获取某一事件信息时，您通常会比较不同信息来源，评估后选择出真实可靠的信息	4.00	0.95	1	5
B3. 生活中遇到问题，您通常会上网寻求解决方案或者通过网络向专业人士求助	3.74	1.11	1	5
B4. 您电脑中的文件存放合理，使用时能快速找到	3.81	1.17	1	5
B5. 您能对所获取的信息进行重组、加工，融入自己想法，表达自己观点	3.70	1.14	1	5
B6. 您能够熟练应用Word，Excel和PowerPoint等软件工具	3.41	1.25	1	5
信息知识与技能层面	3.92	0.70	1	5

寻找信息、获取信息、利用信息技术去解决问题，是信息意识的表现。能否采取科学有效的方法、选择合适的信息技术及工具，通过恰当途径解决信息问题，则要看有没有信息能力，信息能力有两个层面，其中之一就是媒体与制作层面。从多媒体到融媒体，媒体环境和媒体角色因时而异，对青少年媒体与制作能力的发展需求，是信息能力集中表现的一个方面。

本研究探索了青少年的媒体信息接收与制作能力，从是否可以准确把握各媒体传达的信息到选择核实媒体获取信息、利用媒体信息解决问题，到处理图片、音频和视频资源，对青少年的媒体与制作能力进行了调查。数据分析发现，青少年的媒体信息接收与制作层面的整体平均分为3.80，略低于信息知识和技能层面的平均分，4道题目的综合平均分介于3.70和4.00之间，在利用论坛解决学习生活中的问题，同时共享信息，帮助他人的表现中略低于其他三个方面（见表10-19）。

表 10-19　青少年媒体信息接收与制作能力的发展现状分析

变量	均值	标准差	最小值	最大值
B7.您能正确、全面地理解各种媒体所传递的信息	3.78	1.05	1	5
B8.您能根据自身需要选择合适的媒体获取信息	3.89	1.06	1	5
B9.您会利用论坛解决自己在学习生活中遇到的问题,同时共享信息,帮助他人	3.70	1.16	1	5
B10.您能使用合适软件处理图片、音频、视频资源	3.98	1.06	1	5
媒体信息接收与制作层面	3.80	0.83	1	5

信息能力的另一方面的表现为技术与应用能力。技术与应用能力按照中学生信息技术课程标准的要求,包括将信息技术应用于学习、生活、社交等方面,并可以编写自动筛选、排序等简单的算法。本研究的调查数据发现,在青少年的技术与应用能力的综合表现上,平均分为 3.84,其中利用网络查找学习资源的应用上得分最高,平均分 4.10。其次,将信息技术应用于生活、社交方面的平均得分为 3.90,在编写简单算法上的综合平均分为 3.58,略低于其他几个方面(见表 10-20)。

表 10-20　青少年技术与应用能力发展的现状分析

变量	均值	标准差	最小值	最大值
B11.您能顺利地在网上查找学习资源、完成并作业等,没有任何技术障碍	4.10	0.98	1	5
B12.您能够顺利地进行网上购物、网上支付、使用电子地图,没有任何技术障碍	3.90	1.13	1	5
B13.您能通过个人空间、微博、朋友圈、论坛等发表自己的观点和看法,并对他人的观点和看法进行评论	3.90	1.18	1	5
B14.您会编写自动筛选、排序等简单的算法	3.58	1.23	1	5
技术与应用层面	3.84	0.86	1	5

信息技术的出现,加速了人类社会的现代化进程,在给青少年生活学习带来便利的同时,也引发出个人信息隐私、知识产权保护、网络信息传播、软件版

权权益等新的问题。针对这些信息问题,能不能利用信息技术能力在解决实际生活学习问题中遵守信息伦理,体现了青少年的信息认知和信息道德水平。信息认知是信息技术基本知识与技能、媒体与制作、技术与应用的保证,这关系到信息社会的稳定和健康发展。有研究数据发现,有 48.7% 的受访者认为上网对青少年最主要的影响是伤害视力,其次是影响社交状态。对于网络不良信息的影响,受访者认为主要是接触虚假广告、虚假新闻、暴力信息、色情信息等消极影响。①

本研究在信息认知的现状调查中,从 6 个方面展开全面的调查,具体涉及对信息技术应用的态度和健康信息行为。调查发现,青少年信息认知层面上的整体得分高于信息技术知识和技能的其他三个层面,综合平均分 4.11,青少年群体一般不会在网络上发布不实言论、恶意诽谤他人或不健康信息,较少浏览不健康网站,且会在电脑上安装杀毒软件,及时更新系统,这几个方面平均得分都高于 4 分,分别为 4.42、4.26 和 4.27(见表 10-21)。

表 10-21　青少年信息认知能力发展的现状分析

变量	均值	标准差	最小值	最大值
B15. 您对信息技术很感兴趣	3.83	1.14	1	5
B16. 您认为信息技术有利于我们的学习、工作和生活	4.16	0.97	1	5
B17. 您从不浏览不健康的网站	4.26	1.18	1	5
B18. 您不会在网上发布不实言论、恶意诽谤他人或不健康的信息	4.42	1.04	1	5
B19. 您的电脑上安装有查杀病毒的软件,并且会及时更新	4.27	1.01	1	5
B20. 您有及时、有效备份文件的习惯	3.74	1.22	1	5
信息认知层面	4.11	0.74	1	5

综上所述,青少年信息素养的综合表现具体有以下几个特征:信息获取与利用能力优于信息的加工、重组与制作能力;利用专业论坛解决自己在学习生活中的问题方面的表现欠佳;能很好地将信息技术应用于自己的学习、生活与社交,在编写筛选、排序等简单算法的技术应用中表现略有欠缺。在信息意识、

① 孙宏艳. 新媒介与新儿童[M]. 北京:中国青年出版社,2014:10.

信息道德和信息安全的信息认知层面,样本对象的单题平均分高于其他三个层面,尤其是在信息道德方面表现突出,但是,在信息安全方面,及时、有效备份文件的习惯没有得到充分重视。

为了探明信息技术对青少年健康素养的影响,本研究将信息素养作为信息技术对青少年能力发展的一个支点,探讨青少年信息素养对青少年健康素养的影响,将信息素养做高分组与低分组,在充分考虑受教育水平、家校信息技术环境和青少年自身健康状况的影响因素下,在信息素养高分组与低分组间比较青少年的健康素养差异。

首先,对样本对象进行筛选,以家长限制上网时长、健康优良的初中生群体作为目标,筛选出385个样本数据,对信息素养总分排序后得出高分组与低分组临界点分别为75分和89分,将小于75分者重新赋值为低分者,将大于89分者重新赋值为高分者,得到低分组108个样本,高分组112个样本,结果发现,在青少年功能性健康素养、互动性健康素养和评判性健康素养不同层面上,信息素养高分组得分均高于信息素养低分组得分,t 统计量均达到显著水平,显著性概率值 p 均小于0.001,换言之,青少年信息素养高分组的健康素养显著高于信息素养低分组(见表10-22)。

表 10-22　信息素养高低分组与青少年健康素养的差异性分析

检验变量	信息素养分组	个数	均值(M)	标准差	t 值
功能性健康素养	低分组	108	116.30	16.21	-8.27^{***}
	高分组	112	130.08	6.85	
科学健康观	低分组	108	17.69	2.77	-7.04^{***}
	高分组	112	19.64	0.94	
饮食与营养	低分组	108	12.60	2.27	-7.85^{***}
	高分组	112	14.48	1.12	
疾病预防	低分组	108	27.98	4.10	-6.76^{***}
	高分组	112	31.06	2.50	
青春期发育	低分组	108	16.97	2.90	-8.04^{***}
	高分组	112	19.38	1.26	
用药常识	低分组	108	11.78	1.93	-1.99^{*}
	高分组	112	12.29	1.93	
心理健康	低分组	108	16.44	2.83	-6.77^{***}
	高分组	112	18.66	1.98	

检验变量	信息素养分组	个数	均值(M)	标准差	t 值
意外伤害与急救	低分组	108	12.83	2.62	-6.50^{***}
	高分组	112	14.55	0.97	
互动性与评判性健康素养	低分组	108	28.74	4.84	-8.68^{***}
	高分组	112	33.60	3.36	
问题解决能力	低分组	108	16.69	2.82	-7.31^{***}
	高分组	112	19.21	2.26	
健康决定能力	低分组	108	3.91	1.235	-6.14^{***}
	高分组	112	4.72	0.660	
健康评判能力	低分组	108	8.14	1.666	-8.62^{***}
	高分组	112	9.67	0.853	
健康素养总分	低分组	108	145.04	19.77	-9.13^{***}
	高分组	112	163.68	8.55	

注：$***$ 表示 $p < 0.001$，$**$ 表示 $p < 0.01$，$*$ 表示 $p < 0.05$。

综上，信息技术对青少年健康素养发展的影响存在以下问题。

家长和学校对于青少年信息技术环境支持呈现矛盾态度。尽管全国上下各行各业都在推进信息化建设，家庭和学校也不例外。家长乐于为青少年提供互联网和各类移动电子设备，学校也在极力推进信息化校园建设，但是，鉴于青少年信息技术应用的娱乐化倾向，家庭和学校对于向青少年开放网络环境仍持有矛盾的态度。面对信息化的极速推进，究竟如何引导青少年科学合理使用信息技术，是一个严肃的、亟待深究的课题。

青少年信息素养有待整体提升。根据中学生信息技术课程标准，青少年信息素养体现在信息知识与技能、媒体信息接收与制作、技术与应用、信息认知等四个方面，青少年信息素养表现有很强的个体差异性，整体而言，青少年的信息技术应用能力能达到课程标准要求的水平，但是仍存在一些薄弱点，具体在信息软件应用能力方面有待提高，媒体信息接收与制作能力上略低于信息知识与技能，编程与算法的技术与应用能力较低，信息安全意识还需要得到充分重视。

第三节　信息技术促进青少年健康素养的主要路径

在信息技术大发展的背景下，青少年健康素养的发展离不开信息技术健康促进的实践发展。《国家信息化发展战略纲要》和《"十四五"国家信息化规划》都将其作为新的生产力和新的发展方向,有了信息技术的参与,我国各行各业的研究逐步进入了新的发展阶段。在青少年的健康素养发展中,信息技术为其提供了健康管理工具。家庭软件和硬件的支持、学校在云计算、新媒体、互联网等技术干预下对青少年健康促进实践的完善,为信息技术促进青少年健康素养发展提供了现实基础。

一、信息时代青少年健康与健康素养发展的特点

(一) 当代青少年存在的健康问题复杂而突出

本研究使用的健康调查设计无法涵盖青少年健康的方方面面,对青少年健康问题的描述也无法面面俱到,但是,无论是在身体健康、心理健康还是健康危险行为的表现上,青少年的健康行为都存在一些客观问题。如青少年的健康运动时间不足、视频时间过长、近视问题严峻、吸烟、喝酒等健康危险行为也表现突出。尤其是青少年近视问题,官方数据显示,我国青少年近视率全球第一。2018年8月,教育部联合卫健委等八个部门提出了《综合防控儿童青少年近视实施方案》,针对儿童青少年的健康现状,通过增加课外活动、学业减负等途径综合防控青少年近视问题。[①] 可以说,青少年近视问题得到了前所未有的重视,之后,教育部又多次发布与青少年近视相关的文件和通知,强调全国各地教育部门携手,共筑近视防控防线,但这一问题尚未从根本上得到解决。

(二) 青少年健康行动能力水平不及知识储备水平

前文研究显示,首先,在青少年健康素养的测量中,功能性素养总体得分较高,但细分下来,用药常识相对于科学健康观、合理营养、疾病预防、心理健康等层面而言,因专业性和科学性更强,得分最低。其次,青少年互动性与评判性健康素养低于功能性健康素养的整体水平。互动性健康素养反映的是在功能性健康素养之上的知识应用能力,它决定了健康知识的积累和健康技能的提升,青少年健康知识的积累最终还要转化为健康问题的解决能力和决定能力,这方面能力尚有待提升。

(三) 青少年健康素养受信息技术等因素的显著影响

青少年的健康素养受学业成绩、受教育水平、城乡分布的影响,信息技术在

---

① 教育部,卫健委. 综合防控儿童青少年近视实施方案[EB/OL].[2019-01-10]. http://www.moe.gov.cn/jyb_xwfb/gzdt_gzdt/s5987/201808/t20180830_346673.html.

影响青少年健康素养方面的作用也得到了数据的印证。家庭和学校为青少年提供的信息技术支持环境显著地影响了功能性健康素养的发展,尤其在疾病预防和用药常识层面,青少年自身的信息素养水平无论对功能性健康素养、互动性健康素养还是评判性健康素养都有显著影响,提升青少年信息素养有助于青少年健康素养的整体提升。

然而,信息技术究竟如何影响青少年的健康素养?通过哪些具体手段、工具和方法对青少年的健康素养产生作用?事实上,信息技术促进青少年健康素养发展的手段是丰富的,移动应用、智能 App、互联网、新媒体等都在不同层面悄然发生着作用。

二、青少年基于移动终端提升健康素养的状况

(一) 基于移动应用 App

移动 App 的开发,为青少年的健康发展提供了丰富的选择。本研究借助艾瑞数据的实时统计,研究青少年基于移动 App 的健康素养发展。艾瑞数据的移动用户行为监测由艾瑞网自主研发,基于移动用户行为,收集用户通过移动设备对 App 的使用行为、浏览网站的行为等情况,反应移动互联网市场的客观情况。该网站发布的 2023 年 7 月健康类应用的热门数据显示,健康运动、健康减肥、在线医疗等健康类移动应用 App 排名靠前的,有华为运动、KEEP、ZEPP life、平安好医生等。其中,KEEP 应用突破了 3 438 万台设备,还保持着持续增长的应用情况,青少年群体在该用户群中占 2.60%,青少年群体应用频率比较高的还有新氧美容、悦动圈、掌上华医等 (见表 10 - 23)。

表 10 - 23　健康类移动 App 的应用现状分析

名称	月独立设备/万台	环比增幅/%	男/%	女/%	青少年所在群体比重/%
华为运动健康	4 887	−3.82	54.63	45.37	1.09
KEEP	3 438	+1.61	49.47	50.53	2.60
ZEPP life	1 003	+1.24	54.48	45.52	2.75
平安好医生	922	−1.94	52.45	47.55	0.94
新氧美容	814	−0.96	46.57	53.43	3.03

续　表

名称	月独立设备/万台	环比增幅/%	男/%	女/%	青少年所在群体比重/%
小豆苗	647	+22.41	38.60	61.40	2.74
悦动圈	380	+0.18	53.81	46.19	5.11
掌上华医	306	+0.23	54.50	45.50	5.02
好大夫在线	301	+0.07	50.64	49.36	3.15
咕咚	258	-1.07	53.66	46.34	4.74

资料来源:艾瑞网移动 App 指数(2023 年 7 月),http://www.iresearch.cn/。

青少年在移动 App 应用中,有明显的个人偏好。同作为健康运动 App,不同于华为运动健康的服务群体为中青年,青少年群体更加倾向使用悦动圈。同为在线医疗 App,青少年群体使用掌上华医的频率高于平安好医生。鉴于此,可以看到青少年群体在移动 App 选择过程中的个性化倾向。

2018 年底,教育部发布《关于严禁有害 App 进入中小学校园的通知》,要求排查包括色情暴力、网络游戏、商业广告等内容或链接,或利用抄作业、搞题海、公布成绩排名等应试教育手段增加学生课业负担的 App,严审进入基础教育校园的学习应用,增强监管,以抵制不良 App 对青少年身心健康和正常学习的影响。[①] 移动应用类市场还有待进一步规范,以保障青少年在信息技术环境中能够健康成长。

(二) 基于智能穿戴设备

智能穿戴设备,是一种全新的计算技术,与传统的信息技术有很大的区别,这有助于打破人机交互的模式,使人与计算机紧密相连。可穿戴设备的发展由来已久,但自 2012 年移动互联网出现以来,智能穿戴设备有了质的突破。目前,智能穿戴设备的功能得到了拓展,穿戴式设备的形态和应用热点不断变化。目前,已有的智能穿戴设备可以分为运动健身类、健康管理类、信息咨询类、体感控制类,它们针对不同的目标人群,采用不同的交互方式(见表 10 - 24)。[②]

---

① 教育部办公厅. 关于《严禁有害 App 进入中小学校园》的通知[EB/OL]. [2019 - 04 - 09]. http://www.moe.gov.cn/srcsite/A06/s3321/201901/t20190102_365728.html.
② 施丽娟,胡辉,王安洁. 智能可穿戴设备对青少年健康促进的影响研究[J]. 湖北体育科技,2018,37(7):617 - 619.

表 10 - 24　智能穿戴设备的分类情况

主要指标	运动健身类	健康管理类	信息资讯类	体感控制类
目标人群	以年轻消费者为主	面向大众消费者，婴幼儿和老人是重要目标人群	面向大众消费者	以年轻消费者为主
交互方式	图形化界面,多通道智能人机交互通过传感器收集信息和数据	图形化界面,多通道智能人机交互通过传感器收集信息和数据	以自然语言交互为主,通过语音识别来实现操作	体感交互,虚拟交互
解决问题	收集运动信息帮助更好获得锻炼效果	对各类健康指标进行采集、对比和分析	增强现实、更方便和及时地获取信息	增强人类能力以娱乐互动为主
产品形式	腕带、手表等	腕带、手表等	手表、眼镜等	腕带等
代表产品	Nike+Training	Fitbit Flex	Google Glass	Myo 腕带

资料来源:吕廷杰,王元杰,迟永生,等.信息技术简史[M].北京:电子工业出版社,2018.

以艾瑞网的相关统计数据为例,在我国的智能穿戴市场中,应用最为广泛的设备有华为穿戴、小天才电话手表、腾讯电话手表、米兔等,这些一般涉及心率监测、睡眠监测、计步运动、爬高、热量记录,还能够进行久坐提醒设置、睡眠质量监测(见表 10 - 25)。

表 10 - 25　智能穿戴设备的应用现状分析

设备品牌	月独立设备/万台	环比增幅/%	男/%	女/%	青少年所在群体比重/%
华为穿戴	573	+1.5	60.16	39.84	22.97
小天才电话手表	280	−8.5	47.15	52.85	25.17
米兔	51	+8.3	48.39	51.61	19.97
腾讯电话手表	3	−6	43.40	56.60	31.13

资料来源:艾瑞网智能穿戴设备指数(2019 年 2 月),http://www.iresearch.cn/。

智能穿戴自开发应用之日起,就一直应用于个体健康管理,而且智能穿戴设备在实际应用中,往往与移动应用紧密相关。有研究表明,以青少年为代表的年轻群体乐于将自己的运动轨迹进行在线分享,让运动行为变得公开而有趣,同时社交分享的行为有助于激励青少年将体育运动常态化、提高青少年的运动健身的意识和频率,间接促进青少年健康素养发展,改善青少年的健康现状。

（三）基于智能技术融合的健康硬件

随着人工智能的发展，用户多元的个性需求获得释放，智能运动健身已经逐步从健身 O2O 热潮催生的创新健身项目，逐步走向围绕居家健身场景，智能硬件研发的 3.0 时代，人工智能在此过程中发挥重要的影响力。[①] 智能健身硬件与移动端应用齐驱，衍生出智能单车、智能跑步机、智能镜等的健康硬件，深受年轻消费者青睐。对于敢于尝试新鲜事物的青少年群体而言，智能技术融合的健康硬件设备的发展具有良好的上升空间。

三、家庭提供软硬件促进青少年健康素养的状况

在青少年的健康素养发展中，家庭和家长的作用是学校和其他社会组织无法取代的。家长的受教育水平、职业选择、营养饮食、运动习惯等对青少年的健康知识形成、健康技能和健康能力发展的作用重要而深刻。自出生之日起，孩子就开始受到来自家庭健康教育方式的影响，父母家人的榜样作用对青少年的健康有着重要影响。本研究相关数据也印证了青少年对家庭健康教育的态度，并肯定了家人和朋友在青少年获取健康知识与技能中的作用。

（一）家庭信息技术硬件支持

中国青少年研究中心的有关数据发现，在青少年的上网工具选择和上网地点调查中，家庭的影响最大。青少年上网工具以台式电脑为主，其次是手机，与本研究的相关调查数据基本一致。男生使用台式电脑者比女生多 10.3%，女生使用手机上网者比男生多 10.4%，男女生在上网工具选择上具有不同表现（见表 10 - 26）。

表 10 - 26　青少年上网工具使用情况（%，多选）

上网工具	男	女
台式电脑	80.10	69.80
笔记本电脑	44.50	44.10
平板电脑	26.50	27.20
手机	53.70	64.10
其他	5.00	3.10

资料来源：孙宏艳. 新媒介与新儿童[M]. 北京：中国青年出版社，2014.

---

① 艾瑞网. 2021 年中国智能运动健身行业研究报告[R/OL]. [2023 - 08 - 15]. https://www.iresearch. com. cn/Detail/report? id=3857&isfree=0/.

除此之外,在青少年上网地点的选择中,家里成为其上网的主要阵地,男女生在家里上网的比例分别为 87.0% 和 88.9%,还有超过两成青少年会在亲戚家上网,在学校上网的比例远低于家里(见表 10-27)。总而言之,家庭为青少年的健康素养发展提供了必要的硬件条件与设施。

表 10-27 青少年上网地点情况(%,多选)

上网地点	男	女
学校	24.60	30.50
家里	87.00	88.90
网吧	16.30	7.40
路上	12.00	15.40
餐厅或咖啡馆	10.00	12.80
亲戚家	24.30	22.20
朋友同学家	21.10	15.60
其他	4.90	5.00

资料来源:孙宏艳.新媒介与新儿童[M].北京:中国青年出版社,2014.

(二)家庭信息技术软件支持

在移动应用 App 的相关统计中,以 30~40 岁的中青年作为家长群体数据代表,探索家庭对青少年移动应用的影响。以小豆苗应用为例,它是专门针对儿童预防接种的提醒软件,应用中定期推送疫苗接种信息和基本家庭医疗护理知识,对青少年和家长提升自身的健康素养大有裨益。概言之,家庭对于青少年健康素养的提升从软件和硬件方面提供了强有力的支持。

四、学校应用新信息技术发展青少年健康素养的状况

自 1969 年 ARPANET 建设成立以来,互联网已经诞生了 55 年,先后经历了基于 TCP/IP 协议的发展、基于 NSFnet 的扩张与普及,到 2007 年开始进入移动互联网时代,互联网的发展带来的是翻天覆地的变化,这种巨大的变革体现在方方面面。目前,我国网民规模世界第一,宽带上网者居全球首位,网络零售规模全球领先,互联网经济在 GDP 中的影响日渐扩大,中国已经成为名副其实的互联网大国。互联网技术也成为新一代信息技术的核心之重。

新媒体则是建立在互联网技术、数字技术、移动通信技术的基础上,可进行

互动性传播的媒体形式。具体可以从媒介载体、媒体形式和媒体功能上进行划分。从具体形式上看，新媒体包括门户网站、社交网站、微信、微博、社区等可被用来进行信息传播的形式。

基于新媒体和互联网的学校健康促进是新的时代背景下，青少年健康素养发展的重要举措。《健康中国2030》规划纲要明确提出学校健康促进的发展要求，国家卫健委法规司也曾于2016年出台《健康促进学校规范》对学校的健康教育做统一部署，主要从政策支持、组织保障、环境营造、健康技能培训等方面阐释了学校健康促进的基本框架内容。

与2016年相比，当下信息技术支持的健康教育资源在不断地完善和丰富的同时，学校在促进青少年健康素养的发展过程中，也致力于从信息技术支持的健康教育、健康传播和健康服务角度，寻求现实发展路径，充分利用互联网和新媒体的传播优势和资源优势，构建基于云计算的健康教育资源平台，发挥新媒体的学校健康传播作用，利用互联网的学校健康服务优势，不断丰富学校健康促进实践。

（一）基于云计算的学校健康教育

云计算是指以公开的标准和服务为基础，以互联网为中心，提供虚拟化的资源服务。当前云计算的热门，得益于云计算的技术模式，更加突显了网络应用的便捷性、高速性、安全性，也有利于降低资源建设的成本。随着云计算的出现，学校健康教育得到了迅速发展。[1] 早在2015年，教育部体育卫生与艺术教育司就曾经针对学校健康教育的发展提出信息化的发展目标，明确指出要推进健康教育资源的建设，编制学校健康教育数字化资源库，探索健康教育网络教学。学校健康教育的发展，在考虑人力成本和资源成本的情况下，也更加依赖云计算的技术特征，促进信息技术与健康教育的融合，实现健康教育资源的共建共享。

据调查，基于云计算的国家教育资源公共服务平台在健康教育有关的课程资源中，心理健康教育、体育与健康、公共卫生教育等方面的资源建设不断得以完善。在已有的课程资源中，从初中一年级到高中三年级，整个中学学段资源类型包括资源包、教学设计、教学课件、课堂实录、素材、习题、微课、数字教材、实验、教

---

[1] 体育卫生与艺术教育司. 2015年度工作要点[EB/OL]. [2019 - 03 - 11]. http://www.moe.gov.cn/s78/A17/A17_gggs/A17_sjhj/201503/t20150317_186354.html.

材教法分析等,资源格式也包括文档、图片、音频、视频、动画等(见表10-28)。

表 10-28　国家教育资源公共服务平台健康教育类资源统计

体育与健康		心理健康		公共卫生	
课程主题	课程版本	课程主题	课程版本	课程主题	课程版本
田径类运动;球类运动;体操运动;游泳运动;体能发展等	20	自我意识;学习辅导;人际交往;生活适应;职业生涯规划等	21	健康行为与生活习惯;疾病预防;心理健康;生长发育与青春期保健;安全应急与避险	3

注:根据2019年2月国家教育资源公共服务平台网站 https://so.eduyun.cn/synResource 的数据整理所得。

　　与健康教育相关的教育资源具体分为体育与健康、心理健康、公共卫生等课程,课程所涉及的主题多与青少年的实际生活学习密切相关。国家教育公共服务平台在使用的过程中,可以以教师、学生、家长等不同身份注册,实名认证后,系统会根据用户特征推送相关教育资源,资源的呈现丰富且全面,这一资源平台的建设是基于云计算技术,将分布在全国各地的各学科教师上传的资源统一归类管理,按类目分别进行存储和提取,最终实现基于云计算的资源共建共享。

　　此外,以教育云为检索主题词,在网站主页上可以发现各省份的教育部门都开发了相关的教育云服务来共同建设健康教育资源,南京、武汉、汕头、牡丹江等教育云平台的建设也使得健康教育不断成熟与完善。

　　虽然基于云技术的健康教育资源在不断丰富,但是学校的健康教育仍然存在诸多问题。据受访者A反应:"我们是有体育教材的,一般上课也不会用得到,体育课还是以体育锻炼为主,一般也很少用到多媒体资源。"基于云计算的健康教育资源也存在着资源建设者多,资源使用者少的供求不均衡现象。

(二) 基于新媒体的学校健康传播

　　青少年所处的学校、家庭与社会交互环境决定了健康传播的复杂性。以青少年健康知识与技能的获取途径分析作为青少年健康传播的代表,可以发现学校教育、家庭教育、大众媒体、互联网和同伴交往在潜移默化中有助于青少年的健康知识积累和健康技能的发展。在学校健康传播的过程中,新媒体的作用是显而易见的。

　　基于新媒体的健康传播,创新了健康教育的方式与载体,充分利用互联网、移动客户端等新媒体信息技术传播健康知识，提高健康传播的针对性、准确性和实效性。但是，健康科普的科学性和专业性往往受到质疑，国家卫生与健康委员会曾明确突出健康传播的科学性，指出要借助各方资源优势打造权威的健康科普平台，不能给虚假健康教育活动提供传播渠道和平台。事实上，广泛开展健康知识与技能传播，提高青少年健康素养，需要各地方部门来鼓励和引导各类媒体办好健康栏目和节目，建立健康素养基本知识与技能传播资源库、构建数字化的健康传播平台。

以学校安全问题的健康传播为例，就要充分运用新媒体的技术优势。校园电子屏幕上各类警示语，公共场所轮番播放的安全动画视频，与之有关的溺水伤害、校车事故、地震灾害、火场逃生等主题宣传，手机视频客户端的安全教育问答……视频播放、问答、分享、评论、短视频制作等形式，使得健康传播的途径更加多样化，更能针对青少年的健康发展特点进行有重点的传播，从而提高青少年健康传播的有效性。

对青少年的健康知识和技能的获取途径调查发现，青少年获取健康知识与技能的途径主要有同学和家人的影响（占 19.30%）以及互联网的传播（占 18.30%），学校健康教育的影响也不容忽视（占 18.10%），传统媒体（如书刊、电视广播）的影响力稍逊一筹（见表 10-29）。值得反思的是，虽然青少年获取健康知识与技能的途径很多，但是获取专业的健康教育的机会有限，仅有 12.10% 的青少年会通过医务工作者获取科学的健康知识与技能，更多的时候他们是通过家人、朋友、互联网等这些易获取的途径主动获取健康知识和技能。

表 10-29　青少年健康知识与技能获取途径分析

		N	百分比/%	
健康知识与技能获取途径 a	A. 学校健康教育课程	412	18.10	47.70
	B. 学校健康教育讲座	227	10.00	26.30
	C. 互联网	417	18.30	48.30
	D. 书刊	279	12.30	32.30
	E. 通过朋友、家人等	438	19.30	50.80
	F. 电视广播	225	9.90	26.10
	G. 到医院咨询医生	275	12.10	31.90
	总计	2273	100.00	263.40

注：a. 值为 1 时制表的二分组。该题为复选题，采用多重响应方式进行数据分析。

由政府主导、公民参与的利用信息技术助力健康教育与健康促进的行动，非常重视新媒体的参与，主办健康专业网站也是健康教育与健康促进活动的重要体现。《中国卫生健康统计年鉴》的有关数据显示，以 2017 年度东、中、西部 10 个省份健康促进数据为例，各代表省份的健康教育与健康促进活动情况各有侧重。

四川省在利用信息技术服务健康教育与健康促进中表现最为突出，组织公众健康活动 3 735 次，与媒体合作播放信息 17 061 次，制作音像制品 14.5 万份，发出手机短信 1168.3 万条，主办网站 105 份，均居全国之首，江苏、浙江、安徽、山东等东部省份信息技术支持的健康教育与健康促进总体情况优于中、西部省份，而贵州、甘肃、青海、宁夏等西部省份的总体情况落后（见表 10 - 30）。

（三）基于互联网的学校健康服务

针对青少年的健康服务，教育部曾于 2009 年颁布《关于进一步加强和规范学生健康服务工作管理的通知》，从学生健康体检、学生预防接种、学生高发常见病防治和传染病防控等角度给出了学校健康服务的管理意见。细读指导意见可以发现，在学校的健康服务中主要针对学生的疾病预防和治理开展活动。事实上，国外的学校场域内的健康服务是一个复杂交互系统，具体包括健康护理服务、心理健康与未成年服务、营养与餐饮服务等，如学校医务人员对青少年进行视听、营养筛查，监护个别具有身心健康危险问题的学生，对青少年慢性病患者进行病理管理；学校心理医生为青少年学生提供学习、社交、情感和行为问题的相关咨询，提供班级管理策略、解决学生的学习冲突和适应性问题；学校食堂向学生提供个性化食物需求等。

我国《健康促进学校规范》对中小学校的健康服务提出了细节上的要求，如学校应提供清洁宜人的校园环境，保障学生食品和生活饮用水安全，提供营养卫生午餐，进行学生常见病、传染病监测等。[①] 本研究在教师访谈和家长访谈中，特别强调了"住宿环境"和"营养午餐"存在的问题。

事实上，学校"营养餐计划"确实备受关注，中国膳食指南强调营养饮食的丰富性、多样性，当前学校的营养餐在安全性与合理搭配上，基本能够满足青少年提供营养全面饮食的需求。但是，针对青少年的个体差异，还无法实现个性

---

① 国家卫生计生委. 关于发布推荐性卫生行业标准《健康促进学校规范》的通知[EB/OL]. [2019 - 02 - 25]. http://www.nhc.gov.cn/fzs/s7852d/201609/9b241bd13c4747b3844fe635a2d9efc0.shtml.

表 10-30 2017 年健康教育与健康促进服务情况

地区	健康教育服务情况				传播材料制作				主办网站/个	健康教育培训人次
	技术咨询与政策建议/次	健康教育活动/次	与媒体合办栏目/个	与媒体合作投放信息/次	平面材料/万份	音像制品/万份	手机短信/万条	实物/万个		
全国	10 439	61 507	4 176	213 469	38 043.3	126.6	9 879.9	4 252.1	1 088	1 375 377
江苏	431	2 475	91	895	2 007.4	6.4	47.6	180.9	70	20 196
浙江	652	2 032	201	9 340	1 746.5	2.3	677.3	153.7	59	33 227
安徽	117	1 281	106	4 948	1 341.2	0.5	289.5	132.6	40	29 563
山东	1 202	3 228	385	14 543	2 638.5	22.7	600.6	199.0	98	119 070
广西	100	658	89	7 105	853.6	0.6	460.7	21.4	25	26 985
四川	1 081	3 735	330	17 061	2 358.2	14.5	1 168.3	316.8	105	86 031
贵州	354	2 129	129	9 298	1 419.3	3.7	158.5	151.9	7	15 291
甘肃	525	3 053	192	6 598	545.6	0.9	57.2	22.4	32	68 434
青海	117	1 473	56	2 654	489.5	5.8	36.7	62.7	4	30 306
宁夏	64	462	65	3 151	312.9	3.7	98.6	160.0	6	11 525

注:平面材料包括传单/折页、小册子/书籍、宣传画;合作的媒体包括电视、广播、报纸、杂志。
表源:《中国卫生健康统计年鉴 2018》。

化的营养服务。寄宿制中学的住宿条件并没有统一标准,住宿条件有优有劣,环境建设也存在很大区别,尤其是宿舍卫生环境还存在许多健康安全漏洞。

此外,学校健康体检也是青少年健康服务的重要内容。根据 2008 年教育部体育卫生与艺术教育司印发的《中小学生健康体检管理办法》,中小学生每年应进行一次常规健康体检,具体包括形体指标检查、眼科检查、内外科常规检查、生理功能指标检查等常规健康检查项目。[①] 在本研究的实际调查中,七成受访对象反映每年参与健康体检,还有三成受访者反映过去一年没有进行过至少一次健康体检,这一数据表明,青少年健康体检管理的落实情况有不同程度的差异。

在互联网在线医疗蓬勃发展的今天,越来越多的人群愿意尝试借助互联网问诊购药。信息技术支持的健康服务正在推动健康促进的实践变革,在这一进程中,青少年利用信息技术支持的健康服务获取健康信息、做出健康评估和健康选择正在成为健康服务发展的有效举措。

青少年信息技术支持下的健康服务突破了时间、空间和认知的局限性,依托信息技术网络平台,形成了以下健康服务内容。信息技术支持的健康服务不同于青少年健康服务的内容,可以概括为健康信息服务、健康产品服务、健康医疗服务等。项目设计 12 道题,每题 1~5 个选项,分别代表从未、偶尔、有时、经常、总是五个等级,满分 60 分,平均得分 35.39,单项平均分 2.95,可见青少年接受信息技术支持的健康服务的频率介于"有时"和"经常"之间(见表 10-31)。青少年除了在健康信息服务方面的均分超过 3 分之外,在信息技术健康促进的其他实践活动中,如追踪个人健康信息、购买健康相关产品、阅读或共享健康医疗问题等方面单项平均分都低于 3 分,显然,青少年的信息技术健康服务的频率不高,在信息技术支持的健康服务水平上有待提高。

表 10-31　青少年信息技术支持的健康服务现状

变量	均值	标准差	最小值	最大值
F1. 您曾经从各种途径搜索过健康信息吗?	3.48	1.19	1	5
F2. 您使用邮箱或者网络 App 跟医疗人员咨询过吗?	2.71	1.51	1	5

———————————

[①] 教育部. 关于印发《中小学生健康体检管理办法》的通知[EB/OL]. [2019-01-10]. http://www. moe. gov. cn/s78/A17/twys_left/moe_943/moe_793/tnull_52366. html.

续　表

变量	均值	标准差	最小值	最大值
F3. 您使用互联网购买过健康相关产品吗？	2.68	1.53	1	5
F4. 您使用互联网搜索过医疗机构的信息吗？	2.90	1.46	1	5
F5. 您使用互联网追踪过个人健康信息吗？	2.69	1.56	1	5
F6. 您使用互联网搜索过有关合理饮食、体重或运动的信息吗？	3.45	1.28	1	5
F7. 您使用互联网下载过健康相关信息到移动设备吗？	3.02	1.48	1	5
F8. 您使用互联网为自己搜索过健康或医疗信息吗？	3.22	1.35	1	5
F9. 您使用互联网为他人搜索过健康信息吗？	3.03	1.42	1	5
F10. 您参与过某一健康或医疗问题的在线论坛、讨论群组吗？	2.61	1.53	1	5
F11. 您访问过社交网站阅读或共享过健康或医疗问题吗？	2.90	1.49	1	5
F12. 您使用微博、QQ、微信或其他应用撰写过健康相关信息吗？	2.68	1.59	1	5
总分	35.39	14.17	12	60
均分	2.95	1.18	1	5

五、当代信息技术促进青少年健康素养面临的问题

信息技术为促进青少年健康素养发展提供了丰富的选择。移动应用 App、智能穿戴设备、家庭软硬件的信息技术环境支持，基于互联网的学校健康促进，以及青少年自身的信息素养发展均有益于青少年作出健康选择和健康素养的发展。健康素养的发展不再局限于传统学校的健康课程和家人与朋辈的影响，信息技术于潜移默化中影响着青少年健康知识与技能获取的方式、方法和途径。但是，移动技术的成本、资源建设的质量和青少年信息素养差异，在促进青少年健康素养发展中还存在以下问题。

（一）青少年移动设备的持有率不高

尽管信息技术在助力青少年健康素养发展方面具有一定优势，但是，移动

终端设备的高成本令更多的家庭望而却步。全国范围内青少年手机持有量有目共睹，智能穿戴设备、平板电脑等"非必需品"成本和功能局限，以及家庭、校园对青少年教育管理的现实要求，使得移动设备无法在青少年群体中得到应用普及。

（二）学校健康教育资源建设专业性不足

基于云计算的学校健康教育，实现了健康教育资源的共建共享，在资源数量得到显著增多的情况下，资源的质量无法得到保障。此外，健康教育的实施过程和资源的建设过程，仅由学校的体育教师、心理学教师主导，在缺乏医疗卫生系统人士参与的情况下，是难以提升健康教育的专业性发展的。健康教育的专业性建设需要跨专业、跨学科和跨部门间的参与与合作。

（三）新媒体健康传播的针对性欠缺

根据健康传播的要素，要明确青少年作为健康信息传播对象的特殊性。当前的健康传播的实施主要指向成人健康素养的发展，其健康素养传播内容、传播方式和传播特点都以成人的健康素养发展作为起点。考虑到青少年群体所处阶段的生长发育特征、心理发展的矛盾性以及社会交往的复杂性，基于新媒体的健康传播需要综合考量青少年的角色特征，增强健康传播的针对性和倾向性，提高健康传播的效率。

（四）信息化健康服务的利用率不足

基于互联网的健康服务是多样的，健康信息服务、健康产品服务和健康医疗服务的内容涵盖了健康素养的众多层面，且更加便利、成本也低，缺点在于互联网健康服务本身科学性和专业性难以得到信任。此外，受家庭和学校的影响，青少年自身的健康意识和健康需求不足，应用信息技术获取健康服务的利用率不足。

第四节　加强信息技术促进青少年健康素养的策略

一、信息技术促进青少年健康素养发展的意义

面向 21 世纪的青少年，在当代知识经济与全球化的数字化浪潮与信息洪流中，综合素养发展成为教育进步的愿景。而健康，在青少年的成长与发展中

是不可或缺的重要一环,这意味着青少年健康素养是其面向 21 世纪、面向未来的核心竞争力之一。健康素养不仅是衡量青少年健康水平与健康素质的重要指标,也是影响青少年健康的重要因素。

随着新一代信息技术的发展进步,信息技术广泛渗透于各行各业,带动各大领域发生了以数字化、网络化、智能化、绿色化、服务化为特征的技术革命。[①] 技术革新背后,利用信息技术服务各个领域的知识与能力成为泛在需求。在健康促进进程中,利用信息技术工具促进青少年健康素养发展的现实意义体现在个人、学校、社会和国家等多个层面:

(一) 彰显青少年"健康第一"的教育理念

青少年学生常常被健康政策制定者和健康环境建设者所忽略。2018 年 1 月,上海市出台了我国首个关注儿童青少年身体活动的指导规范《中国儿童青少年身体活动指南》,推荐儿童青少年每天至少累计达到 60 分钟中高强度运动,每天的屏幕时间限制在 2 个小时以内。虽然家长、教师和青少年自身都明白健康的重要性,但是,在健康行为习惯和健康决定能力上各主体往往选择性忽略,强调牺牲健康利益而投入学习活动中,最为典型的表现在于牺牲学生健康运动的时间,用于学习活动中,这是中国家庭和学校教育教学活动中的常态。

"学习本位"的教育观念已然无法满足个体的终身发展和可持续发展。利用信息技术手段促进青少年健康素养提升的最终目的还是为了青少年的健康发展,它要扭转"学习本位"的教育观念,使"健康第一"的教育观念得以体现。

(二) 符合信息时代学生综合素质发展要求

教育最终还是要聚焦到人的变化与发展上,但残酷的教育现实却忽略了人的存在及其价值。[②] 由华东师范大学引领的新基础教育改革,体现了对青少年综合素质发展的时代需求其基于生命价值取向的"生命·实践"教育,正式明确了学校基础教育以培养具有积极的生存方式、富有生命活力的个体为目标,这正体现了健康之于教育的意义。而信息技术的泛在形式以及健康之于青少年的意义,使得利用信息技术促进青少年健康素养的发展,成为时代发展的迫切需要。2016 年,第九届全球健康促进大会召开,发布了《2030 可持续发展中的健康促进上海宣言》(简称上海宣言),上海宣言强调了健康素养以包容、公平地

① 吕廷杰,王元杰,迟永生,等.信息技术简史[M].北京:电子工业出版社,2018:1.
② 李政涛."生命·实践"教育学的实践基石[J].教育学报,2011,7(6):14-25.

享有优质教育和终身学习为基础,并承诺发挥数字技术的潜力,增强公民对自身健康及健康决定因素的控制,①换言之,利用信息技术促进青少年健康素养发展充分体现了信息时代对青少年信息素养、健康素养、媒介素养的综合素质发展的时代需求。

(三) 体现了适度使用信息技术的健康需求

信息技术为青少年带来的健康影响是不容小觑的,家长和教师一方面为青少年提供优质的信息技术资源,另一方面又对青少年的信息技术应用充满担忧,这种矛盾态度则源自信息技术对青少年身体健康、心理健康和社会交往等方面的影响。浸没在信息环境中的青少年已然无法隔离信息技术的负面影响,如何健康使用信息技术、如何利用信息技术促进青少年健康素养发展是信息技术应用的可持续发展的必然选择。

二、信息技术促进青少年健康素养发展的目标

信息技术促进青少年健康素养发展并不是一蹴而就的。首先,青少年的健康素养发展本就是缓慢的过程,健康知识的积累,健康技能的发展,健康习惯的养成和健康促进行为的出现,是循序渐进的。其次,信息技术健康环境的建设和个体信息素养的发展也需要时间投入。

结合我国教育信息化、健康中国等国家战略规划,利用信息技术促进青少年健康素养发展具体包含两个层面的宏观目标。

(一) 以青少年智能健康管理促进健康素养发展

随着智能应用 App 的开发和智能穿戴设备的出现,信息技术为青少年健康管理提供了更多的选择。健康指标全程可监控、运动轨迹全程可追踪、安全定位随时可获取,信息技术以便捷式、嵌入式、时时可共享为青少年的自我健康管理提供了支持,同时,与媒体的融合有助于增强青少年的健康行为意识,加强对健康行为的管理和促进健康行为的形成,最终有益于青少年健康素养发展和健康行为产出。

(二) 利用信息技术推动学校健康促进实践变革

青少年健康素养发展离不开学校健康促进,学校健康促进的实践发展需要

---

① 国家卫健委宣传司. 2030 可持续发展中的健康促进上海宣言[EB/OL]. [2019-01-15]. http://www.nhfpc.gov.cn/xcs/hyzl/201611/af0f2620a4a74e9d9e5dc90aebdcbbd6.shtml.

信息技术的全面参与。信息技术支持的学校健康促进，带动健康教育、健康传播和健康服务的信息化变革，移动互联网、云计算、新媒体等新一代信息技术为学校健康促进的变革提供了动力。因此，在信息技术促进青少年健康素养发展的过程中，要逐步实现青少年健康教育资源共享、丰富新媒体途径的健康传播、实现互联网化的健康服务，以此带动学校健康促进的实践变革。

三、信息技术促进青少年健康素养发展的原则

为推动青少年健康素养全面提升，充分考虑当前青少年健康素养发展和信息技术发展的现实条件和发展困境，在利用信息技术促进健康素养发展过程中，仍需坚持以下发展原则。

（一）赋权与赋能结合

基于已有量化研究结果可知，青少年使用互联网还存在诸多限制，家庭和学校普遍采用限制手段对青少年的上网行为采取措施，但是，限制其上网并不能从源头"一刀切"。当代的青少年，从出生那一刻便鲜活地穿梭于网络虚拟世界和现实世界中，"赋权"就是要顺应青少年发展的信息环境背景，给予青少年使用网络的机会，普及信息技术，尊重青少年的自由精神和探究本能。

本研究的量化部分对青少年的信息素养和利用健康信息的能力进行了综合评估。青少年在互联网信息检索、加工和评判等方面还存在诸多不足。"赋能"是指增强青少年信息技术应用的基本知识与技能，在信息技术的帮助下培养青少年网络信息分析与评判、网络影响管理和自我健康管理能力，让信息技术在青少年健康与健康素养发展中充分发挥潜力。

（二）技术与应用并举

信息技术本身是一个极为抽象的词汇，为了促进青少年健康素养的发展，应当结合其技术与应用的双重属性。在健康教育资源建设中，当前十分依赖云计算技术。云计算技术是基于互联网的计算方式，使软硬件资源和信息通过虚拟化的互联网实现互联互通。智能穿戴设备作为典型的智能化终端技术，其本身体积小，功能简单，单纯的依赖智能穿戴设备，难以促进青少年健康素养发展。只有终端技术与移动应用结合使用，方能突显智能终端技术在促进青少年健康发展方面的优势。

（三）家校社共建共享

信息技术以其便捷性、即时性、互动性、嵌入式、参与性特征，为青少年健康

促进资源与环境建设提供了诸多选择。但是，本研究发现，在青少年健康素养发展的过程中，家庭和社会的健康促进角色未能实现。家校社共建共享的原则强调在利用信息技术促进青少年健康素养发展过程中，家庭、学校、社会的健康教育、健康传播和健康服务紧密结合，分别扮演不同的角色。

父母是孩子的第一任教师，其榜样作用影响深刻。家庭除了为青少年提供信息技术支持、健康促进的环境建设之外，还将决定青少年健康行为习惯的发展，并且在信息技术应用的监督等方面发挥重要作用。基于此，首先，要提升儿童青少年父母家人的健康素养。父母家人在青少年成长中的影响是非常显著的，儿童早期健康行为的培养与发展是从被动到主动发展的过程，只有到了青少年时期，他才开始进入自主发展阶段，开始尝试通过对外界的综合认知，调整自己的行为。其次，创造信息技术健康促进环境。一个家庭中的诸多因素会影响青少年素养的发展，北京大学公共卫生学院的近期研究发现，父母面对视频的时间对子女的视频时间影响较大。[①] 本研究的相关研究结果也表明，青少年浸没在电子产品与互联网络的生存环境中，家长会有意识地约束青少年的上网时间等，但也有研究表明，家长更应当承担起作为学习者、计划者、引导者和管理者的不同角色，[②]自我约束电子产品使用行为和网络生活习惯，以身作则，提升自身信息素养，善于观察和发现青少年健康危险行为，提供安全、健康的信息环境，引导青少年文明上网，提升信息的评判与应用能力。

社会在健康促进活动策划、健康危险行为监督等方面作用显著。在信息技术健康促进的环境建设中，学校的健康教育、医院的健康服务、媒体机构的健康信息传播、社区的健康环境建设、家庭的健康教育指导等是紧密联系，不可分割的有机整体。国家卫健委在推进公民健康素养发展中尤为强调社会机构间的全面协调与分工合作。

以家庭、学校和社会为单位，探索社区医疗与教育服务模式的结合，构建信息技术健康促进协调保障机制，创建信息技术健康教育资源，利用互联网的信息优势，发挥新媒体的健康传播优势，最终实现健康教育、健康资源与健康环境的共建共享，这将有益于整合社会资源，发挥医学、社会学、教育学、传播学等多

---

① 安美静、陈天娇，马军.父母因素对儿童青少年视屏时间的影响及其性别差异[J].中国学校卫生，2019,40(2):202-205.

② 陈钢.父母在儿童网络素养教育中的角色分析[J].青少年研究，2013(3):16-19.

元学科融合的优势，构建促进青少年健康素养发展的良好信息化生态系统。

（四）城乡间均衡发展

无论是信息技术环境建设、青少年信息素养发展，还是学校健康教育，其中的教育差异、数字鸿沟和健康鸿沟是客观存在的。在我国教育现代化实施方案中，推动统筹城乡义务教育均衡发展一直是重中之重。为改善落后地区薄弱学校的基本办学条件，教育主管部门还提出了"20 条底线要求"，这 20 条底线中对于学校健康环境建设和信息技术环境建设也有明确规定，比如要求教室采光良好，具备适合学生特点的体育活动场所和设备设施，有可供开展多媒体教学的教室等。① 虽然，在现实条件下，无法做到城乡教育发展的均衡，但是"20 条底线要求"的提出正在从最落后的地方逐步提升发展的整体水平。此外，《教育信息化 2.0 行动计划》出台，明确了作为跨越时空的泛在性存在的信息技术在推动城乡教育均衡发展中起到的举足轻重的作用。② 互联互通、共治共享，数字健康教育资源有望成为促进教育机会均衡、提升人才培养质量的重要举措。

四、以信息技术促进青少年健康素养发展的内容

《上海宣言》从加大提升健康素养的投资、实现整个国家跨部门的教育合作、发挥数字技术潜力、确保有利于健康选择的消费环境等四个方面阐述了全面提升全民健康素养的有效战略，③这为如何利用信息技术促进跨部门的青少年健康教育，提升青少年健康素养发展提供了行动指南。当然，应用信息技术基本知识与技能，推动青少年健康教育与健康促进服务的具体实施，有待信息技术支持的健康教育、健康传播和健康服务整体水平的提升。

（一）加强信息技术支持的健康资源建设

根据本研究的调查结果，信息技术支持的健康教育资源建设非常丰富，在教育云平台、社交媒体和互联网上的健康资源数量多、类型多、版本多样，存在地区间教育资源开发不均衡的现象，并且，这些资源质量参差不齐，未曾针对青

---

① 教育部. 全国改善贫困地区义务教育薄弱学校基本办学条件底线要求[EB/OL]. [2019 - 02 - 26]. http://www. moe. gov. cn/srcsite/A06/s3321/201407/t20140730_172545. html.

② 教育部. 教育信息化 2.0 行动计划[EB/OL]. [2019 - 01 - 22]. http://www. moe. gov. cn/srcsite/A16/s3342/201804/t20180425_334188. html.

③ 国家卫健委宣传司. 2030 可持续发展中的健康促进上海宣言[EB/OL]. [2019 - 01 - 15]. http://www. nhfpc. gov. cn/xcs/hyzl/201611/af0f2620a4a74e9d9e5dc90aebdcbbd6. shtml.

少年群体的特征开发满足青少年健康发展需求的健康教育资源。相比于国外在青少年健康教育资源上的研究，我国在这一方面表现出明显不足，亟待教育者、医学专业人士投入时间成本、经济成本着手开发针对青少年健康发展需求的高质量健康教育资源。

（二）丰富信息技术支持的健康服务形式

青少年信息技术支持的健康服务具体涵盖健康信息服务、健康产品服务和健康医疗服务等。据实证调查结果可知，信息技术支持的青少年健康服务在健康信息的获取、检索等服务中的应用表现较好，但是信息技术在健康产品服务和健康医疗服务方面不及健康信息服务。信息技术支持的健康服务亟须从专业性、科学性、便利性方面入手，借助互联网的人机交互优势，提高健康服务的整体水平，丰富健康服务的形式，以满足信息时代青少年的健康服务需求。

（三）增强信息技术支持的健康传播功能

信息技术支持的青少年健康传播，在信息技术的支持下，主要依赖新媒体的技术优势。青少年已具备的健康信息获取与应用、健康信息评估和健康信息决定能力，为其利用新媒体手段促进健康传播奠定了基础。实证数据分析发现，信息技术支持的健康传播具有显著影响，青少年在健康信息的优劣判断和健康信息传播的质量评判方面的能力不及健康信息获取能力，青少年健康信息决定能力表现也欠佳。针对青少年群体的健康传播需要明确青少年群体的特征，选择适宜的健康传播媒介，结合新媒体的优势，增强信息技术支持的健康传播的功能。

（四）完善信息技术健康促进的学校规范

2016 年 8 月，国家卫生计生委员会发布了《健康促进学校规范》推荐性卫生行业标准，并于 2017 年 2 月开始实施。这一规范从政策支持、组织保障、环境营造、社区联合、健康技能培养、卫生服务、评价要求等七大方面对学校健康促进提出了标准化要求①，截至 2018 年 6 月，全国中小学校通过各类途径创建的健康促进学校近 1.5 万所，约占全国中小学校总数的 5%②。

事实上，信息技术在健康促进学校发展进程中大有可为，规范信息技术在

---

① 国家卫生计生委. 关于发布推荐性卫生行业标准《健康促进学校规范》的通知[EB/OL]. [2019 - 02 - 25]. http://www.nhc.gov.cn/fzs/s7852d/201609/9b241bd13c4747b3844fe635a2d9efc0.shtml.

② 国家卫生健康委. 对十三届全国人大四次会议第 5907 号建议的答复[EB/OL]. [2023 - 08 - 15]. http://www.nhc.gov.cn/wjw/jiany/202202/a92b0cc39f224e0ba8711466b90ca279.shtml.

学校健康促进中的作用势在必行,遗憾的是,信息技术在当前的《健康促进学校规范》中的作用未得到彰显。笔者认为,信息技术应在以下几方面发挥作用。

(1) 规范健康教育综合实践课程。我国关于学校健康教育具体实施的政策规范还未曾实现统一要求,这间接导致了学校健康教育具体实施的困境。《中小学健康教育指导纲要》中虽然约束了不同年龄段健康教育的具体目标和基本内容,但是未曾对课时、课程组织形式进行规范性指导。[①] 在刘淑美等人研究的中国台湾地区的健康促进学校发展中,总结出了"实证导向"的健康促进学校计划,为促进学校健康教育政策落地提供了经验总结,非常值得借鉴。[②] 加强健康教育教材和资源的数字化研发,是缓解健康教育教学资源紧缺最有效方式之一。

(2) 培养健康教育专业师资力量。健康教育专业的师资力量亟待加强。谁该为青少年健康教育承担主要责任是当前学校健康教育实践的最大困境,是卫生保健人员、心理健康教师、体育教师还是班主任,在这一点上还存在很大的争议性。但无论是卫生保健人员、心理健康教育教师还是体育教师都无法等同于健康教育的专业师资,健康教育师资的培训离不开政策的支持和制度的保障。信息技术的支持,对分析信息时代青少年的健康问题提供了便利,但也对健康教育师资提出了信息技术的素质需求。

(3) 落实青少年健康素养监测。在健康促进学校规范中,规定了学校学生和教职人员体检、学生常见病、传染病、疫苗接种的标准。近年来,我国不断落实健康素养监测的数字化。虽然,针对青少年群体的健康素养建设还未曾实现,但是学生体质健康数据、心理健康测评数据正在逐步数字化、共享化。落实青少年健康素养监测是青少年健康政策制定的基础,对于青少年信息技术健康促进的实践发展大有裨益。

(4) 完善青少年健康信息服务。青少年健康知识获取和技能发展的主要途径是家人、朋友和互联网。青少年健康信息服务的科学性、专业性有待进一步提升。2018 年发布的《中国卫生健康统计年鉴》的统计结果显示,在促进青少年健康素养提升的过程中,也应该致力于在信息技术与健康促进服务融合的

① 教育部. 中小学健康教育指导纲要 [EB/OL]. [2018 - 08 - 20]. http://www. gov. cn/gongbao/content/2009/content_1310690. htm.

② 刘淑美,陈政友,李广. 台湾地区推动健康促进学校的历程及启示 [J]. 中国学校卫生,2019,40(2):167 - 170.

实践中寻求现实路径,通过应用信息技术的传播优势,举办信息技术健康教育活动、发挥媒体的大众传播作用,主办专业健康信息与服务网站等提升青少年健康素养。

五、以信息技术促进青少年健康素养发展的方法

利用信息技术促进青少年健康素养发展终将落实在健康促进的行动中去,这是一个系统工程,牵一发而动全身。探寻出青少年健康素养发展的具体方法,才能最终实现健康素养发展的目标。P-P 模式,不同于教育目标实现的过程,它提供了一个从健康行为和健康素养提升结果倒推出具体策略的可操作现实路径,信息技术在这一过程中的作用体现在每个环节中。

(一) 建立青少年的健康电子档案

这一阶段对应 P-P 模式的"社会诊断阶段"。当代青少年的健康问题不应仅仅归纳为心理健康问题或者是体质健康问题。研究者理应怀有"大健康"意识,在社会诊断过程中,首先围绕青少年的生活质量,解析处于青春期的青少年群体的人口学特征,了解该群体所处的家庭、社会和学校环境,着眼于当今信息时代发展的特色,综合把握青少年群体可能存在的健康问题和健康促进需求。

在推进健康中国战略发展中,曾有方案提出利用移动互联网、新媒体平台对青少年学生的体质健康、心理健康进行周期性归档,对青少年常见健康问题,如视力不良进行定期检测并建立追踪个体一生的健康电子档案。这一做法有利于分析青少年健康历史,明确青少年主要的健康问题。

(二) 界定青少年健康素养的因素

这一阶段对应 P-P 模式的"流行病学诊断"。明确了青少年健康问题后,需要具体分析导致该健康问题的相关影响因素,特别是有哪些遗传因素、行为因素和环境因素影响了健康问题的产生。仍以青少年近视问题为例,视力不良是不是由遗传因素决定?是不科学的用眼习惯,视频时间过长,还是所处用眼环境中光线不佳等因素造成?只有具体分析了影响青少年视力不良的影响因素后,才能对症下药。此外,还要分析目标健康问题的相关影响因素,从中选择重要性和可变性强的因素,并以此确认健康状况目标、行为目标和环境目标。

(三) 发挥互联网的健康促进作用

这一阶段对应 P-P 模式的"教育与生态诊断"。教育与生态诊断是一份具体包括倾向因素、强化因素和促成因素的可行性分析,借助互联网的社会促进

作用对青少年健康行为进行分析，明确上述三大因素的对应内容，促进健康目标的具体实现。这一部分是现实路径分析中最为关键的部分。具体而言，知识、需求、态度等倾向因素是行为的理由和动机，技术、资源、媒体宣传等是行为增强、减弱或维持的强化因素，健康教育与健康服务是行为保持、存在和改变的促成因素。本研究发现，青少年的功能性健康素养水平是优于互动性与评判性健康素养的，信息技术、城乡差异、受教育水平等差异对青少年健康素养的影响显著，这综合反应出青少年健康行为中三大因素的合力作用。移动互联网的存在为青少年教育与生态诊断提供了便利，互联网的社交化和可分享特征，对青少年健康素养发展具有社会促进作用，它渗透在健康知识传播、健康资源开发、媒体宣传、互联网健康信息服务和学校健康教育中，同时还影响青少年健康素养发展的倾向因素、强化因素和促成因素。

（四）明确电子健康素养发展目标

这一阶段对应 P-P 模式的"管理与政策诊断"。管理与政策诊断的三大因素得以确定的情况下，还要根据重要性程度和可行性程度确定健康素养提升行动的优先领域，然后明确具体目标。具体目标制定可以参考管理学家彼得·德鲁克在《管理的实践》中提出的 SMART 目标管理原则，它常常被认为是制定具体且行之有效的目标的黄金准则，广泛应用于教育、管理、经济等学科领域。SMART 目标管理原则具体包括明确性（specific）、可衡量性（measurable）、可实现性（attainable）、相关性（relevant）和时限性（timebound）五个方面，用于回答具体目标如何制定。也就是说，制定健康素养提升目标时应明确在什么范围内、用多长时间、对青少年的哪一方面的健康素养实现多大幅度的提升，并且还需明确如何测量健康素养的变化。在信息时代，关乎健康素养发展的研究领域得以扩展，电子健康素养发展的目标日趋得到重视。电子健康素养是涵盖检索、理解和评估健康信息的能力，并包括利用电子信息处理和解决问题的能力。当前，电子健康素养的发展目标未曾得到具体明确和统一的评判标准，因此在健康素养发展中明确青少年健康信息的检索、理解、评估和应用能力成为当务之急。

（五）执行信息技术健康促进举措

这一阶段对应 P-P 模式的"实施"阶段。青少年健康素养的提升依赖健康教育与健康促进的政策、制度和组织环境。信息技术支持的健康服务、健康信息传播和健康教育，在实施过程中大有作为，因而有必要在青少年的健康素养发展中突出信息技术健康促进的优势。首先,明确教育与生态诊断中信息技术可以提供哪些资源,并充分利用资源与服务优势,完善健康教育策略,比如利用新媒体平台分析青少年的健康环境和健康电子档案,科学评价青少年健康素养水平,细化青少年健康素养发展的目标,从目标的明确性、可实现性和相关性着手,制定信息技术健康教育、健康传播和健康服务策略并组织实施。

(六) 建立互联网健康素养的监测

根据 P-P 模式的过程理论,有效的健康素养发展评价具体包括形成性评价、影响评价和结果评价三个阶段。形成性评价与项目实施过程同时进行,主要用以确定项目施行的质量;影响评价用以描述所采用的措施对健康行为与环境的影响;结果评价内容与社会诊断的内容一致,即从青少年的生活质量判断其健康状况的改善和健康素养的发展。学生体质健康网、健康大数据、智能穿戴设备所收集的青少年健康数据,为青少年健康素养的定期、动态监测提供了技术支持,也有利于获取青少年健康素养的形成性、过程性和结果性的综合评价。

六、信息技术促进青少年健康素养发展的治理评估与评价

有关于健康素养评估最行之有效的方法就是进行健康素养的定期检测。国家卫生健康委员会每年都会定期组织城乡居民健康素养调查,并以此为依据制定国家中长期健康发展规划,推进健康素养促进的实践活动。目前,该调研数据仅涉及 15 周岁以上的青少年,这只是青少年群体的一部分,还没有完全覆盖青少年群体。此外,学校场域内每年都会进行学生体质健康数据统计,这一体质健康统计数据主要以年级为分组依据,从身体形态、身体机能、身体素质和运动能力四个维度综合评定学生体质健康水平,概言之,目前还没有形成覆盖全体青少年群体的健康素养评估机制。

青少年健康素养评估的主要问题首先是过于依赖成人健康素养评测量表,在具体监测实施时删减测试题项,做成人健康素养测量的缩减版;[①]其次,是缺少本土化的研究投入,目前还过分依赖于国外翻译版本,而忽视了我国青少年

---

① Kutner M, Greenberg E, Jin Y, et al. (2006). The Health Literacy of American Adults: Results from the 2003 National Assessment of Adult Literacy. *National Center for Education Statistics*, (10):685－687.

群体的特征和发展规律。[1] 所以,符合我国青少年健康发展规律的青少年健康素养评估与监测量表亟待权威机构的本土研发。

此外,结合信息技术健康促进环境开发的健康素养研究正逐渐引起关注,但是,已有的成熟研究成果还是非常有限的,已有的评估量表还无法全面反应青少年应用信息技术促进其健康素养发展的全貌,相关研究有待深入。值得期许的是,在信息技术应用于健康促进的进程中,信息技术正在促进青少年健康素养监测的数字化、智能化、全面化、动态化转型。

---

[1] Parker R M, Baker D W, Williams M V, et al. (1995). The Test of Functional Health Literacy in Adults: a New Instrument for Measuring Patients' Literacy Skills. *Journal of General Internal Medicine*, (10):537-541.

第十一章

校园欺凌与学校道德教育健康环境构建

依据世界卫生组织对健康的定义，健康被描述为一个综合性的状态，不仅仅是身体的良好状况，还包括身心和社会层面的完整健康。近年来，学校中关于校园欺凌的问题日益突出，对学生的健康有着多方面的负面影响，涵盖了身体、心理和社会层面，日益引起社会的广泛关注。

从关怀伦理思想为基础的关怀道德教育理论出发，分析校园欺凌问题的实质与形成表现，发现其发生与学校关怀型道德教育的缺失存在着必然的联系，是与学校健康教育，学生身体、心理与社会适应紧密联系的一项健康教育问题。化解当前校园欺凌问题的有效治理路径，是建构以关怀为中心的学校道德教育环境，将关怀的血液注入学校道德教育的有机体中，使学生在充满理解与尊重的道德环境下健康成长。

第一节　校园欺凌与学生健康问题的提出

一、校园欺凌问题频发且形势复杂

随着媒体对各地发生的校园欺凌事件的公开报道，社会大众对校园欺凌事件的关注日益深入广泛。校园欺凌绝非新问题，不仅是长期并普遍存在于学校环境中的一种现象，更是一个世界性的公共健康问题。联合国教科文组织2017年发布的《校园暴力与欺凌全球现状报告》显示，每年有2.46亿儿童和青少年遭受某种形式的校园暴力与欺凌，许多校园暴力与欺凌的受害者不会把他们的经历告诉任何人，其理由包括不信任包含老师在内的成年人、害怕产生不良影响或遭报复、负罪感、耻辱感或困惑、担心不会被认真对待或者不知道去哪里寻求帮助等[①]，他们的身心健康因此备受伤害。《中国国民心理健康发展报告(2021—2022)》指出，14.8%的青少年存在不同程度的抑郁风险，高于成年群体，其中4.0%的青少年属于重度抑郁风险群体，10.8%的青少年属于轻度抑郁风险群体[②]。由此可见，呈现低龄化发展趋势的心理健康问题，亟待引起重视。

　　校园欺凌亦非纯粹的校园安全问题，其表现形式非常复杂。中国青少年研究中心青少年法治教育研究课题组2020年至2022年，针对3108名未成年学生进行调研，结果显示，53.5%的学生遭受过校园欺凌，其中占比较高的现象包括东西被偷(52.8%)、被取笑或捉弄(37.2%)、被辱骂(33.7%)、遭教师体罚(28.3%)、东西被人故意损坏(20.2%)、被人歧视(19.1%)、不许上课(15.4%)、被人孤立排斥(14.1%)、受到暴力威胁或恐吓(13.2%)等。面对这些校园欺凌，63.6%的学生一旦发生就会向老师、校领导或家长报告，也有8%的学生隔1天至3天再报告，4.7%的学生隔一段时间再报告，20.3%的学生表示如果再发生同样的事情会再报告，1.5%的学生会等别的同学身上发生再报告，还有1.9%的学生从不报告[③]。此外关系欺凌、语言欺凌等形式常发生在隐秘的角落，难以被发觉，对欺凌者造成的伤害也容易忽视。而实施严重欺凌的学生，如果没有得到有效教育和管控，也容易走上违法犯罪的道路。最高人民检察院发布的《未成年人检察工作白皮书(2021)》显示，2017年至2021年，检察机关批准逮捕校园欺凌和暴力犯罪人数分别为4157人、2785人、1667人、583人和581人[④]。

二、校园欺凌对学生身心健康造成伤害

　　当下，经济繁荣也伴随着价值观的演变和社会问题的涌现，特别是纷繁复杂的互联网，时刻影响着学生的成长环境，使学生心理健康问题凸显。近年来我国尤为重视学生身心健康，把健康作为学生全面发展的前提和基础。特别是2023年4月，教育部等17部门联合印发《全面加强和改进新时代学生心理健

① 联合国教科文组织. 校园暴力与欺凌全球现状报告[R]. 2017-01-19:9.

② 傅小兰,张侃. 中国国民心理健康发展报告(2021～2022)[M]. 北京:社会科学文献出版社,2023:35.

③ 文丽娟. "我没挨打,却比挨打还难受"[N]. 法治日报法治经纬,2023-05-29(8).

④ 中华人民共和国最高人民检察院. 未成年人检查工作白皮书2022[EB/OL]. [2023-06-01]. https://www.spp.gov.cn/spp/xwfbh/wsfbt/202306/t20230601_615967.shtml#2.

康工作专项行动计划(2023—2025 年)》,要求各级各类学校教师在教育教学活动中坚持"健康第一"的教育理念,切实把学生心理健康工作摆在更加突出位置。校园中频繁发生的欺凌事件,对欺凌者及受欺凌对象双方的身心健康发展均会造成不同程度的影响、伤害。

对受欺凌者造成的身心健康的不良影响主要表现在以下几方面。第一,心理健康问题。遭受欺凌的学生往往自我认同感降低,会更易面临情绪上的压力和焦虑。长期受到欺凌可能导致抑郁症、社交焦虑症、自卑等心理健康问题。第二,身体健康问题。受到欺凌的学生常常处于紧张状态,增加患病的风险,这可能导致睡眠问题、头痛、腹痛等身体不适。第三,自尊心与自信心受损。遭受欺凌的学生可能感到自尊心和自信心受到伤害,降低其自我评价和自我价值感。第四,学业表现下降。受欺凌影响的学生可能难以集中注意力,学习积极性下降,导致学习成绩下降。这种负面影响可能影响他们的未来职业和学习机会。第五,社交问题。受欺凌的学生可能避免社交活动,担心与他人接触,导致孤立和社交隔离。第六,健康行为。遭受欺凌的学生可能倾向于采用不健康的应对方式,如吸烟、酗酒或滥用药物,以减轻内心的痛苦。

欺凌者长期的欺凌行为,会增加其反社会型人格形成的风险,使之产生暴力倾向、焦虑症,以及成年后滥用药物、违法的可能性。同时,欺凌者易滋生出骄横跋扈、敏感多疑的不良人格,以及将欺凌他人后的短暂快感视为自己强大的认知偏差。早期学业阶段的欺凌行为若得不到及时矫正,易将其攻击性行为视为有效解决问题的方式,长期的欺凌行为可能使他们对自己产生负面的看法,影响他们的个人成长、学业发展和职业成就。

三、校园欺凌研究和防治的现实需要

为解决校园欺凌对学生健康造成的负面影响,教育机构和社会需要采取积极有为的干预措施,包括但不限于:①建立积极的学校氛围,强调尊重和理解,鼓励学生友善相处;②提供心理健康支持,为遭受欺凌的学生提供专业的咨询和辅导服务;③教育师生了解欺凌的危害,鼓励目击者主动举报欺凌行为,形成共同抵制欺凌的态度。总体来看,从综合治理的视角出发,建立有效的校园欺凌预防和干预机制,通过全社会的共同努力,创造一个安全、和谐的学习环境,成为帮助学生克服校园欺凌带来的负面影响与促进他们的健康成长的重要路径。在推进校园欺凌的治理进程中,不同学科的学者对于校园欺凌的认识与治

理提出了相应的解决思路与对策,聚焦了各个学科领域的理论研究与学校实践探索。

有研究者主要从引发校园欺凌问题的社会环境出发,认为校园欺凌是一种非常复杂的社会事件,其行为是一种社会越轨行为。社会失范为校园欺凌事件的出现提供了温床,社会变迁带来的家庭结构变化、"反学校文化"的影响、社会规则的缺失等一定程度上助长了欺凌事件的发生。因此,研究者提倡建立以政府为主导的统筹社会环境综合治理机制,改善家庭与学校、教师与学生的关系,强化社会政策等对校园欺凌问题进行积极预防与干预治疗。[①] 一些研究则强调,校园欺凌的治理需要进行相应的制度完善,要坚持宽容而不纵容的刑事政策,一方面完善未成年人不良行为的早期干预制度,对于未达到刑事责任年龄而不予刑事处罚的低龄未成年人,要有"以教代刑"的教育措施,绝不能一放了之。同时借鉴他国司法和救助制度等加强对校园欺凌问题的控制。[②] 一些研究从心理理论假设出发,通过心理实验研究探寻欺凌行为发生的原因机制,从参与角色、同伴关系等方面入手探寻学校干预欺凌的相关心理对策。还有一些研究回归到人的教育本身上来,探讨校园欺凌问题的产生与解决,强调从开发校本课程、加强学校管理、构建学校干预机制、创设和谐的校园文化环境与班级环境、开展法制及心理教育等方面入手提出应对校园欺凌的措施。

应该说,这些实践与研究从不同角度较好地分析了校园欺凌问题的形成与解决对策,有其认识的合理性与实践的积极作用。但是,校园欺凌问题的核心是个体的思想观念及其相应的行为。从长远看,欺凌问题的解决在于深入的"化",辅之以适当的"抑",两者间相互配合、互为补充、相互作用。其中,要达到欺凌问题的"化",前提在于重新认识欺凌问题的实质,认真反思作为引导学生形成道德自律的道德教育的问题所在,反思道德教育为何难以抵挡各种不良价值观对学生的影响辐射。直击学生成长发展,其问题解决的关键应是关注学生最真实的道德健康状况,回归学生赖以成长的校园环境之中,分析欺凌背后所隐匿的学校教育环境存在的问题,以及学校道德教育在引领学生道德成长发展中的不足之处。

① 魏叶美,范国睿.社会学理论视域下的校园欺凌现象分析[J].教育科学研究,2016(2):20-23.
② 姚建龙.应对校园欺凌,不宜只靠刑罚[N].人民日报,2016-06-14(5).

第二节　学生的道德偏差：校园欺凌问题形成的实质

一、中小学校园欺凌行为的本质

(一) 校园欺凌的内涵界定

结合国内外学者对校园欺凌做出的概念界定及我国校园欺凌的实际特征，笔者判定校园欺凌行为应满足五点核心要素，即主观上的故意性、双方力量的不平衡性、带有侮辱性的身心攻击、对受欺凌者一方造成身心痛苦及长期重复实施或传播。据此可将校园欺凌界定为发生在学生间，蓄意或恶意通过肢体、语言及网络等手段，实施欺负、侮辱造成相应伤害的行为，欺凌行为判断的重点在于双方力量的不均衡。理论上讲，概念是把所感知事物的共同本质特点抽象出来的结果。[①]

(二) 校园欺凌行为的本质判定

各类欺凌行为所表现出的恃强凌弱、以大欺小、以众欺寡、以富欺贫、以差欺优等行为特征，透射出学生意识观念中对善恶认知不当及对道德原则规范的认识不足，进而导致其行为产生偏差。而欺凌者所透射出的蓄意或恶意的主观态度，对行为规范的明知故犯、对自我意识情绪难以调节控制的内心挣扎及所造成的伤害行为，是欺凌者道德认知不成熟，道德情感淡漠，道德意志支撑无力，道德价值判断有误的道德偏差的直接表现。因此，一定程度上看，校园欺凌问题是学生的道德在知、情、意、行等方面出现了某种程度的偏差，其形成实质是一种个体道德教育缺失的问题。概言之，校园欺凌行为，本质上是一种学生本体背离社会道德规范的偏差行为。

二、校园欺凌与学生的道德认知的关系

人的行动总是受人的认识支配，人的道德行为也不例外地受到人的道德认识的制约，但道德认识不是与生俱来的，而是在实践中逐渐形成的对社会公认

---

① 叶徐生. 再谈"欺凌"概念[J]. 教育科学研究，2016(9):1.

的品德标准、社会行为的是非善恶标准的了解与掌握。[①] 一般而言,随着年龄的增长与学校道德教育的层层强化,学生的道德认知水平与道德行为判断能力是逐渐上升发展的。但从欺凌所反映出的问题来看,学生道德认知水平的提高并没有表现为道德行为的相应提高,而是呈现出知行逆反的现象。处于青春期的学生在欺凌现象中所显现出的知行逆反现象,不能简单地以学生道德水平的下降对其进行归因,究其根本在于学生道德认知与行为出现逆反和偏离。具体而言,当学生对社会道德现象不能进行正确的认识、知觉、体会、理解和把握时,就会形成道德认知偏差,在此基础上加之本人自主的选择判断,其行为便会随之出现偏差。

当前,中小学生不再是单纯的道德规则的执行者,他们力求根据自己已有的生活经验和道德需求,重新确立自己的道德规则,在对道德现实进行多角度权衡的基础上,努力去选择一个恰当的行为。[②] 故面对欺凌冲突时,学生往往表现出一定的模糊性与矛盾性。一方面,从学生自身的储备来看,一些学生对自身欺凌行为性质的认识不足,不能判断自己的行为是否属于欺凌行为,将自身的欺凌行为当作玩笑看待。或在现实的欺凌现象中,表现出价值取向的多样性,从自身以往的行为经验及行为所带来的正面或负面的感受中进行行为的抉择。学生在课堂中所掌握的道德规范,只能成为判断其行为对错的准绳,但不足以直接用于其行为的选择。面对欺凌现象,欺凌者在其行为发生前对自身行为动机的合理性与规范性缺乏深刻认知,或明知道德规范,而缺乏独立的道德行为决策能力及对行为后果的认知判断,从而表现出道德的模糊性乃至偏离。另一方面,从学生主体所处的外部环境来看,学生周边的环境,特别是其所处的群体价值环境,直接影响着学生的道德行为选择。在遇到冲突时,其同伴的意见与群体的舆论往往成为其行为抉择的参照体,当群体规范与道德规则发生冲突时,其很容易在道德碰撞与群体压力的制约中偏向群体一方,从而表现出明知故犯,矛盾性的知行偏差。缺乏明确的道德认知,道德行为便失去方向。

三、校园欺凌与学生的道德情感的关系

道德情感是主体对于客观的道德事实、现象是否符合主体需要的一种情

---

① 张大均. 教育心理学[M]. 北京:人民教育出版社,2005:299.
② 赵昕. 从道德认知转变为道德行为的机制看学校德育的改革[J]. 课程·教材·教法,2009,29(3):57-60.

绪体验,是主体蕴含的道德要求得到满足与否的情感反应。在欺凌事件的情境中,欺凌者常常表现出强烈的冲动、厌恶、愤怒的情绪反应和情感体验,这种情绪和情感的产生是快速的、直觉的,发生在完全没有经过深思熟虑的道德判断、道德推理和利弊权衡的情况下。个体的道德需要决定了道德情感的内容、性质和强度,而欺凌者道德情感的诱发,与行为主体日常生活中的情感需求息息相关。主体需求得到满足的程度越深,情绪反应越积极,道德行为越趋于正向,当道德需要得不到满足时,情绪反应越消极,道德行为越趋于负向。①

校园欺凌事件中,欺凌学生多见于单亲家庭、缺乏父母照顾及学习成绩落后的学生群体中,他们往往缺乏父母的关怀教育、教师的重视,其安全感、归属感、尊重与爱的需要往往得不到充分满足,这些最为基本的情感需要长期得不到满足或处于被压抑的状态,抑制了其友善、关怀、助人等行为的产生,转而滋生不快、厌恶、痛苦、失望、沮丧等否定、消极的情绪反应,需要无法得到满足,易产生消极的情绪反应,从而做出负向的道德行为。故而在遇到与自己认知、情感不符的情境时,他们易采取欺凌的行为方式变相地满足自己长期处于匮乏状态的基本情感需要,或者对那些处境良好,情感体验完满的同学心生嫉恨并以欺凌的方式加以"报复"。欺凌者往往在欺凌行为发生后,得到情感的自我满足,而少有对其行为产生内疚感,不会因自身行为对被欺凌对象造成的伤害而产生自责,表现出对他人及自身道德问题的无动于衷。欺凌学生在道德现象面前因自身道德情感体验缺乏而不能对他人表达恰当情感的状态,就是道德情感偏差,那么此种道德情感主导下的道德行为必然也是有偏差的。

四、校园欺凌与学生的道德意志的关系

费尔巴哈认为:"形成本来的人性的东西究竟是什么呢? 就是理性、意志、心。"②这里的理性、意志和心,分别对应着道德认知、道德意志和道德情感。"知、情、意"三者是彼此联系、互相渗透的。一般而言,道德意志是个体将在道德认知基础上形成的道德情感转化为道德行为的整个心理过程。而道德意志

---

① 罗石,郭敬和.试析道德情感主导下的道德行为[J].伦理学研究,2012(1):14-19.
② 路德维希·费尔巴哈.费尔巴哈哲学著作选集:下卷[M].荣振华,王太庆,刘磊,译.北京:商务印书馆,1987:28.

的抉择是在道德情感的支配下进行的,在意志外化为行为的过程中,情感驱使起着重要作用。[①]

如前文所讲,欺凌学生自身的道德情感体验缺乏,在处于偏差状态的道德情感的支配下,其道德意志的外化自然也受到相应影响。同时,道德意志本身通过其特有的意志品质直接对道德行为产生影响。自觉性、果断性、坚韧性和自制性是道德意志具有的四种基本品质,正是不同的个体在四种道德意志品质上的差异,使其在面临相同的道德情境时会有不同的行为反应,并产生了不同的道德行为。欺凌学生在与同学相处的一定的情境中,虽知道德规范的规定约束,但不能自觉遵守,原因在于欺凌者自身道德意志的坚韧性、自制性、自觉性不足,而表现为个体不能控制自己的消极情绪,完全受自身情绪支配,成为情绪发泄的工具。此时个体的行为完全是在消极情绪的指引下进行的,致使其道德行为偏离道德目的和道德价值,从而酿成欺凌事件。道德意志品质的缺失不单单表现在欺凌者一方,同时也体现在旁观者方面。校园欺凌发生时,面对眼前的欺凌场面,有些学生会及时上前劝阻或报告老师,也有些学生因力量悬殊而抱有冷眼旁观的态度而"不作为",任凭欺凌的发生,缺乏果断性,表现出道德意志的懦弱无力。欺凌事件中,无论欺凌者表现出的"明知故犯",还是旁观者表现出的"知行不一",皆显示出学生道德意志的偏差,正是个体在道德意志上的偏差,使得道德行为偏离正确的轨道,走向对立面。

校园欺凌问题所折射出的学生道德状况,难以忽视学校道德教育这一重要力量在引领学生道德发展,提升学生道德能力过程中的不足。校园欺凌滋生于校园环境中,与学校道德教育环境有重要的关联。因此,校园欺凌得以化解的关键,需要聚焦到学生道德发展与学校道德教育中来。

第三节　道德教育缺失：校园欺凌问题的主要归因

学校作为教育活动的主要场所,以促进受教育者的身心发展为目的,道德教育是其中关键一环。道德性应该像血管一样遍布教育肌体,而关怀之于道德性就像红细胞之于血液,教育的任何环节与过程,如果道德性与关怀缺失,则意

[①] 任德新,张芊.论道德情感对道德理性与道德意志的驱动[J].南京社会科学,2006(12):50-54.

味着教育生命力的丧失。基于关怀伦理的道德教育是教育生命力的体现,是促进学生道德发展的路径。本研究认为,当下过窄、过于表面化与学科化的道德教育,缺乏对学生生命力的呵护与培育,对学生情感、道德发展需要的关注,关怀性力量的缺失,使得道德教育难以抑制学生道德成长发展萌生的异质因素,导致欺凌事件等校园问题的频发。

一、关怀伦理思想的阐释

(一) 理论的缘起

关怀伦理学兴起于 20 世纪 70 年代末 80 年代初,在西方第二次女权主义运动的社会背景下,美国心理学家、哈佛大学教授卡罗尔·吉利根(Carol Gilligan),质疑批判其导师劳伦斯·科尔伯格(Lawrence Kohlberg)的公正取向的伦理学,认为其体现了一种去情景化的、冰冷的理性主义,她从女性主义视角出发,研究关怀价值取向的道德发展模式,关怀伦理由此初步形成。美国当代著名的哲学家、教育家,斯坦福大学教授内尔·诺丁斯(Nel Noddings),在吉利根的启发下,对关怀伦理学进行了理论化与系统化建构,形成了自己的关怀伦理学说,并将其应用到具体的道德教育实践中。

诺丁斯的关怀伦理思想受女性主义思潮的启发,以吉利根的女性主义关怀伦理学为视角介入,以存在主义哲学与人本主义思想为人性论基础,充分汲取了亚里士多德的伦理学、基督教伦理学、自然主义伦理学和幸福论的伦理学思想精华,并从马丁·布贝尔(Martin Buber)的我—你关系及约翰·杜威(John Dewey)教育学思想的土壤中吸取养料,打通了伦理与道德的界限,将关怀伦理发展为内涵丰富、具有较强实践性的道德教育理论。

(二) 诺丁斯关怀伦理思想

诺丁斯关怀伦理思想的主要观点在于,关怀是一种关系。诺丁斯在《始于家庭:关怀与社会政策》开篇就指出:"关怀(caring),不是一种美德,而是一种令人向往的关系属性,那么出发点就可能会倾向于被关怀者、其需要以及关怀者对被关怀者的需要做出的回应。"[①]她认为关怀始于识别与回应需要,接受对方和动机移置是关怀的两个环节(见图 11-1)。关怀的基本形式有自然关怀与伦理关怀之分,关怀既有个人自然关怀的基础又有伦理关怀努力的意味。诺

---

① 内尔·诺丁斯. 始于家庭:关怀与社会政策[M]. 侯晶晶,译. 北京:教育科学出版社,2010:12.

丁斯重视道德情感，强调情感对于动机的发动作用，她认为自然关怀意为"或多或少由深情或内心愿望自发产生的那种关怀"。[①] 而自然关怀本身又是需要诉诸努力的伦理关怀的基础，伦理关怀的动机还在于个人的道德理想，在需要做出较大努力的关怀行为时，尤其离不开道德理想的发动与支撑作用。同时，关怀关系的形成，依赖于关怀双方及特定的环境，在关怀活动中要考虑的是具体情境中特定的人、特定的需要和特定的反应及体验，而不是依据普遍性法则做出推理和判断。概言之，诺丁斯的关怀伦理思想，注重关怀的关系性、情感性与情境性特征，从伦理机制上讲属于德性伦理。

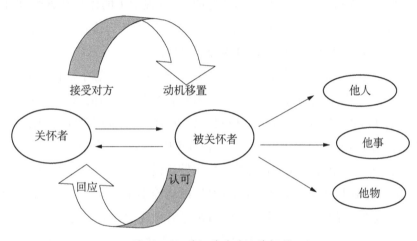

图 11-1　关怀关系的运作机制

二、关怀道德教育理论的特征

诺丁斯认为个人性的、冷冰冰的、去情境化的思维训练式的传统道德教育，不能回应现代学校提出的关怀挑战。鉴于此，她提出了关怀取向的道德教育理论。近年来，校园欺凌时有爆发，各地教育部门及学校虽全力整治但效果差强人意。从校园欺凌问题所透射出的学生道德偏差问题，不得不引发我们对学校德育的重新认识与思考。

诺丁斯的关怀道德教育理念不同于传统德育，表现在以下四个方面。第一，突出道德的实践性，她认为任何科目的教师都有关心学生的真实兴趣和最

---

① 内尔·诺丁斯. 始于家庭:关怀与社会政策[M]. 侯晶晶,译. 北京:教育科学出版社,2010:28.

佳自我发展的责任,教师只有通过自己关怀行为的实施与学生间建立关怀性的教育关系,教育才有可能是道德的,教出来的学生也才有可能是道德的。第二,重视教师的榜样作用。关怀型教师的榜样作用是学生学会关怀的无言向导和动力之源,教师作为关怀者,不只关注自身关怀行为的发出,还应注重被关怀者是否感受到以及对关怀的反馈状况。第三,强调对学生生命的尊重。诺丁斯认为,教育者不是从教育大纲出发或是从整齐划一的教育目标出发约束或拔高学生,而是要走进学生千差万别的生命世界,不仅用自己的、同时更时刻用学生的眼睛去观察、用学生的心灵去感受。[①] 第四,重视学生的体验和感受。教师对学生所发出的关怀行为不应是一厢情愿的,要重视学生的体验和感受,以使学生获得被关怀的感受。基于此,诺丁斯从长期的以关怀为核心的道德教育实践中提炼出了实践、榜样、对话与认可四种道德教育方法。

从关怀道德教育理论特征的视角出发,我们不得不反思学校在实际德育活动中是否仍然采用灌输式的教育方法而无视学生道德习得的效果,是否忽视道德教育的实践性;教师是否充分意识到自身的榜样作用而时刻注意自己的言行举止是否给学生带来了负面的影响,是否真正以平等的姿态与学生进行对话与沟通,以了解学生内心世界;学校对于校园欺凌的管理是否真正做到了以人为本,真正重视学生的情感体验与生活世界,以培养学生的关怀能力。在当下校园欺凌问题突出的形势下,这一系列问题都值得我们认真反思。探究从校园欺凌问题中所折射出的当下学校德育的基本理念、德育的手段与途径以及师生关系等方面存在的问题,并从教育关怀的视角对学校道德教育问题进行反思与变革,是认识与化解校园欺凌问题,纯化安全健康的立德树人的环境的重要路径。

三、关怀伦理视野下学校道德教育缺失的表现

(一) 教师关怀道德素养不足,关怀关系难以确立

教师的关怀道德素养要求教师在角色定位上成为一名关怀者,成为关怀榜样。但在实际的教学活动中,教师当面挖苦、嘲讽、肢体惩罚学生的现象时时发生。此种做法,一方面使受罚学生内心受挫,对教师产生不信任感与负面印象,另一方面也给其他学生树立了不良的行为榜样,引得学生效仿,将这种做法用

---

① 侯晶晶.关怀德育论[M].北京:人民教育出版社,2005:104.

于与同学的交往行为中。

同时，教师的关怀道德素养还表现在教师有意识地与学生间确立关怀关系。关怀关系的建立是教师走入学生内心，引导学生道德发展的重要途径。诺丁斯所倡导的关怀道德教育理论主张通过对话等途径与学生接触，建立联系，表达关怀从而发出对学生的关心，同时得到学生的肯定，以此建立起与学生间的关怀关系。重智育的教育环境及量化的评价方式，使得教师惯于以学习成绩而不是满足学生情感需求为标准开展工作。这种有选择性倾向的关怀，既对学生的正确道德认知形成不良的示范，同时也让学生被关怀的需要得不到满足，从而为欺凌提供了滋生的土壤。在欺凌问题的处理中，一些教师采用机械性的应对方式，不能根据学生的差异性与特殊性，探明欺凌行为发生的深层原因，从而处理不到位，如一些教师直接对欺凌者随口进行严厉的批评说教，或对受欺凌学生的安抚开导停留在简单的安慰层面，或对欺凌行为轻描淡写，以玩笑的方式进行回应等。这些表面性的做法，难以深入学生内心，达到应有的教育化解目的。另外，一些教师在遇到程度相对严重的欺凌事件后，抱有息事宁人的态度直接交由学校进行严肃处理，甚少针对事件双方进行深入的行为规避及心理疏导。究其原因，在于教师缺乏与学生经常主动性的互动交流，缺乏对具体情境下学生特定情感的体验，缺乏对其内心的洞察，惯于依据普遍性法则做出推理和判断。因此，师生间的关怀关系难以建立。

（二）学校管理道德关怀难显，难解欺凌之本

诚如关怀教育思想所凸显，道德性应该像血管一样遍布教育肌体，教育的任何环节中道德性与关怀的缺失，则意味着教育生命力的丧失。许多学校管理者认为，只要制定严苛的学生管理制度，或者采用一个更有效的学生管理系统，就会改进学校教育管理，然而这些改革措施并没有实质效果。学生学习、为人处事的方式因人而异，但不管以什么样的方式出现，都需要各种形式的关心，教师需要具备一系列的能力和技巧来赋予学生关心，教育管理的各个层面都应该围绕关心的主题来组织。

学生管理制度作为一种制度文化，是潜移默化作用于学生教育的隐性课程，应融入以学校作为育人场所本应有的关怀。反观一些学校的管理制度设计，将制度制约与伦理关怀对立起来，结果造成学校人际关系紧张，束缚甚至压抑了广大师生的积极性、主动性、创造性，导致人们对制度的反感，也就为学校管理制度的失效奠定了基础。① 在关于校园欺凌的管理条例中,一些学校过分重视惩戒的作用而忽视学生差异性的教育关怀,"开除""劝退""留校察看"的字眼比比皆是,学校管理者对待欺凌问题的态度常常也过于坚硬,惯于完全依靠制度规定,采用一刀切的评判处理方式,来阻止校园内的欺凌行为的发生。但事实证明,这样的管理方式,过分重视学生的依顺性而忽视主体自主性,过分重视功利性而忽视德性化修养,严惩不一定带来消除的结果。强硬的应对策略给欺凌者带来心理上的压抑,他们不但不会因为严厉的惩罚而有所收敛,反而将欺凌行为愈演愈烈,甚至因此辍学,过早地走向社会,增加涉足犯罪的可能性,给学生的成长以及未来发展埋下不可估量的隐患。

(三) 德育形式单一,道德教育缺乏关怀实践

伦理道德教育的关键在于践行。如果教育的重要目的是在成就有关怀能力的人,那么教师如何唤起、保存和增强学生的道德感,是教育实践中需要关注的课题。② 如今学校德育方式虽有多元化发展趋势,但传统的德育思维仍然根深蒂固,"讲"道德的模式依旧占据主流。课堂说教式的德育、机械性程序化的德育活动与真正的德育之间还存在一定的距离。最有意义的关怀是帮助他人成长和自我实现,且关怀的能力不能转移,需要关怀对象加以实践练习,所以在教育上应该提供给学生各种关怀学习与实践的机会。③ 传统形式的德育,教师在教学设计中过于重视教学计划内学生的学习需要,而忽视学生在教学过程中可能产生的新兴趣与内在心理需要。同时,在当下的教育环境下,教师更多注重的是如何让学生更爱学习、如何使学生更听老师的话、如何使学生更服从学校管理。这些忽视了学生的成长需要,缺乏把学生作为独立生命个体的关怀。可以说,传统的德育环境,将实践、行动、能力从整个教育环境中抽离了出来,学生缺乏关怀实践体验的机会,缺乏道德建立与发展的情境与脉络关系,在道德认知上形成一种道德认知的麻木感。抽象的教条学习虽然使他们知晓道德规范,但非自主习得,难以内化,道德意志不坚定,在遇到具体的同伴关系情境中,容易出现校园欺凌等问题。

---

① 袁小平. 学校管理制度设计的伦理关怀[J]. 教育评论,2004(4):28-30.

② 方志华. 关怀取向女性主义者之课程蓝图探究——Nel Noddings 和 Riane Eisler[J]. 课程与教学季刊,2010(2):1-22.

③ 方志华. 关怀伦理学与教育[M]. 台北:洪叶文化,2004.

(四) 家庭关怀德育有失,家校关怀德育合力难以形成

家庭是孩子最早接受关怀的主要场域,家庭中父母任何一方关怀的缺失会直接影响孩子关怀道德品质的健康协调发展。人本主义心理学家马斯洛认为:"需要满足的程度与心理健康有确定的联系。"[①]家庭中父母对孩子心理、情感、心灵等精神层面需求的关怀缺失,孩子道德品质的形成缺乏父母积极引导,内心需求长期得不到满足,性格特征发生变化,心理发育出现偏差,易产生不良行为。特别是留守儿童家庭,很多父母与孩子相处的时间有限,影响了与孩子间正常的情感沟通,孩子无法获得父母的情感支持,不利于情感品质的养成。同时,过分满足孩子物质生活,而缺乏对孩子的道德情感和精神生活的关注,也是促成孩子道德偏差的原因。家校形成关怀德育合力,健全家校合作交流机制,是帮助学生道德成长发展、防治校园欺凌的有效路径。当下部分家长群体虽有家校合作意识,但忙于工作,家校合作积极性不高,常常缺席家校活动;部分家长缺乏家校合作意识,认为学校应担负教育孩子的全部责任,将教育的主动权交予学校,重点关注学生的学业成绩,而忽视学生道德成长。家庭德育关怀不足,学校关怀道德缺失,家校合作不力,则难以建立关怀德育环境,形成德育合力。

第四节　建构以关怀为中心的学校道德教育健康环境

校园欺凌问题透射出当下学校道德教育关怀性的缺失。这种关怀性的缺失,影响个体生命的完满程度,影响学校教育培养的人才规格及其社会价值,决定着受教育者能否实现德智的统一、和谐发展。诺丁斯认为,所有的教育行为、过程与方法都应具有道德性,即关怀性,否则不能成为教育。[②]

因此,应构建一种以关怀为中心的学校道德教育体系,以化解校园欺凌问题,促进学生道德素养的提升。以关怀为中心的学校道德教育体系,是通过关怀施受—关怀感受并接受—关怀内化—关怀外化的德育发展主要路径,让学生在感知、理解关怀的基础上学会关怀,通过实践等方式促进关怀品质的自我建

---

① 马斯洛. 动机与人格[M]. 许金声,等译. 北京:华夏出版社,1987:77.
② 侯晶晶,朱小蔓. 诺丁斯以关怀为核心的道德教育理论及其启示[J]. 教育研究,2004(3):36-43.

构,从而回馈关怀的道德教育体系,其核心在于通过关怀关系的建立与关怀行为的实施达到化解欺凌问题的目的,具体实施路径可分为以下几个方面。

一、提升教师的关怀能力与素养,树立关怀榜样

不同于其他职业,教师几乎所有的行为都与道德相关,教师所从事的教育活动本身就意味着对生命体的照顾,教师在无形间向学生传递着人与人之间彼此关联的信息,从而间接地促进学生关怀品质的养成。

(一)敞开心门,通过对话肯定来接受学生

教师对学生的接受,是教师关怀学生的第一步,接受在于观察与倾听,从中探寻学生成长所需。学生成长需要是"师生在互动中构建起来的",是"从成长、发展的角度认识、体悟当前学生的成长,发现学生当下已经显现出来的成长可能性"。[①]

因此,接受学生,需要教师在日常的教学活动及实践生活中细心观察学生的行为举止,并与之进行平等的对话与沟通。但对话不是简单地与学生聊天或谈话,必须有一定的主题,主题会随着交谈情形而有所改变。诺丁斯认为,对话不是战胜对方,坚持己见,不只是关心谈论的主题,也要关心对话者的感受。[②] 但在一般的师生对话中,教师惯于不自觉地说服学生,因此教师应学会倾听,多一些关怀,才能达到沟通的目的。教师尤其需要学会全面了解并融入学生的生活世界,并鼓励学生了解自己,在持续的对话、沟通中弥合师生之间、来自不同背景的学生之间的鸿沟,将班级变成一个家庭一般的共同体。[③] 同时,在师生关怀关系的建构中,教师应为主动者,给予学生肯定。根据诺丁斯的观点,肯定能让受关怀者发现自己的善意,增强自己道德理想的期望。当学生犯错时,教师若能选择最好的可能动机来作回应,将能引出学生内心中最好的自我,促进其表现出更好的行为。[④] 就欺凌者而言,无论从家庭背景、

---

① 李家成,王晓丽,李晓文."新基础教育"学生发展与教育指导纲要[M].桂林:广西师范大学出版社,2009:76.

② Noddings N. (1995). *Care and moral education*. In W. Kohli(Ed.), *Critical Conversations in Philosophy of Education*. New York: Routledge Press, p.141-142.

③ Dollard N. (1996). Constructive Classroom Management. *Focus on Exceptional Children*, (2): 334-356.

④ Noddings N. (1995). *Care and Moral Education*. In W. Kohli(Ed.), *Critical Conversations in Philosophy of Education*. New York: Routledge Press, p.144.

学习习惯与能力、脆弱心态,还是自控能力来看,他们都是更迫切需要得到关怀的一方。[①] 故教师不应只判断学生行为的对错,而要报以开放之心采取持续对话的方式,了解其成长经历与生活环境,判断学生内心所需,走进他们的情感世界,并对其成长进步给予应有的肯定,这将有助于校园欺凌问题的化解。

【案例】

某老师是一所学校的心理老师,也是国家二级心理咨询师,负责校内小学和初中学生的心理辅导工作。近日,该校的一名女学生向她求助,说被某男生一直欺负,当众取笑、造谣,女生说想死的心都有。被欺凌的女生说,她告诉自己的爸妈后,只得到一句"别去惹他就好了"。实在没有办法,她才鼓起勇气来求助老师。

接到求助后,这位老师首先肯定了这个女生找她寻求帮助的做法,缓解了女生的情绪。然后找到他们班主任,让班主任去男生家里家访,告知对方父母这件事,在与男生家长的接触过程中,老师们得知,该男生经常被父母打骂。为了保护女生以后不再被欺凌,也为了更好地引导这名男生,这位老师和班主任共同策划了一场班会,在征得男生的同意后,老师组织大家表演了一个关于欺凌的"即兴小话剧"。这位老师让男生当演员,找了 10 个同学给他贴标签,否定他,让他体验被贴标签被否定的感受。接着,这位老师来表明该生是值得肯定的,让 10 个同学撕掉贴在他身上的标签,对他身上拥有的优点进行阐述。最后,男生当场流泪了,认识到了自己的错误,当着全班的面,给女生道歉。女生也原谅了他。

这位心理老师表示,被欺凌者,我们要鼓励他们勇敢求助,增强自信,学会寻找途径反抗,跟家庭取得联系,让家里增强 TA 的安全感。而欺凌者,有可能是家庭教育方式出了些问题的孩子,他们需要得到关注或者力量感。"教育,需要我们用点方式。"

(来源:人民网.学生被欺凌,这位老师的做法获网友点赞![EB/OL]. https://mp.weixin.qq.com/s/Qk5lPPj_sE92d-DHaiz56Q.)

---

① 侯晶晶.关怀德育论[M].北京:人民教育出版社,2005:164.

(二) 身教示范,构建师生关怀关系与环境

关怀型教师的榜样作用是学生学会关怀的无言向导和动力之源。[①] 教师的身教示范不是告诉学生要关怀,而是创造与学生的关怀关系,让学生从中学习关怀,让学生有受关怀的经验,从而使学生成为有关怀能力的人。一个人进入了教师职业,首先就是进入了一种关怀关系,关怀先于、重于做事与技能,这是教师职业与其他职业的最大区别。[②] 因此,教师在关怀关系中应充当关怀者的角色,并时刻注意自身言行和学生与自己的关系会对学生的道德态度产生何种影响。

日常的教学活动,应是教师身教示范,建立关怀关系的有利时机。教师在教学中要体现其道德价值,让学生有受关怀的感受与经验,从而改善对人对事的态度。当发现学生有过错时,教师不应给他当头棒喝或变相挖苦惩罚,以免给学生树立负面形象。作为关怀者,教师的重心在于看关怀的对象是否有所成长,而非看规矩是否被遵守。当然,这并不表示可以将规矩放在一边,而是要以关怀的态度让学生知道遵守规定,要让他的道德理想可以实现。[③] 在欺凌问题的化解与处理中,教师更应以一个关怀者的形象出现,引导欺凌学生认识自身错误,帮助受欺凌学生走出欺凌带来的心理阴影。

二、提升学校管理的道德关怀品质,注重学生成长与发展

采用传统的学校纪律来解决欺凌问题就像只用一种工具来建造房屋一样,而预防和解决欺凌问题需要很多的工具和技术,以及懂得使用这些工具和技术的教育工作者[①]。当下学校对于校园欺凌的各方面的管理,难以发挥实际的解决效用,而充满道德关怀品质的学校管理则更有利于提升学生与校园间的联结感,提升制度等管理手段的约束力,从而利于欺凌等学生问题的化解。

(一) 强调师生参与,提升教育关怀性

在《学会关心:教育的另一种模式》一书中,关于如何进行关怀性的教育管理方面,诺丁斯提出了一些较为详细的建议,如:教会学生自己管理教室和学

① 侯晶晶.关怀德育论[M].北京:人民教育出版社,2005:104.
② 侯晶晶.关怀德育论[M].北京:人民教育出版社,2005:106.
③ 方志华.关怀伦理学的道德教育方法[J].鹅湖月刊,2003(9):33-43.
④ 詹姆斯·E.狄龙.反欺侮:让学生远离恐惧[M].张禾,高连兴,译.哈尔滨:黑龙江教育出版社,2016:41.

校；消除控制，下放权利给教师和学生，增强师生责任感。[①] 因此，提升学校管理的道德关怀品质，首先要在校园欺凌管理制度的设计上强调学生与教师的参与。将学生与教师纳入校园欺凌管理制度的设计环节，与学生进行充分的讨论交流，了解学生心声，多方面征求学生与教师的意见与建议，确保制度设计的公正性，增强师生责任感，可使得行为约束更加有效。同时，校园欺凌的制度设计应充分考虑学生现阶段的身心发展规律及特点，考虑学生成长发展的长远利益，保持有限的宽容品性，以约束学生行为并引导促进学生道德成长为目的，这样更有利于欺凌问题深层的化解。

（二）德育与行为规范并济，增强教育管理弹性

在对学校关怀性教育的管理中，诺丁斯还建议，学校、教师要帮助学生理解社会团体和个人如何制造对手和敌人，帮助他们学会站在双方的立场上处理问题；帮助学生以道德的方式处理人际关系，让他们亲身实践关心等。[②] 因此，学校管理要实现主体德性与制度规范的统一，使教育管理富有弹性。道德的形成在于主体的自觉性，欺凌的整治与化解不应仅局限于对学生行为的规范管理上，单借助于学校管理制度规范的外在强制力，则治标不治本。欺凌问题管理应达到主体性与制度规范的统一，两者"刚柔相济，内外结合。一个注重内在心灵的陶冶，由里及表；一个关注外在行为的养成，由表及里，两种进路却都落实于行为的规范"。[③] 以此帮助学生学会如何道德地处理人际关系，了解如何去运用规则指导自己的行为。

【案例】

在英国北爱尔兰一所以校风严谨出名的学校里，老校长接到家长投诉：刚上七年级（相当于我国的初一）的麦克说学校有个同学每天都打他。

老校长马上派人叫来打人的沃夫，问他："你知道我为什么找你来吗？"

沃夫："知道，因为我打麦克了。"

---

① 内尔·诺丁斯.学会关心：教育的另一种模式[M].于天龙，译.北京：教育科学出版社，2003：221 - 222.

② 内尔·诺丁斯.学会关心：教育的另一种模式[M].于天龙，译.北京：教育科学出版社，2003：221 - 222.

③ 蔡春，扈中平.德性培育与制度教化：论道德失范时期的道德教育[J].华东师范大学学报（教育科学版），2002(4)：10 - 20.

老校长接着问："你打麦克的时候在想什么？"

沃夫想了想，说："我六年级的时候被一个七年级的人打过，但我没告诉任何人。当时就决定等我到了七年级的时候，也要找个人来下手……"

老校长接着问："你知不知道这件事情对麦克的影响？"

"我想他会很疼吧……"

"你以前被打的时候是什么感觉？"

沃夫想了想，说："很愤怒，很害怕，很羞辱……"

老校长："你知道麦克这段时间因为这件事情完全丧失了来学校的热情，每天都处于恐惧和紧张的状态，完全无法正常生活吗？"

沃夫听完，深深地叹了口气，把头深深地埋了下去。

"你现在知道自己错了吗？"

"知道了，我以后再也不会这么做了。"

"你会向麦克亲自赔礼道歉吗？""我会。"

于是老校长让沃夫到另一间办公室等待，并叫人去找麦克来见他。

麦克进来以后，老校长关切地问："麦克，你的父亲已经告诉我发生的一切了。我对你的遭遇表示非常难过。"

麦克长叹一口气，面色凝重。

老校长："你能告诉我，沃夫打你这件事情上，最让你觉得难受的是什么吗？"

麦克想了想，说："为什么他打的是我？我不知道是不是我有什么问题。沃夫和我在小学的时候还是朋友啊！"

老校长："你想听听沃夫说他为什么打你吗？"麦克点点头。

老校长叫沃夫进来。沃夫告诉麦克，他自己当年被七年级的同学打过，一直憋屈于心，忍到自己也到了七年级才找一个目标下手。

麦克有点如释重负的感觉，因为他一直以为是自己出了问题，没想到原来沃夫打人事出有因。

老校长说："麦克，我希望你重新振作起来，回到你当年阳光乐观的状态。沃夫的行为并不是因为你有任何不好，只是他自己没有处理好自己的问题。"

然后老校长问沃夫："你想当着我的面给麦克道歉吗？"

于是沃夫很严肃、很真诚地跟麦克说了对不起，不是那种敷衍了事的道歉，他的语气和神态表明他是真的很懊悔。

然后老校长问:"沃夫,你打算如何弥补你的过失呢?"

沃夫陷入沉思。老校长耐心地等着。

5分钟后,沃夫说:"麦克,我能明天在学校食堂请你吃午饭吗? 我打算当着所有人的面跟你赔礼道歉。从此以后,我再也不会打你。"

麦克接受了沃夫的邀请。就这样,这场校园暴力事件平息了。从此以后,沃夫再也不打人了。

老校长为什么要用这么麻烦的办法? 直接停课并且在全校公布沃夫的行为,不是更加直接、更加有效吗?

从感情和逻辑上来说,严惩欺凌者理所当然并且能平息众怒,但并不能从根本上解决问题。沃夫打人并不是因为他想违反校规,而是因为他过去的经历。

如果仅仅靠惩罚,确实会让沃夫对校规心生恐惧,会因为害怕惩罚而停止自己的暴力行为。可他有可能将"暴力"转化为别的更加隐蔽的行为。

唯有让沃夫分析了自己暴力行为动机,让沃夫对麦克所受伤害感同身受,他才有可能完全停止自己的暴力行为。

唯有让麦克亲耳从沃夫那里听到,自己成为受害人不是因为自己有什么问题,而是因为沃夫自己有问题,麦克的自尊心和自信心才会开始得到恢复。

(来源:王俊杰,于起超.正向引力:防治校园欺凌和暴力[M].青岛:青岛出版社,2019.)

三、丰富道德教育方法,增强学生关怀实践表达

(一) 采用叙事德育方法,引发学生共情

与对话相关,诺丁斯指出叙事法是道德教育的一种方法。[1] 叙事德育是一种以"故事共情—叙事明理"为核心的德育方式,[2]其实质是给学生提供道德情境,让学生发挥想象去体验,包括体验具有负面意义的极端环境,这也是促进师生感情接纳的关怀途径。因此,道德教育要善于运用叙事法,以提升学生的关

---

① Noddings N (ed). (1991). *Story Lives Tell: Narrative and Dialogue in Education*. New York: Teacher College Press, pp. 157-170.

② 李季. 走心德育:品德形成的深层引导[J]. 中小学德育,2017(2):5-9.

怀敏感性。教育者通过叙述具体案例或情景故事,将道理转化为故事,把说理转化为叙事,对学生进行情感唤醒,引发学生共情。让学生叙事,可使他们对自己的道德观负责,而且,可以鼓励他们去探索道德生活的无穷丰富性和复杂性。① 具体到欺凌问题的预防教育中,教师要善于创设叙事情境,选择生活中具有代表性的正确处理同学间关系的正面案例及反面教材,通过开放性的讨论或语言、书面的形式使学生自己对自身经历进行反思及感悟,以此来提升关怀的敏感性,使他们感受到有意伤害他人所带来的后果。

(二) 提供实践机会,增强关怀表达

学校要为学生提供关怀实践的机会,习得关怀技能及关怀实践的表达。相比单纯的知识输送,经验更能融入并转化为个体的心智模式和行为方式,成为个体生命的有机组成部分,尤其是在道德人格养成方面。② 提升学生的道德感受力,需要在日常的学校生活与广阔的社会情境中为学生提供丰富、真实的关怀实践机会。在日常的教学活动中,可以采用学生自选和推荐相结合的办法,让学生在关怀实践中发挥各自的特长或者做一些与平时角色不一致的事,角色的转变能使学生分享到成功感与失败感,丰富自己的情感体验,超越骄傲与自卑,有利于学生间增进理解,相互关心。③ 同时,要让学生走出校门,参与到社会实践活动中去,组织学生开展团体户外素质拓展项目、社区服务活动、志愿者活动等,使学生在相互配合相互帮助中增进彼此感情,在服务社会中付出自己的关怀行为,感受自身关怀所带来的回报,感受来自现实社会的道德冲突与挑战,在自我体验中使道德认知得以内化,从而约束自身的行为。

四、优化家庭德育方式方法,提升关怀德育质量

家庭具有促进家人成长与发展,启发家人培养可接受性的品质,家人之间相互倾听和回应,具有自控与他控相结合等关怀功能。父母能否给予孩子充足和真正的关怀会直接影响亲子关系的关怀性,也会影响孩子的被关怀者品质。因此,欺凌问题的消解与改善,不仅需要学校提升关怀德育水平,还需要不断完

---

① Nussbaum M. (1991). *The Family of Goodness*. In N. Noddings (Ed.), *Stories Lives Tell: Narrative and Dialogue in Education*. New York: Teachers College Press, p.187.

② 靖国平.培养道德生活的当事人[J].教育科学研究,2012(1):28-32.

③ Noddings N. (1986). *Caring: A Feminine Approach to Ethics & Moral Education*. California: University of California Press, pp.188-189.

善家庭关怀功能,建构以关怀为中心的道德教育健康环境。

(一)完善家庭关怀功能,合理满足孩子关怀需要

家庭关怀功能存在缺失,是欺凌问题产生的原因之一。无论是由于父母一方或双方外出务工、父母离异等对孩子造成的距离与情感上的关怀缺失,还是即便有父母的陪伴但因父母不当教养而造成的关怀缺失,都不能满足孩子的关怀体验与需求。因此,父母要善于敏感地体会孩子的关怀需求,积极关怀孩子,在心理上重视孩子,给予孩子陪伴,在与孩子接触的过程中利用丰富的家庭环境因素,给予孩子道德及心灵上的引导与关怀。主动体会孩子的关怀需求意味着父母情感的移植,这需要父母在与孩子的持续沟通与交流中完成。同时,满足孩子关怀需求,还需要家长给予理性且针对性的关怀,不能因为对孩子情感关怀的缺失而以物质关怀的方式填补,而是要让孩子理解父母的处境与辛苦,懂得关怀的回馈与付出,使双方之间的感情得以调节,在理解与回馈关怀的过程环境中实现孩子道德的成长。

(二)强化父母关怀责任意识,促进孩子关怀道德认知提升

父母的关怀责任意识,是支撑孩子关怀品质发展的动力源泉。在家庭环境中,父母是孩子道德品质形成的榜样。因此,家长应该对自己的道德价值观念有清晰的认识,不断提升自身的道德品质,以正确、合乎道德以及关怀孩子成长的方式,以身作则,对孩子的道德成长发展做出正确的示范引导。首先,改变父母权威控制的教养方式。部分家长惯用精神或身体上让孩子感到窘迫的方式惩罚孩子。吉利根认为,羞耻感有损自尊,如果经常感到羞耻,孩子的感受力就会渐趋麻木,频繁地被唤起羞耻感会导致暴力,因为当事人同时会感到对于施加这种痛苦者的愤怒,他还会逐渐丧失体会别人痛苦的能力。[①] 惩罚往往专注于责备和制造痛苦,反而会阻碍我们使用更具有建设性的方法来和孩子进行联结,它使人与人之间的距离愈行愈远,并且使父母和孩子失去了有效地讨论欺凌发生的真正原因的机会。[②] 因此,父母应摒弃权威控制孩子的教养方式,反思自身行为带来的影响后果,给孩子弥补过错的机会。其次,增加亲子沟通的机会,尊重孩子表达自己想法的权利,当他们表达自己的意愿时,父母能主动倾听其需要,而非把自己的意愿强加给孩子,只有建立在尊重和理解基础上的关

---

① 内尔·诺丁斯. 始于家庭:关怀与社会政策[M]. 侯晶晶,译. 北京:教育科学出版社,2010:212.
② 芭芭拉·科卢梭. 如何应对校园欺凌[M]. 肖飒,译. 上海:华东师范大学出版社,2017:143.

怀才是真正的关怀。

五、拓宽道德教育途径，共筑消解欺凌的家校社关怀德育网

防治欺凌需要建立家校社关怀德育网，丰富家校社合作模式。可根据家校社的特点和实际情况，而采取灵活多样的合作方式。在现实的实施途径中，首先，充分利用社区资源与环境，拓展关怀教育空间，利用社区家庭教育服务指导，在社区家长学校、家庭教育指导中心等活动场域，开展防治欺凌等心理健康主题活动，对父母教育子女进行防范校园欺凌的指导和服务，拓展社会关怀教育服务网络。其次，社区通过入户走访等方式，了解本区域内不同家庭的需求和资源情况，对社区内容易成为欺凌事件卷入者的留守儿童、流动家庭子女、单亲家庭子女、特殊家庭子女等进行针对性的教育与关怀帮助，切实制订针对性的关怀服务计划并开展有效关怀服务，同时积极配合家校社合作活动，利用社区资源优势，建立资源开放机制，统筹全局，共同致力于形成关怀合力，形成家校社关怀德育网，切实防范校园欺凌行为。最后，强化媒介宣传功能，社区通过其特有的家庭教育指导公众号、微信群等网络平台，借助漫画、图文资料、摄影作品等动态内容，帮助家长、教师及学生提高防范校园欺凌的思想意识，习得反欺凌知识，应对及减轻欺凌带来的身心伤害，提升对校园欺凌现象的认识和辨别，促进学生健康成长。

校园欺凌问题为学校道德教育敲响了警钟，需引起各级各类学校教育的切实关注。各类德育主体应认真对待并发掘教育生活中的关怀性道德教育力量，使道德教育走向具体性、实践性与关怀性，让学生在充满理解尊重的道德环境下健康成长。

第十二章

结语:健康中国战略下学校健康教育治理的路径

改革开放四十多年来,中国社会经济的快速发展与人民生活水平的不断提高,从国际公认的衡量一国人民健康水平的预期寿命、孕产妇死亡率以及婴儿死亡率来看,我国居民健康水平已位居中等偏上收入国家行列。健康中国被确立为国家重要发展战略,人们的健康生活方式与健康水平被日益重视,但我们也要认识到,我们还需要注重预防为主、全民参与和综合治理,以应对工业化、城镇化与老龄化等新的社会变革带来的健康新问题。

其中,学校健康教育本身的治理问题,成为推动健康中国建设的关键环节。从健康中国发展战略出发,吸收前面全球性组织与主要国家和地区学校健康教育治理的有益经验,结合我国学校健康教育的现实发展,需要进一步深刻思考我国学校健康教育治理的几个重要的问题。

第一节 确立学生为本与公平可及的学校健康教育治理目标

实现人人享有全面健康,是现代化国家的重要使命。健康中国战略,将人民健康摆在国家发展全局的核心位置,实施健康中国战略,旨在全面提升人民健康水平。学校健康教育,是健康中国战略的基础,其对于预防疾病、提高全民健康素养具有重要意义。通过学校开展全方位的健康教育,培养学生正确的健康观念、态度与行为习惯,养成健康的生活方式,是学校教育的重要职责与主要任务。

在国际社会,历来强调健康是儿童的一项基本权利,强调要关注弱势儿童群体的学校卫生健康教育,并关照女童接受学校卫生健康教育的权利。联合国教科文组织总干事奥德蕾·阿祖莱(Audrey Azoulay)指出:"教育和健康是所有人相互依存的基本人权,是任何人权的核心,对社会和经济发展至关重要。

一所不致力于促进健康的学校不再是合理和可接受的。我呼吁所有人肯定我们的承诺和作用,使每所学校都成为健康促进学校。"①

我国在推进学校教育现代化的进程中,同样将健康作为重要任务与发展目标。2019 年《全民健康素养行动计划(2019—2030 年)》以及教育部发布的《中小学健康教育指导纲要(2021—2030 年)》,均明确学校健康教育是提高全民健康素养的重要手段与途径之一。结合学校教育现代化的目标要求,加大力度推进学校健康教育工作,必须深刻认识学校健康教育在健康中国发展战略中的地位与作用,更重要的是需要从健康中国的视角下,明晰当代学校健康教育的核心价值,准确理解并确立适应新的时代需要的我国学校健康教育治理的价值。

一、树立以学生为本的学校健康教育治理价值

构建德智体美劳五育融合发展的教育体系,是新时代落实立德树人根本任务,培养全面发展的社会主义建设者和接班人的重要要求与根本途径。实现全体学生的身体、心理与社会性的全面健康,是促进五育融合育人的应有之义,更是每一个儿童青少年作为社会公民的基本受教育权利的重要内容。随着社会转型与全球一体化的推进,如何保障每个学生公平享受健康教育的权益,并努力将之纳入现代学校健康教育制度治理体系之中,是全面推进健康中国建设进程中需要确立的学校健康教育治理的基本目标与新时代中国特色社会主义教育深化改革发展的努力方向。

但是,在很长一段时期,我国学校教育注重学科知识的传授,重智育而不太注重其他教育内容,导致学生的片面发展,影响了学生多种潜能的激发与引导,也加剧了儿童青少年的体质、营养状况的下降,生活知识与技能的不足,在关注学生的身体、身体知识、健康状况、体质状况、免疫能力、生命动力等方面存在着诸多问题,②从而使得学生的健康问题变得更加突出。面向未来,学校的治理变革逐步回归到以学生为本的教育源头,既注重对德智体美劳各学科课程及其学科素养的追求,更注重"五育"间相互交叉与渗透,积极扭转一"智"独行的局面,努力培养五育协调健康发展的新时代人才。

---

① 世界卫生组织. 联合国教科文组织和世卫组织敦促各国使每所学校都成为健康促进学校[EB/OL]. https://www. who. int/zh/news/item/22-06-2021-unesco-and-who-urge-countries-to-make-every-school-a-health-promoting-school.

② 马和民,王德胜,邓娜. 为什么急需一场健康觉醒的教育变革[N]. 中国青年报,2020-02-10(8).

首先,作为儿童青少年全面发展的基础与基本前提,健康应成为学校健康教育治理与学校变革的核心价值目标。前面已经多次提及,随着现代医学的发展,人类个体的健康,不仅仅指身体无疾病的状态,更追寻在身体、精神与社会适应三个维度的良好状态的统一。教育,尤其是组织制度化的学校教育,是影响儿童青少年个体健康的最为主要的因素之一,要将学生的身体、心理与社会适应的良好状态的形成、维持作为学校教育评价的重要指标。通过学校的健康教育,让年轻一代拥有良好的健康状态,是国民素质发展的基础,是国家发展的奠基性工作,是对中华民族振兴的未来投资。

其次,树立以学生健康为本的学校健康教育治理价值目标,要在学校健康教学、健康服务与健康环境等综合教育体系中加以体现。一方面,学校体育教育与健康教育是国家正式课程内容,需要以专业化的标准形成体系。通过设置系统与科学的健康课程体系,涵盖学生生活世界中可能面对的家庭生活健康、心理情绪健康、预防控制疾病、社会人际交往健康等主题,保障基本的教学时数、专业师资,并将健康主题融入其他主体课程领域,努力达成有效的健康教育课程结果。另一方面,积极构建学生健康服务体系,提供广泛的专业健康服务。除了专业的社区与医疗机构外,学校也应该为疾病学生和学生特殊需要的保健需求提供专业的健康服务。西方国家一些学校已形成健康护理服务、心理咨询服务、营养食品服务以及其他延伸性服务等完备体系,具有相应的正式的学校健康服务规划设计,将其作为社区公共卫生和初级保健系统中的一个组成部分,并接受规范的可连续的服务质量监测与管控。对比,我们可做一些有益借鉴。

最后,学校健康校园环境建设,应该成为推动以学生健康为本的学校健康教育治理体系中的重要一环。国际社会的学校健康促进,普遍强调与学校健康教育密切的制度环境的重要性。其一,是学校的物理建筑环境,应达成与学生健康第一相适应的安全健康校园环境。其二,是建立促进学生身心与社会性健康的规章制度。其三,是建立鼓励开放沟通、尊重个体差异、让每一个学生突出发展的学校学术与职业发展的社会心理环境。这些校园环境,可能成为影响学生健康的关键性因素。在学校健康环境营造中,要遵循全体师生自主自决的精神,以尊重个别差异与营造自主学习环境为基本原则,打造多元、正向、开放与包容的学校健康校园文化环境。

二、制定实现公平可及的学校健康教育的目标

学校通过综合性的健康教育服务,培养学生形成健康相关的知识、技能,使之具备健康的生活方式,建立健康的人际关系,更好地预防与应对今后的健康风险。因此,让每一个学生接受学校健康相关的计划与必要的服务,使他们从学校的健康教育服务体系中获益并受惠,助力他们成为国家与民族未来发展的健康和富有创造力的社会公民,应该成为所有儿童青少年受教育权利的一部分。这也是实现健康公正的必然要求,是全面推进健康中国建设进程中的健康治理的实践逻辑与基本目标。

20世纪90年代,西方社会发布了一份主题为"光明的未来"(Bright Futures)的儿童健康宪章。这份文件强调儿童的健康发展与其受教育和社会紧密联系,需要学校、家庭及社区机构一起合作,保障每一个儿童顺利出生并养成良好的健康习惯,有权获得全面的疾病预防服务、护理与保健,在身心健全的家庭与学校环境中成长发展。[①] 所有学生,无论富裕或贫穷,学校都要保护和促进其成长、发展。

近年来,我国学校健康教育发展迅速,体育教育、健康课程与健康服务环境建设,都取得了显著成绩,儿童与青少年的健康知识与技能得到发展,学校整体育人环境不断得到优化。但是,由于我国城乡教育资源的不平衡,以及学校教育水平的差异,学校健康教育发展也呈现出不均衡状态。学校健康教育不平等问题又因为教育资源分配的不平等、家庭社区的阶层差异,以及个体自身的素质基础等综合因素的作用而加剧。这些学校健康教育的现实,以及学校与其他社会力量协同治理的效果的不平衡,使各种健康教育不平等问题也不同程度存在。正如前面的实证分析,贫困家庭儿童健康问题、高中生学校健康服务需求问题、学校电子健康教育资源供给问题、学校校园暴力带来的身心健康受损问题,都不同程度与学校健康教育的供给水平与教育治理能力相联系,需要客观地看待这些有损健康教育权益的问题。

健康,不仅仅是一种教育权利,更是一种责任。面向未来,我们需要学校在

---

① Green M. (1994). *Bright Futures: Guidelines for Health Supervision of Infants, Children, and Adolescents*. Arlington, Va.: National Center for Education in Maternal and Child Health. Box 7 - 1.

推进教育全面发展的过程中，将促进儿童与青少年健康公正权益问题放在突出的位置，认识到学校健康教育自身具有的治理的长期性、复杂性与不平等性特点，科学谋划学校健康教育治理体系变革，为建立人人重视、人人参与、人人建设的以人民为主体的健康中国建设新格局作出学校教育的独特贡献。一方面，加大学校健康教育与体育教育课程的体系化建设，以课程建设为突破口，将健康问题与其他阅读、科学、语言艺术等国家课程相融合。另一方面，加强学校健康教育专业化师资队伍建设，补齐学校健康教育服务专业人员不足与质量不高的短板，让每个孩子可以获得其所需要的特殊健康服务，逐渐缩小因为专业与质量不足带来的健康教育差距与健康不公正问题。

第二节 实施将学校健康教育融入所有政策之中的治理路径

国际上一些国家的政府制定和颁布了相应的健康国家发展战略，努力将健康决定因素与其相关政策有机结合起来，其中包括改革设计健康教育与健康促进相关行动重点、目标、实施方案与具体策略等。这些改革实践经验的共性旨在以政府为主导协同社会其他力量，充分发挥健康教育与健康促进的独特作用，增强人的内在力量，鼓励国民健康的行为，提升人们改进和处理自己健康问题的能力。这同样是我国教育治理体系与教育治理能力现代化面临的重要内容与发展方向。

在全球日益将健康视为国家与民族繁荣发展的基础，更视为个体基本的发展权益的背景下，学校健康教育成为学生实现自身发展潜能与成为未来经济社会中富有成效的社会公民的重要支撑与保障。为了实现世界卫生组织的"人人为健康，健康为人人"的全球战略目标，很多国家将健康融入所有的政策中，使之成为推进健康国家战略的重要制度性设计与治理能力现代化的重要内容。学校健康教育治理也需要遵照这一目标与实施路径，积极借鉴国际社会关于学校健康教育治理的成功经验，结合我国健康中国建设要求与学校健康教育实际，努力形成具有中国特色的学校健康教育综合治理的现代化体系。

一、将学校健康教育纳入健康国家战略目标与项目规划

在美国，健康国家战略推进的重要特点是依据不同时期国家社会发展现实

与居民健康需求,陆续出台众多的与健康教育与健康促进相关的法律、政策及项目。18世纪,美国社会出现诸如黄热病暴发等危害公共健康的危机事件,政府推出预防疾病给国民造成健康危害的公共卫生法令,重点在于环境卫生打造与感染性疾病预防。进入20世纪,美国联邦政府不断推出国民健康保健计划,注重通过一系列健康教育项目的介入,让国民通过学习体验获取有利于健康的新知识新技能,改变健康观念与行为,从而使健康教育逐步成为达到公共卫生目标、提高公众健康与改进医疗工作的重要手段。

20世纪70年代,拉隆达(Lalonde)报告指出,人们的健康更多取决于个体行为与生活方式而非人类的生物、遗传、环境或适宜保健等因素,[①]强调改善个体与健康相关的生活方式及生活条件,需要结合国家立法、财政措施改革及促进健康平等的社会政策行动,需要个人、家庭、学校、工作场所、保健组织及社区等社会力量合力推进。基于这样的研究认识及后期国际健康促进规范文件的推动,美国开始步入全国性健康目标制定的健康国家战略时期,诸如《国家健康教育规划和资源发展法案》(1974)、《健康资讯与健康促进法》(1976)、《促进健康/预防疾病:国民健康目标1990》(1980)、《健康公民2000:健康促进与预防疾病国家目标》(1991)、《健康公民2010》(2000)及《2020年健康公民倡议》(2009)等纷纷出台,这些政策文件都突出了健康教育与健康促进的发展目标、任务及具体行动策略,成为美国社会开展综合性学校健康教育服务计划(Comprehensive School Health Program,简称CSHP)、低收入家庭幼儿教育开端计划及其他健康促进项目的策划、实施与评估等方面的重要政策基础与理论依据,凸显了国家政府与社会应该承担的健康责任与义务。为个体健康水平赋权及社区、学校等机构增能,积极供给公众健康生活所需要条件的环境措施,体现了将健康教育与学校健康促进作为健康国家战略优先发展主题的价值与实践导向。

《中共中央关于制定国民经济和社会发展第十四个五年计划和二〇三五年远景目标的建议》提出"全面推进健康中国建设"的重大战略任务。其中,对实施健康中国战略作出顶层规划与设计,提出要动员全社会参与。学校作为我国健康促进中的重要社会力量,对培养健康认知、社交与健康情感技能、养成健康

---

① Fertman C, Allensworth D. 健康促进项目:从理论到实践[M]. 顾沈兵,主译. 上海:第二军医大学出版社,2015:7.

的生活方式具有不可替代的作用。为此，未来需要进一步从法律与条例等制度层面，确立我国不同层级与性质的学校在推进健康中国进程中的建设目标、建设任务，以及与其他跨部门协同中的角色，形成涵盖学校教育在内的多部门协同健康促进机制。同时，可以考虑出台专门的学校健康教育促进条例，进一步完善支持与评价机制，系统推进我们城乡从高校到中小学校的健康促进学校的建设。

二、政府机构提供学校健康服务需要的资金支持

积极推进学校健康教育项目的实施，需要大量的专门经费投入作为保障。美国政府从 20 世纪 80 年代后期，主要通过专门的项目支持与资金引导方式，保证全美综合性学校健康计划的顺利实施，典型的措施包括美国国会年拨 5 亿美元给教育部开展预防药物滥用的教育，拨付 400 万美元给教育部支持学校健康教育计划论证工作，同时每年拨付 400 万美元给疾病控制与预防中心开展预防艾滋病的教育经费，[①]支持青少年和学校健康项目。此外，人类健康与服务中心监管的妇幼保健部也可以对学校的健康项目进行资金资助。美国农业部还为学校提供早餐、午餐、特供牛奶及点心项目的资金支持。

为了进一步推进健康国家发展，美国专门由国会授权联邦专门向教育领域不同类型的弱势儿童提供健康服务的专门资助的服务。一些地方州政府也会通过国家卫生部门、人类健康与服务中心等，向学校提供特别资金，同时向学校健康筛查、预防吸烟、生活贫困家庭学生提供健康护理、牙医服务或者健康社会综合服务资金支持。此外，地方服务俱乐部、志愿者健康组织、私人基金会和私人健康护理者等也会向学校提供健康服务资金支持。[②]

推进未来中国学校健康教育治理的主要一环是以政府为主导，广泛吸纳社会与市场参与学校健康教育服务的力量，形成多方参与的学校健康教育服务财政支持与资金筹措机制与体系。具体可以统筹设立专门用于学校健康教育治理的竞争性经费，从而完善学校健康教育创新政策的执行动力机制。鼓励一些发达地区的地方政府，除了必要的常规性教育基本费用支出与经费补助管理驱

---

① 王建平.美国学校健康教育问题与对策研究[M].北京:首都师范大学出版社,2004:1.

② Allensworth D, Lawson E, Nicholson L, et al. (1997). *Schools and Health: Our Nation's Investment.* Washington: National Academy Press, p.207 - 208.

动外,专门提供用于促进学校健康教育的市场驱动的专向教育改革竞争性经费,提供具吸引力的高额奖金等,形成政府主导下的部分市场激励的政策执行与创新的动力机制,鼓励地方市场教育服务主体参与学校健康教育合作治理,以此激发不同学校推进健康教育改革的创新精神,推动学校健康教育与健康中国建设战略协调发展。

三、促进国家医疗领域与教育领域的协作配合

在推进"健康美国"战略计划过程中,美国联邦政府卫生和人类服务部与地方政府、学校、社区以及一些主要的专业组织合作推进计划的实施。美国的国家研究理事会(NRC)和美国医学研究院(IOM)等机构专门研究推出了影响人群健康差异的研究报告,指出教育领域与医疗卫生领域之间存在相互作用的多元而复杂的关系。2014 年国际移民组织圆桌会议在华盛顿举行了公开研讨会,广泛深刻探讨了医疗卫生和教育部门如何更有效地合作,以实现改善健康状况和教育成果的问题。2007 年,美国国家科学院、国家工程学院与美国医学研究院(IOM)发布了《站在风暴之上》,以及由美国国家研究委员会和医学会出版的《国际医疗展望》。两份报告都从教育制度与国家医疗状况的单一角度描绘出了令人担忧的景象,强调打破医疗与教育孤岛现象,建议实现两个领域相关利益者的共同参与和战略沟通。[①]

事实上,国际社会一直以来都围绕教育领域与医疗卫生领域之间彼此脱离的问题展开研究与实践,希望从教育领导的方式出发,分析卫生部门如何通过具体行动给予学生、家庭、学校支持,以促进学校和医疗保健系统之间更好地连接。同时,探讨将医疗卫生部门的贡献产出效益最大化,需要推行哪些教育政策,以及对教育或其他政策和投资实施怎样的改革而可能有助于医疗和教育合作收益的最大化。美国疾病预防控制中心所属的疾病预防与健康促进办公室,为教育等相关研究机构提供健康促进与干预的技术方法与经验的实践证据。在美国,以全国最大的非营利性私人健康保健组织——凯撒医疗(Kaiser Permanente)为代表,在实践中开始探索国家与地方在健康与教育领域内合作

---

① Alper J, Thompson D, Baciu A. (2015). *Exploring Opportunities for Collaboration between Health and Education to Improve Population Health: Workshop Summary*. Washington: National Academies Press, p. 20.

的模式。在过去的 25 年中,凯撒医疗启动教育戏剧计划、参与了学校社区健康倡议等活动。凯撒医疗正在努力让它的全体员工作为志愿者,把丰富的经验带到学校中去。[①]

促进国家医疗领域与教育领域之间的协作配合,将其作为健康中国履行"将健康融入所有政策"的理念的典范,是推进未来我国学校健康教育治理与促进儿童青少年全面发展教育的重要政策创新。这其中需要有更为上位的政府管理机构加以协同统筹,同时将社会医疗保障与教育投入的机制进行协调,并进一步吸纳健康服务市场的多元力量参与其中,平衡各方的责权利关系,推进健康的协同治理。

四、突出政府的健康教育与健康促进的能力建设

经过 1986 年渥太华会议,国际上对于健康促进在改变个体健康方面的价值达成一致,强调政府与社会所应该承担的健康促进责任在于增强人们对自身健康及其决定因素的控制,进而改善健康。在健康促进具体策略中,明确了学校健康教育的功能侧重于改善个体的健康知识、态度、技能与行为,与政府在立法、政策法规、资源发展、社会支持、财政支持、社区发展及组织发展等环境改善方面实现互补。这对国家和政府实施健康促进相关政策的能力提出了新的要求。

2008 年国际戈尔韦会议(Galway Consensus Conference)专门为健康教育与健康促进主要领导者提供平台,讨论健康促进能力建设所需要的核心能力范畴及其相关的健康教育、培训和实践质量体系。[②] 2001 年欧盟健康委员会启动了"欧洲妇女健康 2020"战略,依据欧洲女性健康发展与服务实际需要,提出了21 项具体发展与能力建设的指标,强调采取全球化视野与本土化行动等新的健康教育与健康促进方法的重要性。"健康日本 21"战略中也强调了政府与地方协同的策略,重视健康国家建设中具体指标和评价标准的应用。

目前,在推动健康国家战略实现中,各国各地区政府的主要任务是结合社

[①] Alper J, Thompson D, Baciu A. (2015). *Exploring Opportunities for Collaboration between Health and Education to Improve Population Health: Workshop Summary*. Washington: National Academies Press, p.70.

[②] Fertman C, Allensworth D. 健康促进项目:从理论到实践[M]. 顾沈兵,主译. 上海:第二军医大学出版社,2015:14.

会发展与公众健康生活现实需要,形成可信和准确的实证数据支持,发展出健康教育与健康促进胜任能力的建设标准、专门项目实施技能内容体系、完整的质量监测评估指标体系等。将学校健康教育治理,作为我国学校教育治理体系与治理能力现代化的组成内容,充分调动政府的健康教育治理能力与水平,应该是今后一个时期的重要任务。

五、建立与社会协作的学校综合健康促进模式

在推进健康国家治理进程中,国际社会普遍重视发挥学校在促进与改善国民健康素养方面的战略作用,主要采用学校健康教育、社会动员、政策改善与调整卫生服务等综合手段开展健康教育与健康促进。因为健康行为的改变需要信息传播、技能培养、政策、经济、社会规范与卫生服务改善相配合。在加拿大,政府制定了《加拿大人民健康的新前景》(1974)与“构建价值”(Building on Value)的健康发展战略计划(2002),积极提倡健康生活方式行为计划,在学校健康教育与促进行动方面提倡学校社区整合方法(a School-community Approach),以社区为基础,将学校教学、预防性的教育服务、社会支持和健康的学校环境相结合,致力于在青少年中预防与解决影响健康生活的问题。在英国,政府在推进“健康国家”进程中,制定了《国家健康规划》(1992),并启动了“获得健康——国家长远发展战略”研究计划(2001),不定期发表“国家健康规划进展报告”,要求整合卫生资源,人力、信息和技术等方面力量推进“健康英国”的战略计划,在具体实践中强调英国不同的社区与多元文化族群开展合作,组成指导性团体共同解决青少年心理健康问题等。

20世纪80年代,为了解决由于社会变化加快而日益复杂化的青少年的健康问题,美国学校启动了从课堂健康指导、学校健康服务和健康的学校环境等三方面共同促进学生健康的教育计划,实施了著名的“综合性学校健康计划”(CSHP),包括健康教育、体育教育、健康服务、营养服务、心理和社会咨询服务、学校健康环境、教职工的健康促进以及家庭和社区参与等八个方面。随后进一步发展为“协作性学校健康计划”(Coordinated School Health Program),强调学校健康教育与其他构成部分相互协调与相互协作,以形成多样化格局的价值,并建立了众多相关部门的合作机制,提高了家长和社区参与健康教育的机会,减少了影响学习的家庭、社会与财政等多方面的问题,这已经成为美国学校的健康教育走向成熟的主要改革实践经验。面向未来,如何结合中国学校教

育实际与学生健康水平现实,将全球的"综合性学校健康计划"(CSHP)经验与中国本土文化相结合,形成具有地方化与生命力的综合性学校健康教育计划,并在此基础上形成适应健康中国建设的一系列学校健康教育项目与计划,需要学校领导、教师、教育研究者、家庭以及社会多方实践力量参与。

在这个意义上,通过综合性学校健康教育变革,将有力保障每个学生公平享受其健康教育的权益。但从根本上来看,还有赖于学校健康教育共同治理体系的形成,使之服务整个健康中国全面建设战略需要,并助力形成政府、社会、市场与学校之间合作伙伴关系。其中,构建与学校健康教育相应的学校制度设计,就显得尤为重要与关键。构建学校健康教育协同工作网络,确定学校健康教育主体领导力地位的协调机制,建立相应的学校健康教育监督与评估机制,努力将其纳入现代学校健康教育制度治理体系之中,加强学校健康教育制度设计与环境营造,通过提高跨部门协同的学校健康教育治理能力现代化水平,彰显学校健康教育在健康中国建设中积极的治理效能,是未来学校健康教育治理体系建设的重要内容与任务。

总之,在全面推进教育现代化的新时代,结合日益深刻变化的中国社会推进中华民族伟大复兴的战略目标,学校健康教育必将成为全面推进健康中国建设过程中的重要组成部分。发挥教育,尤其是系统的有组织的学校教育的健康知识与技能传播、传承与创新、健康方式及情感态度价值观的引领与建构的特殊功能,通过规范、系统与可持续的学校健康促进政策与学校健康教育治理体系的建设,将学校健康教育与其他社会政策相协调,推动跨部门协作,形成协同性的学校健康教育治理体系,不断推进学校健康教育治理能力现代化,对创建一个美好、和谐的健康社会,意义非常重要。

第三节 健康中国视域下我国学校健康教育治理的未来展望

国际社会"将健康融入所有政策"的治理理念与政策价值,具有重要的借鉴意义。对于学校系统而言,全面的学校健康教育计划的治理体系,是一套完整的社会性的健康教育战略,涉及家庭、学校、当地社区与政府等多元主体参与的协同治理问题。

我国学校健康教育治理的未来重点,一方面,学校健康教育涵盖学校健康课程教学、学校健康公共服务、学校健康环境政策等多种内容及形式；另一方面，学校健康教育治理要与整个社会力量协同，与政府和社会的医疗卫生、公共管理机构以及家庭社区组织形成治理体系，建立整全学校、整全社区与整全学生参与的综合性学校健康教育治理体系。面向未来，适应健康中国建设需要的学校健康教育治理，需要有具体的创新路径的全面思考与审视。

一、健全与完善学校健康教育的法律法规体系

在推进健康中国的战略框架下，需要建立健全学校健康教育的法律法规体系，明确学校健康教育的法律责任与义务，为学校健康教育提供法律保障。教育部发布的《中小学健康教育指导纲要（2021—2030 年）》明确指出，相关法律法规的建设，是学校健康教育有效实施的重要保障。我国各级政府应加大对学校健康教育的政策支持，投入更多的资金和资源，提供良好的教育环境和条件。同时，要推进激励机制的建立，鼓励学校和教师在健康教育中进行创新实践。

现代学校健康教育治理，特别强调学校健康问题涉及多种治理主体的协同参与，其实施和治理的效能，往往根据当地社区、社会需要、社会资源、学校标准和教育要求多方面来确定。美国的相关研究指出，在推进全面的学校健康教育治理中，第一关键领域是学校育人的健康环境的社会塑造，它主要涵盖：①物理环境，包括合理的建筑设计、照明、通风、安全、清洁、免于感染、阻碍等环境危害，安全的运输政策，并在适当的地方有急救计划；②政策和行政环境，包括促进健康和减轻压力的政策，以及确保无烟草、毒品、武器和暴力的环境法规；③社会心理环境，包括赞美教育的气氛、合作的学术环境、尊重个人差异和家庭的参与；④促进员工健康，使员工成为积极的榜样，增加对学生健康的承诺。①

近年来，在公共行政与政治学领域开始强调"跨域治理"实践，即强调不同政策公共问题采用"跨"空间、区位与部门的机制与策略来统一社会个体与群体各方力量，形成多部门、多行动者与多层次组织的互动特性，共同寻求镶嵌问题情境中的政策和行动方案。从这个角度来看，在完善中国学校健康教育治理的法制化的进程中，要注意国家层面的协调与学校健康教育相关的政府、院校、企事业社会部门、家庭，师生以及社会公众等不同个体与群体，将之一同纳入学校

---

① Allensworth D, Lawson E, Nicholson L, et al. (1997). *Schools and Health: Our Nation's Investment*. Washington: National Academy Press, p.1.

健康教育治理的秩序与规则,体现多部门、多行动者与多层次组织互动的跨域学校健康教育的治理特性。

同时,以合作治理为核心,要注意将塑造健康的学校环境的制度政策、学校教育的政策,与学校健康政策进行协同推进,全面贯彻"将健康融入所有政策"的理念。学校健康教育应与健康中国发展战略相衔接,与学校教育现代化综合改革体系的建设紧密结合。因此,从法律法规的层面,明晰多元治理学校健康教育治理的主体的权利与义务,明确学校整体健康环境的社会配套资源支持,进而与健康教育相关政策协同推进形成合力,对于未来学校健康教育的有效实施具有重要的意义。

二、强化与创新学校健康教育的教育体系的变革

在构成全面的学校健康教育治理的体系中,教育体系是关键,其中不仅有关于学生健康的知识课程类型,还包括这类课程的教学问题。未来在推进我国学校健康教育治理体系建设中,要将与学校健康教育相关的教育体系的变革作为另外一个重点加以推进。

第一,提升学校健康教育课程的深度与广度。学校健康教育课程应更加贴近学生的需求,关注学生的健康成长,涵盖全面的健康知识与技能;同时,将健康教育融入各个学科中,形成全员参与的健康教育氛围。健康教育课程一般包括:教授终身健身所必需的知识和技能的体育教育;涉及身体、心理、情感和社会方面的健康教育;促进健康行为和健康问题意识的其他健康领域的课程知识。为了达成学校健康教育课程体系的目标,我们需要创新学校健康教育的教学手段与方法,运用现代教育技术,如虚拟现实、人工智能等,创设生动有趣的教学场景,提高学生的学习兴趣和主动参与度;同时,注重培养学生的健康信息获取能力和批判思维能力,使其能够自主获取并判断健康信息。必须注意的是,学校健康教育应与学校其他课程融合,注重学生情感态度培养、社会交往能力培养、创新与实践能力培养等方面,使学生在健康教育中得到全面的发展。

第二,要加强学校健康教育的师资建设与教学专业化发展。目前,我国学校健康教育师资短缺现象相对缺乏。各级政府应加大对健康教育师资的培养与引进力度,吸引专业人才投身于学校健康教育事业。健康教育师资需要不断更新知识、拓展视野,政府应当加强对健康教育师资的培训支持,提供专业的培训机会和平台。更重要的是,需要有系统地建立学校健康教育教学专业化发展

的支持体系。政府和学校可以设立专门的奖项和荣誉,鼓励教师在健康教育领域的创新和实践。同时,可以成立专家委员会,为健康教育师资提供咨询和指导,促进学校健康教育的不断提升,这是未来推进我国学校健康教育治理效能与教育质量的重要保障。

第三,积极推进我国学校健康教育的服务体系的创新。未来,可以结合大数据分析促进健康教育精准化,各级政府和学校利用现代人工智能技术服务学生的健康状况和服务需求,制定更加精准的健康教育计划和措施。同时,可以利用大数据分析结果进行教育成效的评估和优化,实现健康教育的持续改进。同时,积极推进虚拟现实技术在学校健康教育中的应用。虚拟现实技术,可以为学生提供更加真实的学习场景,增强学生的学习体验和参与感,引导学生主动参与健康行为,树立正确的健康观念。在未来的学校健康教育综合治理过程中,要积极建设现代健康教育数字化平台,将各类健康教育资源进行整合和共享,满足学生对个性化健康知识与技能的学习需求。

三、整合学校、社区与家庭力量参与学校健康教育治理

打造一个健康的学校环境,需要家长和社区的参与,并在学校健康教育治理体系中承担更多的责任。要进一步推进家校社协同育人机制的建设,并将建立学校健康教育与家庭的紧密联系作为机制建设的重点改革任务。家庭参与学校健康教育,可以促进学生健康行为的形成和巩固。家庭及家长,在学校健康教育中发挥着重要的作用。各级政府和学校应当加强与家庭的沟通与合作,让家长参与到学校健康教育中来,共同推进学生的全面健康成长。

同样的,学校健康教育需要拓展学校与社区、行业的合作。面向未来,各级政府和学校可以加大创新力度,积极与社区卫生服务中心、医院、企业等建立合作机制,共同推进学校健康教育的实施。同时,学校积极组织学生参与社区健康活动,让学生在社区实践中获得健康知识和技能,从而拓展健康教育资源和提高学生健康素养。在推进未来学校健康教育治理体系建设进程中,需要认识到增强学校健康教育的社会影响力的重要性,因为学校健康教育的社会影响力与社会支持程度紧密相关。在推进健康中国战略的过程中,学校健康教育应当成为当代中国社会建设的普遍共识,应该得到全社会的广泛关注和大力支持。各级政府和学校可以通过举办学校健康教育的展览、论坛等活动,向社会展示学校健康教育的成果和实践经验。同时,鼓励新闻媒体进行健康教育宣传,增

强学校健康教育的社会影响力。

学校健康教育治理是健康中国战略的重要组成部分,也是保障国家未来发展的基石。通过政策支持、教育体系创新、师资建设、科技应用以及社会协同,我们可以共同构建一个中国式的学校健康教育治理体系,为学校健康教育的发展贡献力量,让每一个学生在健康成长的道路上都能得到最好的呵护和引导,进而实现让全体人民共享健康幸福生活的健康中国的宏伟目标。

附录 1

高中生学校健康服务需求的问卷

您的基本情况

1. 您目前所处的年级:

A. 高一　B. 高二　C. 高三

2. 您目前所在学校的性质是:

A. 省重点高中　B. 市重点高中　C. 普通高中

D. 职业高中　E. 不太清楚

3. 您的性别:

A. 男　B. 女

4. 您的民族:

A. 汉族　B. 其它

5. 您的家庭所在区域属于:

A. 农村　B. 城镇

6. 您是否是独生子女

A. 是　B. 否

7. 您目前的生活环境:

A. 与父母同住　B. 与父亲(或母亲)一人同住

C. 与父母以外的其他亲人同住　D. 独居　E. 寄宿学校

8. 您的家庭月均总收入:

A. 3 500 元以下　B. 3 500～6 500 元　C. 6 500～9 500 元

D. 9 500～15 000 元　E. 15 000 元以上

9. 你经常以何种方式去学校上课:

A. 步行　B. 骑电动车或自行车　C. 坐公交或地铁

D. 父母或家人开车接送

第一部分

1. 您在最近过去的 1 个月中是否到门诊就诊过?

A. 是　　B. 否

2. 您在已经过去的 1 年中是否住院治疗过?

A. 是　　B. 否

3. 您是否患有慢性疾病(以医生确诊为依据)?

A. 是　　B. 否

第二部分

1. 您是否做到三餐按时就餐,是否熬夜?

A. 没有　B. 偶尔有　C. 经常有

2. 您是否熬夜(23:00 以后就寝)?

A. 没有　B. 偶尔有　C. 经常有

3. 您是否抽烟?

A. 不抽烟　B. 平均每天 5 支以下

C. 平均每天半包左右或平均每天一包左右　D. 已戒烟

4. 您是否喝酒?

A. 不喝或很少喝　B. 经常喝　C. 已戒酒

5. 您每周按时锻炼身体吗?

A. 不锻炼　B. 偶尔锻炼　C. 按时锻炼

6. 您是否每天至少需要玩一次手机或者电脑?

A. 是　　B. 否

7. 您多久进行一次身体健康检查?

A. 至少每半年一次　B. 至少每年一次

C. 至少每两年一次　D. 只有身体不舒服才会检查

8. 在过去 30 天里,你有没有在校园或周边受到过以下形式的欺侮? (可多选)

A. 被恶意取笑　　　　　　　　　　B. 被威胁、恐吓,被打、踢、推、挤或关在屋里

C. 因为身体缺陷或长相而被取笑　　D. 被索要财物

E. 被有意排斥在集体活动之外或被孤立　F. 以上都没有

第三部分

题目	请您对是否需要健康服务做出评价?	毫无必要	可能有必要	有必要	十分有必要
1	学习健康知识(心理、生理、营养等)对我而言	A	B	C	D
2	向我和我身边的人提供健康服务	A	B	C	D
3	我认为与心理医生讨论自己或身边人的心理健康问题	A	B	C	D
4	我认为有固定的机构向我提供健康服务	A	B	C	D

题目	请您对下列人员提供健康服务的希望程度做出评价?	不希望	很少希望	希望	十分希望
1	医院或诊所医生	A	B	C	D
2	心理健康专家	A	B	C	D
3	精神卫生或疾控预防中心人员	A	B	C	D
4	校医和校心理咨询师	A	B	C	D
5	同学朋友	A	B	C	D
6	父母家人	A	B	C	D
7	班主任或学校其他老师	A	B	C	D

题目	请您对下列健康问题的关心程度作出评价?	毫不关心	有点关心	关心	非常关心
1	身体健康问题	A	B	C	D
2	校园安全问题	A	B	C	D
3	营养健康问题	A	B	C	D
4	器官(眼睛/牙齿/耳朵等)保护问题	A	B	C	D
5	身体发育与适应问题	A	B	C	D
6	物质依赖问题(酗酒/吸烟/上网成瘾/吸食违禁药品等)	A	B	C	D
7	危机干预问题(欺凌/家暴等)	A	B	C	D
8	人际关系问题(老师/同学/朋友/家人)	A	B	C	D
9	恋爱和两性交往问题	A	B	C	D
10	学业压力问题	A	B	C	D
11	精神疾病预防问题(抑郁/人格障碍/精神分裂等)	A	B	C	D

续　表

题目	请您对下列方式和途径了解健康问题的意愿程度做出评价？	毫无必要	可能有必要	有必要	十分有必要
1	科普宣传	A	B	C	D
2	面对面咨询健康专家	A	B	C	D
3	网络咨询	A	B	C	D
4	电话咨询	A	B	C	D
5	健康教育课程	A	B	C	D
6	自己通过书本或网络课程查询	A	B	C	D

附录 2

儿童青少年信息技术应用与健康素养现状调查问卷

第一部分　基本情况

1. 性别：A. 男　B. 女

2. 年级：A. 初一　B. 初二　C. 初三　D. 高一　E. 高二　F. 高三

3. 家庭居住地：A. 城市　B. 乡镇

4. 父亲职业：

A. 公务员　B. 教师　C. 医务人员　D. 其他事业单位人员

E. 农民　F. 工人　G. 其他企业人员　H. 商业、个体或者服务行业者

I. 未就业、家务　J. 其他

5. 母亲职业：

A. 公务员　B. 教师　C. 医务人员　D. 其他事业单位人员

E. 农民　F. 工人　G. 其他企业人员　H. 商业、个体或者服务行业者

I. 未就业、家务　J. 其他

6. 您的学习成绩在班级中属于以下哪种：

A. 优秀　B. 中等偏上　C. 中等　D. 中等偏下　E. 差

7. 您自己的健康状况是：

A. 非常好　B. 良好　C. 一般　D. 有慢性疾病　E. 有严重疾病

8. 您需要佩戴近视眼镜矫正视力：

A. 是　B. 否

9. 在过去的一年中您是否进行过至少一次体检？

A. 是　B. 否

10. 您获取健康和医疗知识的途径有哪些？

A. 学校健康教育课程　B. 学校健康教育讲座

C. 互联网　D. 书刊　E. 通过朋友、家人等

F. 电视广播　G. 到医院咨询医生

第二部分　信息技术应用现状调查

1. 您所在的家庭、学校和宿舍能自由上网吗？ A. 是　B. 否

2. 您的家长是否限制您的上网时间？ A. 是　B. 否

3. 您的上网工具有哪些？

A. 平板电脑　B. 台式电脑　C. 手机　D. 学习机　E. 没上网工具

4. 您每周上网多长时间？

A. 5 小时以内　B. 5～10 小时　C. 10～15 小时

D. 15 小时以上　E. 无法上网

5. 您上网的主要行为有哪些？

A. 查阅资料　B. 打游戏　C. 听音乐、看视频

D. 与同学朋友交流　E. 其他

第三部分　健康现状

题号	题目	从未	偶尔	有时	经常	总是
1	健康的睡眠时间是每天 7～8 小时,您的睡眠时间是否达到这个范围	1	2	3	4	5
2	健康体育锻炼或中强度有氧运动时间为 0.5～1 小时,您的锻炼是否达到这个范围	1	2	3	4	5
3	健康的饮食习惯包括不偏食、一日三餐按时按量进餐,您的饮食习惯是否遵循上述规律	1	2	3	4	5
4	您的身边总是缺少能够相互交流的好朋友	1	2	3	4	5
5	在学习生活中,您总是感觉到焦虑、压力很大	1	2	3	4	5
6	在过去一个月中您是否吸烟	1	2	3	4	5
7	在过去一个月中您是否喝酒	1	2	3	4	5

第四部分　健康促进现状

题号	题目	非常不同意	不同意	一般	同意	非常同意
1	您满意学校的健康教育(如体育教育、心理健康教育等)	1	2	3	4	5
2	您满意学校的健康服务(如心理咨询、校医院)	1	2	3	4	5

续 表

题号	题目	非常不同意	不同意	一般	同意	非常同意
3	您认为学校的健康传播(如主班会、黑板报、健康讲座)很有用	1	2	3	4	5
4	您认为学校的校园环境和学习环境有助于您的身心健康	1	2	3	4	5
5	家人的健康行为对您有积极影响	1	2	3	4	5
6	您的家庭环境有助于您的身心健康	1	2	3	4	5

第五部分　信息素养

题号	题目	完全不符合	比较不符合	说不清楚	比较符合	完全符合
1	您能够熟练使用下载工具、搜索引擎获取所需的信息资源	1	2	3	4	5
2	在获取某一事件信息时,您通常会比较不同信息来源,评估后选择出真实可靠的信息	1	2	3	4	5
3	生活中遇到问题,您通常会上网寻求解决方案或者通过网络向专业人士求助	1	2	3	4	5
4	您电脑中的文件存放合理,使用时能快速找到	1	2	3	4	5
5	您能对所获取的信息进行重组、加工,融入自己想法,表达自己观点	1	2	3	4	5
6	您能够熟练应用 Word、Excel 和 PowerPoint 等软件工具	1	2	3	4	5
7	您能正确、全面地理解各种媒体所传递的信息	1	2	3	4	5
8	您能根据自身需要选择合适的媒体获取信息	1	2	3	4	5
9	您会利用论坛解决自己在学习生活中遇到的问题,同时共享信息,帮助他人	1	2	3	4	5
10	您能够使用合适的软件处理图片、音频、视频资源	1	2	3	4	5
11	您能顺利地在网上查找学习资源、完成并作业等,没有任何技术障碍	1	2	3	4	5
12	您能够顺利地进行网上购物、网上支付、使用电子地图,没有任何技术障碍	1	2	3	4	5

续　表

题号	题目	完全不符合	比较不符合	说不清楚	比较符合	完全符合
13	您能通过个人空间、微博、朋友圈、论坛等发表自己观点和看法，并对他人的观点和看法进行评论	1	2	3	4	5
14	您会编写自动筛选、排序等简单的算法	1	2	3	4	5
15	您对信息技术很感兴趣	1	2	3	4	5
16	您认为信息技术有利于我们的学习、工作和生活	1	2	3	4	5
17	您从不浏览不健康的网站	1	2	3	4	5
18	您不会在网上发布不实言论、恶意诽谤他人或不健康的信息	1	2	3	4	5
19	您的电脑上安装了查杀病毒的软件，并且会及时更新	1	2	3	4	5
20	您有及时、有效备份文件的习惯	1	2	3	4	5

第六部分　健康素养

题号	功能性健康素养	非常不同意	不同意	一般	同意	非常同意
1	健康是身体、心理和社会适应的完好状态	1	2	3	4	5
2	每个人都有维护自身和他人健康的责任	1	2	3	4	5
3	儿童青少年健康生活方式主要包括合理膳食、适量运动、戒烟戒酒、心理平衡	1	2	3	4	5
4	健康的生活方式能够维护和促进自身健康	1	2	3	4	5
5	合理营养是指膳食中营养素种类齐全，比例适当	1	2	3	4	5
6	每天都应吃蔬菜、水果、肉类、豆类和奶制品	1	2	3	4	5
7	不吃早餐会影响生长发育和学习效率	1	2	3	4	5
8	接种疫苗是预防一些传染病最有效的措施	1	2	3	4	5
9	肺结核主要是通过结核病人咳嗽、打喷嚏传播	1	2	3	4	5
10	贪吃甜食易患龋齿	1	2	3	4	5
11	吃盐过多不会引起高血压	1	2	3	4	5
12	被动吸烟会导致多种疾病	1	2	3	4	5
13	饭前便后洗手可以预防肠道传染病	1	2	3	4	5

题号	功能性健康素养	非常不同意	不同意	一般	同意	非常同意
14	腐败变质食品容易引起食物中毒	1	2	3	4	5
15	青春期是指从童年发育向成年逐渐过渡的时期	1	2	3	4	5
16	了解青春期身体发育特点,有助于健康成长	1	2	3	4	5
17	在青春期,身高、体重生长加速	1	2	3	4	5
18	遗精或者月经初潮是正常的青春期生理表现	1	2	3	4	5
19	服药要遵从医嘱,不能擅自服用	1	2	3	4	5
20	打针比吃药好得快,患病了就应该尽量打针	1	2	3	4	5
21	处方药须凭借医师处方才能够购买和使用	1	2	3	4	5
22	积极的心态、良好的人际关系有助于心理健康	1	2	3	4	5
23	心情不好时应主动向家长或老师寻求帮助	1	2	3	4	5
24	青春期更容易发生心理行为问题	1	2	3	4	5
25	很多人都有心理问题,但自己还没有意识到	1	2	3	4	5
26	触电时应迅速切断电源	1	2	3	4	5
27	被宠物咬伤后需用清水清洗,注射狂犬疫苗	1	2	3	4	5
28	过马路时应遵守交通规则	1	2	3	4	5

题号	互动性与评判性健康素养	完全不符合	比较不符合	说不清楚	比较符合	完全符合
1	生病时会有意识地主动获取相关健康信息	1	2	3	4	5
2	能看懂药品说明书	1	2	3	4	5
3	需要紧急医疗救助时会拨打120	1	2	3	4	5
4	会向别人请教自己不清楚的健康信息	1	2	3	4	5
5	每天都吃早餐,且早餐搭配均衡	1	2	3	4	5
6	意识到不同来源的健康信息内容可能不一致	1	2	3	4	5
7	会考虑健康信息的可靠性、准确性和适用性	1	2	3	4	5

第七部分　信息技术支持的健康服务

题号	题目	从未	偶尔	有时	经常	总是
1	您曾经从各种途径搜索过健康信息吗?	1	2	3	4	5

续　表

题号	题目	从未	偶尔	有时	经常	总是
2	您使用邮箱或者网络 App 跟医疗人员咨询过吗？	1	2	3	4	5
3	您使用互联网购买过健康相关产品吗？	1	2	3	4	5
4	您使用互联网搜索过医疗机构的信息吗？	1	2	3	4	5
5	您使用互联网追踪过个人健康信息吗？	1	2	3	4	5
6	您使用互联网搜索过有助于合理饮食、体重或运动的信息吗？	1	2	3	4	5
7	您使用互联网下载过健康相关信息到移动设备吗？	1	2	3	4	5
8	您使用互联网为自己搜索过健康或医疗信息吗？	1	2	3	4	5
9	您使用互联网为他人搜索过健康信息吗？	1	2	3	4	5
10	您参与过某一健康或医疗问题的在线论坛、讨论群组吗？	1	2	3	4	5
11	您访问过社交网站阅读或共享过健康或医疗问题吗？	1	2	3	4	5
12	您使用微博、QQ、微信或其他应用撰写过健康相关信息吗？	1	2	3	4	5

附录 3

校园欺凌的相关法律

《中华人民共和国刑法》第十七条规定,已满十六周岁的人犯罪,应当负刑事责任。

已满十四周岁不满十六周岁的人,犯故意杀人、故意伤害致人重伤或者死亡、强奸、抢劫、贩卖毒品、放火、爆炸、投放危险物质罪的,应当负刑事责任。

已满十二周岁不满十四周岁的人,犯故意杀人、故意伤害罪,致人死亡或者以特别残忍手段致人重伤造成严重残疾,情节恶劣,经最高人民检察院核准追诉的,应当负刑事责任。

对依照前三款规定追究刑事责任的不满十八周岁的人,应当从轻或者减轻处罚。

因不满十六周岁不予刑事处罚的,责令其父母或者其他监护人加以管教;在必要的时候,依法进行专门矫治教育。

《中华人民共和国未成年人保护法》第十六条规定,未成年人的父母或者其他监护人应当履行下列监护职责:

……

(二)关注未成年人的生理、心理状况和情感需求;

(三)教育和引导未成年人遵纪守法、勤俭节约,养成良好的思想品德和行为习惯;

……

(九)预防和制止未成年人的不良行为和违法犯罪行为,并进行合理管教。

《中华人民共和国未成年人保护法》第三十九条规定,学校应当建立学生欺凌防控工作制度,对教职员工、学生等开展防治学生欺凌的教育和培训。

学校对学生欺凌行为应当立即制止,通知实施欺凌和被欺凌未成年学生的父母或者其他监护人参与欺凌行为的认定和处理;对相关未成年学生及时给予心理辅导、教育和引导;对相关未成年学生的父母或者其他监护人给予必要的家庭教育指导。

对实施欺凌的未成年学生,学校应当根据欺凌行为的性质和程度,依法加强管教。对严重的欺凌行为,学校不得隐瞒,应当及时向公安机关、教育行政部门报告,并配合相关部门依法处理。

《中华人民共和国未成年人保护法》第一百条规定,公安机关、人民检察院、人民法院和司法行政部门应当依法履行职责,保障未成年人合法权益。

《中华人民共和国预防未成年人犯罪法》第二十条规定,教育行政部门应当会同有关部门建立学生欺凌防控制度。学校应当加强日常安全管理,完善学生欺凌发现和处置的工作流程,严格排查并及时消除可能导致学生欺凌行为的各种隐患。

参考文献

（一）中文文献

[1] 阿马蒂亚·森.以自由看待发展[M].任赜,于真,译.北京:中国人民大学出版社,2002.

[2] 阿马蒂亚·森,玛莎·努斯鲍姆.生活质量[M].龚群,译.北京:社会科学文献出版社,2007.

[3] 安美静,陈天骄,马军.父母因素对儿童青少年视屏时间的影响及其性别差异[J].中国学校卫生,2019(2).

[4] 鲍锦霞.UNESCO优质体育教育政策制定指南(上)[J].世界教育信息,2017(4).

[5] 蔡春,厄中平.德性培育与制度教化:论道德失范时期的道德教育[J].华东师范大学学报(教育科学版),2002(4).

[6] 陈钢.父母在儿童网络素养教育中的角色分析[J].青少年学刊,2017(3).

[7] 陈华卫.美国综合学校健康教育体系内容特征与启示[J].中国学校卫生,2017(1).

[8] 党林秀,董翠香,朱琳.加拿大安大略省《健康与体育课程标准》的解析与启示[J].北京体育大学学报,2017(6).

[9] 邓林园,许睿,赵鑫钰,等.中国高中阶段家校合作的现状以及与高中生发展的关系[J].教育学报,2016(6).

[10] 丁维维.武汉市中小学校健康促进的实施现状及对策研究[D].武汉:华中师范大学,2008.

[11] 董静梅,陈佩杰,欧阳林.我国青少年体质健康促进的社会学归因与策略[J].首都体育学院学报,2014(3).

[12] 杜方冬,王瑞珂.美国卫生公平社会决定因素分析与对策[J].中国卫生政策研究,2012(12).

[13] 方志华. 关怀伦理学的道德教育方法[J]. 鹅湖月刊,2003(9).

[14] 方志华. 关怀伦理学与教育[M]. 台北:洪叶文化,2004.

[15] 方志华. 关怀取向女性主义者之课程蓝图探究——Nel Noddings 和 Riane Eisler[J]. 课程与教学季刊,2010(2).

[16] Carl L. Fertman, Diane D. Allensworth. 健康促进项目:从理论到实践 [M]. 顾沈兵,主译. 上海:第二军医大学出版社,2015.

[17] 顾彬彬,黄向阳. 校园欺凌的真相:基于学龄儿童健康行为国际调查报告 的分析[J]. 教育发展研究,2017(20).

[18] 郭家娟. 健康促进学校国际认证金、银、铜质奖学校推动历程之研究[J]. 健康生活与成功老化学刊,2019(1).

[19] 郭钟隆. 推动学校本位的健康促进学校[J]. 台湾教育,2005(634).

[20] 世界环境与发展委员会. 我们共同的未来[M]. 国家环保局外事办公室, 译. 北京:世界知识出版社,1990.

[21] 国家卫健委宣传司. 2030 可持续发展中的健康促进上海宣言[EB/OL]. [2019 – 01 – 15]. http://www. nhfpc. gov. cn/xcs/hyzl/201611/ af0f2620a4a74e9d9e5dc90aebdcbbd6. shtml.

[22] 国家卫生计生委. "十三五"全国健康促进与教育工作规划[EB/OL]. [2018 – 01 – 31]. http://www. gov. cn/xinwen/2017-01/12/content_ 5159232. htm.

[23] 国家卫生计生委. 关于发布推荐性卫生行业标准《健康促进学校规范》的 通知[EB/OL]. [2019 – 02 – 25]. http://www. nhc. gov. cn/fzs/s7852d/ 201609/9b241bd13c4747b3844fe635a2d9efc0. shtml.

[24] 核心素养研究课题组. 中国学生发展核心素养[J]. 中国教育学刊,2016 (10).

[25] 侯晶晶,朱小蔓. 诺丁斯以关怀为核心的道德教育理论及其启示[J]. 教育 研究,2004(3).

[26] 侯晶晶. 关怀德育论[M]. 北京:人民教育出版社,2005.

[27] 胡琳琳. 将健康融入所有政策:理念、国际经验与启示[J]. 行政管理改革, 2017(3).

[28] 郇昌店. 协同导向:美国青少年体质健康政策的演进与启示[J]. 河北体育 学院学报,2017(4).

[29] 季成叶.青少年健康危险行为[J].中国学校卫生,2007(4).

[30] 季浏.中国健康体育课程模式的思考与构建[J].北京体育大学学报,2015(9).

[31] 教育部,卫健委.综合防控儿童青少年近视实施方案[EB/OL].[2019 - 01 - 10]. http://www. moe. gov. cn/jyb _ xwfb/gzdt _ gzdt/s5987/201808/t20180830_346673. html.

[32] 教育部.关于印发《中小学生健康体检管理办法》的通知[EB/OL].[2019 - 01 - 10]. http://www. moe. gov. cn/s78/A17/twys_left/moe_943/moe_793/tnull_52366. html.

[33] 教育部.教育信息化 2.0 行动计划[EB/OL].[2019 - 01 - 22]. http://www. moe. gov. cn/srcsite/A16/s3342/201804/t20180425 _ 334188. html.

[34] 教育部.全国改善贫困地区义务教育薄弱学校基本办学条件底线要求[EB/OL].[2019 - 02 - 26]. http://www. moe. gov. cn/srcsite/A06/s3321/201407/t20140730_172545. html.

[35] 教育部.中小学健康教育指导纲要[EB/OL].[2008 - 07 - 01]. http://old. moe. gov. cn/publicfiles/business/htmlfiles/moe/moe _ 2643/201001/xxgk_80266. html.

[36] 教育部办公厅.关于《严禁有害 App 进入中小学校园》的通知[EB/OL].[2019 - 04 - 09]. http://www. moe. gov. cn/srcsite/A06/s3321/201901/t20190102_365728. html.

[37] 靖国平.培养道德生活的当事人[J].教育科学研究,2012(1).

[38] 李季.走心德育:品德形成的深层引导[J].中小学德育,2017(2).

[39] 李家成,王晓丽,李晓文."新基础教育"学生发展与教育指导纲要[M].桂林:广西师范大学出版社,2009.

[40] 李杰,陈超美.CiteSpace:科技文本挖掘及可视化[M].北京:首都经济贸易大学出版社,2016.

[41] 李玲.若无有效政策干预 2020 年中国近视患病者或达 7 亿[EB/OL].[2018 - 04 - 02]. http://www. chinanews. com/jk/2017/05-24/8232501. shtml.

[42] 李敏,陈卫.中国城市贫困对儿童教育的影响[J].人口与经济,2007(4).

[43] 李艺敏,李永鑫.青少年人际关系能力对社交自卑感和心理健康的影响:

社会适应性的作用[J].心理科学,2015(1).

[44] 李政涛."生命·实践"教育学的实践基石[J].教育学报,2011(6).

[45] 李佐惠.略论美国殖民地时期的体育[J].体育文化导刊,2004(4).

[46] 联合国.推动妇女和儿童权利和健康的发展就是推动整个社会的发展[EB/OL].[2018 - 07 - 05].https://www.un.org/sustainabledevelopment/zh/2016/03/pledges-to-improving-lives-of-women-and-girls.

[47] 联合国第 44/25 号决议.儿童权利公约[EB/OL].[2018 - 08 - 12].http://www.un.org/chinese/children/issue/crc.shtml.

[48] 联合国儿童基金会.2017 年世界儿童状况:数字时代的儿童[EB/OL].[2018 - 07 - 05].http://www.unicef.cn/cn/index.php?m = content&c=index&a=show&catid=226&id=4425.

[49] 刘广彬.教育与居民健康:我国教育的健康收益实证研究[D].大连:东北财经大学,2009.

[50] 刘珂,杨启光.校园欺凌的道德教育影响因素与环境重构:关怀伦理的视角[J].教育科学研究,2018(3).

[51] 刘丽杭.国际社会健康治理的理念与实践[J].中国卫生政策研究,2015(8).

[52] 刘若谷.幸福成长:教育价值的本体回归[J].教育研究,2016(5).

[53] 刘淑美.台湾地区推动健康促进学校的历程及启示[J].中国学校卫生,2019(2).

[54] 刘欣亮.美国学校教职工健康促进计划行动研究[D].北京:首都师范大学,2008.

[55] 卢伯春."多维整合":学校体育中德育的新走向[J].南京体育学院学报(社会科学版),2015(5).

[56] 路德维希·费尔巴哈.费尔巴哈哲学著作选集:下卷[M].荣振华,王太庆,刘磊,译.北京:商务印书馆,1987.

[57] 罗鸣春.中国青少年心理健康服务需求现状研究[D].重庆:西南大学,2010.

[58] 罗石,郭敬和.试析道德情感主导下的道德行为[J].伦理学研究,2012(1).

[59] 吕书红.健康中国视角下健康促进学校发展现状及对策建议[J].中国健

康教育,2018(11).

[60] 吕廷杰,王元杰,迟永生,等.信息技术简史[M].北京:电子工业出版社,2018.

[61] 吕姿之.学校健康促进[J].中国健康教育,2003(9).

[62] 马德浩,季浏.我国中小学生体质健康中存在的问题、致因及其对策[J].西安体育学院学报,2017(2).

[63] 马冠生,胡小琪,鲁扬.我国8城市学校午餐现状分析[J].中国食物与营养,2003(1).

[64] 马和民,王德胜,邓娜.为什么急需一场健康觉醒的教育变革[N].中国青年报,2020-02-10(8).

[65] 马赛尔·德吕勒.健康与社会[M].王鲲,译.南京:译林出版社,2009.

[66] 内尔·诺丁斯.始于家庭:关怀与社会政策[M].侯晶晶,译.北京:教育科学出版社,2010.

[67] 内尔·诺丁斯.学会关心:教育的另一种模式[M].于天龙,译.北京:教育科学出版社,2003.

[68] 宁本涛."五育"融合:何谓,何来,咋办?[J].陕西教育,2021(4).

[69] OECD教育研究与创新中心.教育:促进健康,凝聚社会[M].范国睿,等译.上海:华东师范大学出版社,2016.

[70] P.克鲁格曼,R.韦尔斯,新晴.美国医疗卫生的困境[J].国外社会科学,2006(3).

[71] 潘毅.创建健康促进学校深化学校健康教育[J].江苏卫生保健,2002(3).

[72] 潘雨晴.世界卫生组织全球学校卫生健康教育治理机制研究[D].上海:上海师范大学,2021.

[73] 曲爽笑,王书梅,曹志娟.小学生健康素养评价指标体系建立的定性研究[J].中国学校卫生,2016(2).

[74] 人民日报.世界儿童生存现状及发展问题[EB/OL].(2012-06-01)[2019-02-04].http://www.jyb.cn/world/gjgc/201206/t20120601_495709.html.

[75] 任德新,张芊.论道德情感对道德理性与道德意志的驱动[J].南京社会科学,2006(12).

[76] 施丽娟,胡辉,王安洁.智能可穿戴设备对青少年健康促进的影响研究

[J]. 湖北体育科技,2018(7).

[77] 世界卫生组织. 城市卫生危机:面对快速都市化、实现人人享有卫生保健的策略[M]. 张妤,覃毅,译. 北京:人民卫生出版社,1996.

[78] 世界卫生组织. 妇女、儿童和青少年健康全球战略(2016—2030)[EB/OL]. [2018 - 01 - 31]. http://www. ecphf. cn/women-children-health/2016-06/3649. htm.

[79] 世界卫生组织. 联合国教科文组织和世卫组织敦促各国使每所学校都成为健康促进学校[EB/OL]. https://www. who. int/zh/news/item/22-06-2021-unesco-and-who-urge-countries-to-make-every-school-a-health-promoting-school.

[80] 世界卫生组织. 世界青少年的健康:第二个十年的第二次机会[EB/OL]. [2018 - 04 - 02]. http://www. who. int/maternal_child_adolescent/topics/adolescence/second-decade/zh.

[81] 世界卫生组织. 世界卫生组织法[R]. 日内瓦:世界卫生组织,1948.

[82] 孙宏艳,徐文新. 社会转型期我国青少年心理健康特征分析[J]. 中国青年研究,2004(12).

[83] 孙宏艳. 新媒介与新儿童[M]. 北京:中国青年出版社,2014.

[84] 汤林春,铁口宗弘,刘红. 上海与大阪 11 岁和 15 岁中小学生体质健康比较研究[J]. 比较教育研究,2016(3).

[85] 唐政. 三体联动健康促进模式的建立及效果评价[D]. 上海:复旦大学,2010.

[86] 陶传进,栾文敬. 我国城市贫困儿童的现状、问题及对策[J]. 北京行政学院学报,2011(3).

[87] 滕珺,朱晓玲. 学生应该学什么?:联合国教科文组织最新基础教育学习指标体系述评[J]. 比较教育研究,2013(7).

[88] 体育卫生与艺术教育司. 2015 年度工作要点[EB/OL]. [2019 - 03 - 11]. http://www. moe. gov. cn/s78/A17/A17 _ gggs/A17 _ sjhj/201503/t20150317_186354. html.

[89] 田艳芳. 健康对中国经济不平等的影响[M]. 北京:中央编译出版社,2015.

[90] 王虎峰. 健康国家建设:源流、本质及治理[J]. 医学与哲学(A),2017(3).

［91］王建平,郭亚新.构建学校健康教育课程体系意义及取向［J］.中国教育学刊,2013(4).

［92］王建平.美国学校健康教育问题与对策研究［M］.北京:首都师范大学出版社,2004.

［93］王民.可持续发展教育研究项目与国际动态［M］.北京:地质出版社,2005.

［94］王卫东.有多少校园欺凌不该发生［N］.光明日报,2016-12-15(15).

［95］王小万,代涛,朱坤."健康国家"战略发展的过程与国际经验［J］.医学与哲学,2008(11).

［96］王振,王玉梅.健康经济与上海的转型发展［M］.上海:上海社会科学院出版社,2014.

［97］维克托·福克斯.谁将生存?:健康、经济学和社会选择［M］.罗汉,等译.上海:上海人民出版社,2012.

［98］魏叶美,范国睿.社会学理论视域下的校园欺凌现象分析［J］.教育科学研究,2016(2).

［99］温泉,郭春江.当前社区健康教育与健康促进工作存在的问题及其对策［J］.中国初级卫生保健,2007(2).

［100］沃建中,林崇德,马红中.中学生人际关系发展特点的研究［J］.心理发展与教育,2001(3).

［101］吴康宁.教育社会学［M］.北京:人民教育出版社,1998.

［102］徐建荣,陈钢.学校情景下儿童青少年身体活动与学校健康促进服务:WHO政策架构与内容分析［J］.中国康复理论与实践,2022(12).

［103］徐以骅.林登·约翰逊"伟大社会"述评［J］.世界历史,1986(4).

［104］杨国庆,刘红建,郇昌店.新时代我国青少年体育公共服务体系建设研究［J］.北京体育大学学报,2018(4).

［105］杨启光,袁欣.基于健康素养的中小学健康教育课程改革国际经验及启示［J］.体育学刊,2019(1).

［106］杨启光,刘馨怡.美国学校健康促进项目历史回溯与现实发展论析［J］.中国学校卫生,2019(Z).

［107］杨启光.论教育与健康中国战略的实现［J］.学术界,2023(8).

［108］杨淑萍.公共精神的生发逻辑及青少年公共精神的培育路径［J］.教育研

究,2018(3).

[109] 姚建龙.应对校园欺凌,不宜只靠刑罚[N].人民日报,2016-06-14(5).

[110] 叶心明,肖巧俐.我国学龄城市儿童、流动儿童、留守儿童体质健康比较研究[J].武汉体育学院学报,2017(4).

[111] 叶徐生.再谈"欺凌"概念[J].教育科学研究,2016(9).

[112] 于素梅.中国学生体育学科核心素养框架体系建构[J].体育学刊,2017(4).

[113] 余昭,徐水祥.欧洲健康促进学校网络[J].中国健康教育,2000(1).

[114] 俞可平.治理与善治[M].北京:社会科学文献出版社,2000.

[115] 袁韧.美国健康教育的历史[J].中国学校卫生,1995(1).

[116] 袁小平.学校管理制度设计的伦理关怀[J].教育评论,2004(4).

[117] 张菊林,徐丽娜,邓家平.体育教程[M].上海:上海交通大学出版社,2004.

[118] 张琳.我国中老年人健康需求实证研究:基于性别和城乡的分析[J].财经问题研究,2012(11).

[119] 赵富学,程传银.《美国学校健康促进计划》的特征与启示[J].山东体育学院学报,2017(2):103-107.

[120] 赵小雅,陶西平.让"健康促进"成为教育的亮丽名片:深圳市罗湖区创建"健康促进"区域教育特色示范区纪实[N].中国教育报,2010-03-12(6).

[121] 赵晓敏,陈永进,白璐.流动青少年心理健康状况调查[J].中小学心理健康教育,2018(19).

[122] 赵昕.从道德认知转变为道德行为的机制看学校德育的改革[J].课程·教材·教法,2009(3).

[123] 郑小凤,张朋,刘新民.我国中小学学生体质测试政策演进及政策完善研究[J].体育科学,2017(10).

[124] 郑晓边.现代学校卫生学[M].长沙:湖南教育出版社,2000.

[125] 中国互联网信息中心.第52次《中国互联网络发展状况统计报告》[EB/OL].(2023-08-28)[2024-02-20].http://cnnic.cn/n4/2023/0828/c199-10830.html.

［126］朱丽萍.世界青少年健康:第二个十年的第二次机会（上）:来自世界卫生组织的报告［J］.性教育与生殖健康,2015(1).

［127］祝怀新,李玉静.可持续学校:澳大利亚环境教育的新发展［J］.外国教育研究,2006(2).

［128］祖雅桐,杜健.青少年自我效能感对现实-理想自我差异与抑郁间关系的调节效应［J］.心理与行为研究 2016(3).

(二) 外文文献

［1］Allensworth D, Lawson E, Nicholson L, et al. (1997). *Schools and Health: Our Nation's Investment*. Washington: National Academy Press.

［2］Allensworth D D, Kolbe L J. (1987). The Comprehensive School Health Program: Exploring and Expanded Concept. *Journal of School Health*, (10):409 - 412.

［3］Alper J, Thompson D, Baciu A. (2015). *Exploring Opportunities for Collaboration between Health and Education to Improve Population Health: Workshop Summary*. Washington: National Academies Press.

［4］Aluttis C, Clemens T, Krafft T. (2017). Global Health and Domestic Policy——What Motivated the Development of the German Global Health Strategy?. *Global Public Health*, (9):1156 - 1168.

［5］Basch C. (2010). Healthier Students are Better Learners: High-quality, Strategically Planned, and Effectively Coordinated School Health Programs Must Be a Fundamental Mission of Schools to Help Close the Achievement Gap. *Journal of School Health*, (10):650 - 662.

［6］Belcastro P A, Gold R S. (1983). Teacher Stress and Burnout: Implications for School Health Personnel. *Journal of School Health*, (7): 404 - 407.

［7］Biancarosa C, Snow C E. (2006). *Reading Next——A Vision for Action and Research in Middle and High School Literacy: A report to Carnegie Corporation of New York*. Washington: Alliance for

Excellent Education.

[8] Bloom D E, Canning D. (2003). Contraception and the Celtic Tiger. *Economic & Social Review*, (3):229 – 247.

[9] Brunello G, Fort M, Schneeweis N, et al. (2016). The Causal Effect of Education on Health: What is the Role of Health Behaviors?. *Health Economics*, (3):314 – 336.

[10] Cala V C, Soriano-Ayala E, González A J. (2016). Adolescents Perceptions of Health Education in Secondary Schools: The Need for a Dialectical, Practical and Transcultural Proposal. *Practice & Theory in Systems of Education*, (1):27 – 35.

[11] Cockerham W C, Thomas A, Lüschen G. (1993). Max Web, Formal Rationality and Health Lifestyles. *Sociological Quarterly*, 3(3):413 – 425.

[12] Currie J, Moretti E. (2003). Mother's Education and the Intergenerational Transmission of Human Capital: Evidence from College Openings. *Quarterly Journal of Economics*, (4):1495 – 1532.

[13] Cutler D M, Llerasmuney A. (2010). Understanding Differences in Health Behaviors by Education. *Journal of Health Economics*, (1):1 – 28.

[14] Dadaczynski K, Paulus P. (2015). *Healthy Principals-Healthy Schools? A Neglected Perspective to School Health Promotion*. In: Simovska V, Mannix McNamara P. (Eds) *Schools for Health and Sustainability*. Dordrecht: Springer.

[15] Davis J M, Cooke S M. (2007). Educating for a Healthy, Sustainable World: An Argument for Integrating Health Promoting Schools and Sustainable Schools. *Health Promotion International*, (4):346.

[16] Davā M C, Gil-Gonzā l D, Vives-Cases C, et al. (2008). Research on Health Education and Promotion in Spanish Nursery and Primary Schools. A Systematic Review of Studies Published between 1995 and 2005. *Gaceta Sanitaria*, (1):58 – 64.

[17] Dollard N. (1996). Constructive Classroom Management. *Focus on Excep-tional Children*, (2):334 – 356.

[18] Dunton G F, Liao Y, Grana R, et al. (2014). State-wide Dissemination of a School-based Nutrition Education Programme: A RE-AIM (Reach, Efficacy, Adoption, Implementation, Maintenance) Analysis. *Public Health Nutrition*, (2):422 − 30.

[19] Fertman C I, Allensworth D D, Fertman C I, et al. (2010). *Health Promotion Programs: From Theory to Practice*. New Jersey: Wiley.

[20] Fuchs V. (1982). *Economic Aspect of Health*. Chicago: Chicago Press.

[21] Garcíavázquez J. (2014). Effects of the School for Health Network on Students' Behaviour in Asturias (Spain). *Health Promotion International*, (2):271.

[22] Gavidia C V. (2003). Health Education in the Spanish School Manuals. *Revista Española De Salud Pública*, (2):275 − 285.

[23] Ghaddar S F, Valerio M A, Garcia C M, et al. (2012). Adolescent Health Literacy: the Importance of Credible Sources for Online Health Information. *Journal of School Health*, (1):28 − 36.

[24] Green, M. (Ed.) (1994). *Bright Futures: Guidelines for Health Supervision of Infants, Children, and Adolescents*. Arlington, Va.: National Center for Education in Maternal and Child Health. Box7 − 1.

[25] Habib R R, Mahfoud Z, Fawaz M, et al. (2009). Housing Quality and Ill Health in a Disadvantaged Urban Community. *Public Health*, (2):174 − 181.

[26] Harmer A, Lee K, Petty N. (2015). Global health education in the United Kingdom: A Review of University Undergraduate and Postgraduate Programmes and Courses. *Public Health*, (6):797 − 809.

[27] Hewett M P C. (2005). Urban Poverty and Health in Developing Countries: Household and Neighborhood Effects. *Demography*, (3):397 − 425.

[28] Hussey L K, Malczewski J. (2016). Housing Quality Evaluation Using Analytic Network Process: A Case Study in the Ashanti Region, Ghana. *African Geographical Review*, (3):1 − 20.

[29] Ince Whitman C, Aldinger C. (2009). *Case Studies in Global School*

Health Promotion. New York: Springer.

[30] Jacobziner H. (1951). The Astoria Plan: A Decade of Progress. *Journal of Pediatrics,* (2):221 – 230.

[31] Jeronen E, Jeronen J, Raustia H. (2009). Environmental Education in Finland—A Case Study of Environmental Education in Nature Schools. *International Journal of Environmental & Science Education,* (1):1 – 23.

[32] Kort M. (1984). The Delivery of Primary Health Care in American Public Schools, 1890 – 1980. *Journal of School Health,* (11):453 – 457.

[33] Kruk M E. (2012). Globalisation and Global Health Governance: Implications for Public Health. *Global Public Health,* 7(pilus1):54 – 62.

[34] Kutner M, Greenberg E, Jin Y, et al. (2006). The Health Literacy of American Adults: Results from the 2003 National Assessment of Adult Literacy. *National Center for Education Statistics,* (10):685 – 687.

[35] Larson J S. (1996). The World Health Organization's Definition of Health: Social versus Spiritual Health. *Social Indicator Research,* (2):181 – 192.

[36] Lee M, Bennett B. (1985). 1885 – 1900: A Time of Gymnastics and Measurement. *Journal of Physical Education Recreation & Dance,* (4):19 – 26.

[37] Liau A K, Park Y, Gentile D A, et al. (2015). iZ HERO Adventure: Evaluating the Effectiveness of a Peer-mentoring and Transmedia Cyberwellness Program for Children. *Psychology of Popular Media Culture,* (4):326 – 337.

[38] Livingood W C, Auld E M. (2001). The Credentialing of a Population-based Health Profession: Lessons Learned from Health Education Certification. *Journal of Public Health Management and Practice,* (7):38 – 45.

[39] Lynch T J. (2015). *International Council for Health, Physical Educ-ation, Recreation, Sport and Dance (ICHPER-SD): partnering ACHPER.* Australian Council for Health, Physical Education and Recreation.

[40] Mackintosh N. (1995). Self-empowerment in Health Promotion: a Re-

alistic Target?. *British Journal of Nursing*, (21):1273.

[41] Madsen K D, Nordin L L, Simovska V. (2015). *Linking Health Education and Sustainability Education in Schools: Local Transformations of International Policy. Schools for Health and Sustainability.* Berlin: Springer Netherlands.

[42] Manganello J A. (2008). Health Literacy and Adolescents: A Framework and Agenda for Future Research. *Health Education Research*, (5):840 – 847.

[43] McCaffery K J, Morony S, Muscat D M, et al. (2016). Evaluation of an Australian Health Literacy Training Program for Socially Disadvantaged Adults Attending Basic Education Classes: Study Protocol for a Cluster Randomised Controlled Trial. *Bmc Public Health*, (1):454.

[44] Meltzer D E, Otero V K. (2015). A Brief History of Physics Education in the United States. *American Journal of Physics*, (5):447 – 458.

[45] Ministry of Education. (2010). *The Ontario Curriculum, Grades 1 – 8: Health and Physical Education(Interim Edition)*. Ontario, Canada.

[46] Murphy K M, Topel R H. (2006). The Value of Health and Longevity. *Journal of Political Economy*, (5):871 – 904.

[47] National Center for Study of Adult Learning and Literacy. (2007). *Health literacy in Adult Basic Education: Designing Lessons, Units and Evaluation Plans for an Integrated Curriculum.* Boston.

[48] Noddings N. (1986). *Caring: A Feminine Approach to Ethics &Moral Education.* California: University of California Press.

[49] Noddings N. (1991). *Story Lives Tell: Narrative and Dialogue in Education.* New York: Teacher College Press, p.157 – 170.

[50] Noddings N. (1995). *Care and Moral Education.* In W. Kohli(Ed.), *Critical Conversations in Philosophy of Education.* New York: Routledge Press.

[51] Nussbaum M. (1991). *The Family of Goodness.* Noddings, Nel(Ed.), *Stories Lives Tell: Narrative and Dialogue in Education.* New York: Teachers College Press.

[52] Nutbeam D. (2000). Health literacy as a Public Health Goal: a Challenge for Contemporary Health Education and Communication Strategies into the 21st Century. *Health Promotion International*, (3):259 – 267.

[53] Nutbeam D. (2008). The Evolving Concept of Health Literacy. *Social Science and Medicine*, (12):2072 – 2078.

[54] OECD. (2016). How are Health and Life Satisfaction Related to Education?. *Education Indicators in Focus*, (47):1 – 4.

[55] Organization W H. (1986). Ottawa Charter for Health Promotion: First International Conference on Health Promotion. *Canadian Journal of Public Health-Revue*, (6):425.

[56] Parker R M, Baker D W, Williams M V, et al. (1995). The Test of Functional Health Literacy in Adults: a New Instrument for Measuring Patients' Literacy Skills. *Journal of General Internal Medicine*, (10): 537 – 541.

[57] Pedrero-García E. (2017). *Health Education in the Spanish Education System*. SHS Web of Conferences, 37(01066):1 – 6.

[58] Perdue W C, Gostin L O, Stone L A. (2010). Public Health and the Built Environment: Historical, Empirical, and Theoretical Foundations for an Expanded Role. *Journal of Law Medicine & Ethics*, (4):557 – 566.

[59] Pigg R M. (1976). A History of School Health Program Evaluation in the United States. *The Journal of school health*, 46(10),583 – 589.

[60] Pigg R M. (2010). A History of School Health Program Evaluation in the United States. *Journal of School Health*, (10):583 – 589.

[61] Ratzan S C, Parker R M, Selden C R, et al. (2000). National Library of Medicine Current Bibliographies in Medicine: Health Literacy. *Eff Clin Pract*, (4):344 – 352.

[62] Rosenau J N, Czempiel E. (1992). *Governance without Government: Order and Change in World Politics*. Newyork: Cambridge University Press.

[63] Samdal O, Rowling L. (2015). *Implementation Strategies to Promote and Sustain Health and Learning in School*. *Schools for Health and*

Sustainability. Berlin: Springer Netherlands.

[64] Skre I, Friborg O, Breivik C, et al. (2013). A School Intervention for Mental Health Literacy in Adolescents: Effects of a Non-randomized Cluster Controlled Trial. *Bmc Public Health*, (1):873.

[65] Stars I. (2018). Health Literacy as a Challenge for Health Education. *SHS Web of Conferences*, (3):2-4.

[66] Takemi K. (2016). Japan's Global Health Strategy: Connecting Development and Security. *Asia-Pacific Review*, (1):21-31.

[67] Third Meeting of the WHO GCM/NCD Working Group on Health Literacy for NCDs. (2018). *Chateau de Penthes, Fontana Pavilion*, Geneva: Working Group3.3(2016-2018):26-28.

[68] Tyack D. (1992). Health and Social Services in Public Schools: Historical Perspectives. *Future of Children*, (1):19-31.

[69] UNICEF. (2012). *The State of the World's Children* 2012. *Children in an Urban World*. New York: UNICEF, (100):438.

[70] Vimpani G. (2000). Developmental Health and the Wealth of Nations. *Health Promotion International*, (2):181-182..

[71] World Health Organization. (1946).*Constitution of the World Health Organization. Reprinted in Basic Documents*, 37th ed., Geneva.

[72] World Health Organization. (1978). *Primary Health Care: Report of the International Conference on Primary Health Care*. Alma-Ata, USSR.

[73] World Health Organization. (1999). *Division of Reproductive Health (Technical Support): Progress Report 1998*. Geneva.

[74] Young I. (2005). Health Promotion in Schools—A Historical Perspective. *Promotion & Education*, (3-4):112.

[75] Young I. (2009). Creating the Document 'Promoting Health in Schools: from Evidence to Action. *Global Health Promotion*, (4):69.

[76] Young I. (2009). Creating the Document 'Promoting Health in Schools: From Evidence to Action. *Global Health Promotion*, (4):69.

索 引

后 记

2015 年 3 月全国两会期间,"健康中国"第一次被写入政府工作报告。随后,健康中国建设开始上升为国家战略,国家开始逐步推进实施健康中国战略的重大决策部署。在《"健康中国 2030"规划纲要》与《中共中央关于制定国民经济和社会发展第十四个五年规划和二〇三五年远景目标的建议》中,明确提出"全面推进健康中国建设"的重大任务。2022 年 10 月召开的党的二十大,进一步对新时代新征程上加快推进健康中国建设作出了新的战略部署,并赋予了新的任务使命,提出了"把保障人民健康放在优先发展的战略位置,完善人民健康促进政策"。

践行"教育可以改善健康"基本理念,完善学校健康教育治理体系,是健康中国战略治理体系中的重要组成内容,是提高全民健康素养的重要手段与途径之一。将健康教育作为国家未来的投资,分析健康中国建设进程中学校健康教育及其治理的基本理论、实践经验与现实发展问题,对于促进学生全面发展与推进学校健康教育治理体系与治理能力现代化,助力中国式现代化,具有重要的研究现实价值。

但是,相对于其他学科与专业领域,教育学科对于健康中国发展战略背景下学校健康教育与健康促进的协同治理的相关研究比较滞后,与推进健康中国发展战略的现实需要不太一致。说到底,还是对于教育与增进国民幸福和社会进步的健康问题之间的关系,以及学校在促进公民健康生活方式的养成中的地位与作用,缺乏深入的研究推进。在这样的背景下,2018 年初我申报了江苏省教育科学"十三五"规划课题,获批主持了"中国家庭变迁背景下学校整体变革与家庭参与问题研究"(B-a/2013/01/029)重点项目。随后,主持了江南大学新农村发展研究院的"健康中国发展战略背景下农村学校健康教育与健康促进的理论、实践与政策"(JUSRP1704XNC)重点课题。在这两个重点项目的支持下,我走进了当代中国社会发展背景下学校健康教育与健康促进问题的研究领域,并带领当时进入江南大学攻读教育学原理专业学位的研究生,共同推进健康中国战略视域下学校健康教育治理问题的研究。经过几年持续的努力,完成了两个项目当初设计的研究任务,并顺利结题。

2019年岁末2020年初,肆虐全球的新冠疫情开始大暴发,引起了全球对个体健康权益尤其是学校健康教育问题的高度重视。认识教育与健康之间的关系,实施健康优先发展,保障人民的健康权益,进而为经济高质量发展提供新的动能,成为新时代国家发展的重要战略之一。为了推动更多的人关注健康与学校健康教育问题,进一步回应学校教育在健康中国战略实现中的地位与作用,我决定对先前的健康教育相关研究成果进行梳理与完善。现在呈现在广大读者面前的这本著作,正是在两个重点研究项目支持下形成的研究成果的丰富和发展。同时,整合了以学校健康教育研究为主题的几位研究生的毕业论文研究成果。因此,本书是一部集体努力与共同合作的研究成果。在这里,我要特别感谢为此付出辛勤努力与研究工作的几位研究生,她们是该书的重要作者之一,具体承担的研究章节情况为:杜蕊(第二章第三节;第十章)、刘馨怡(第四章第二节;第六章)、袁欣(第五章、第九章)、白亚香(第七章、第八章)、刘珂(第十一章)。其余章节内容的撰写,以及全书体系的设计与统稿,由我独立完成。

本书部分研究内容作为研究项目的阶段性成果,已在国内一些刊物发表,本书对其进行了重新修订与完善。目前,我们将这些前期的相关研究成果整理出版,其目的与意义在于让更多的读者与研究者关注学校教育与健康中国建设关系这一重要的研究理论,让更多的人一起来推进中国式的学校健康教育治理体系构建这一重要的时代课题。这对于保障人人享有公平与公正的健康权利与协调中国社会整体健康治理战略,无疑具有重要的现实价值和实践意义。

同时,也要感谢江苏省教育科学规划办与江南大学新农村研究院以项目立项的方式,为学校健康教育治理问题项目的研究提供的经费支持。最后,本书的出版,还要感谢上海交通大学出版社糜玲编辑以及其他相关工作人员辛勤而专业的劳动。

杨启光

2023 年 8 月无锡